Wundersylphe,
Peru

Kaptaube
Antarktis

Flaggenflügel,
Afrika

Rosenmöwe,
Arktis

Fächertaube,
Neuguinea

Grosser Paradiesvogel,
Neuguinea

Scharlachflügel-
sittig,
Australasien

Graukardinal,
Südamerika

Blaukehlchen,
Eurasien

Guayana-Klippenvogel,
Südamerika

Diamantfasan,
Südostasien

Brautente,
Nordamerika

Langhaubenhornvogel
Südostasien

Papagei-
breitrachen,
Südostasien

Lasurmeise,
Eurasien

Bunter
Waldsänger,
Nord- und
Mittelamerika

Schwarzkappen
waldfalk,
Mittel- und
Südamerika

Afrika-Nimmersatt

Braunohrarassari,
Südamerika

Kronenkranich,
Afrika

Brillensichler,
Amerika

Kahlkopfgeier
Asien

Kiebitz,
Eurasien

Die Vögel der Vorsatztafel

Das bunte Buch der Vögel

R T Peterson—

James Fisher und Roger Tory Peterson

Das bunte Buch der Vögel

Einführung in die Vogelkunde

Vogelbilder von Roger Tory Peterson

BLV
Verlagsgesellschaft
München

Verlag
›Das Bergland-Buch‹
Salzburg

Titel der englischen Originalausgabe »Birds«

© James Fisher 1964 (Text); © James Fisher Erben (neu überarbeiteter Text);
© Roger Tory Peterson 1964 (Illustrationen außer Fotos);
© Aldus Books Limited, London, 1971 (redaktionelle Anordnung und Gestaltung)
Herausgeber: Maurice Chandler; Gestaltung: Susan Tibbes

Deutsche Ausgabe: © BLV Verlagsgesellschaft mbH, München, 1972
Übersetzung und Bearbeitung: Dr. Wilhelm Meise
Printed in Jugoslavia · ISBN 3-405-11169-2

Inhaltsverzeichnis

Einführung

Unsere Welt ist sich plötzlich ihrer Sterblichkeit bewußt geworden. Jeder trägt die Sorge um Verschmutzung und Verschlechterung der Umwelt im Herzen. Die Erhaltung der Natur wird immer dringlicher; sie wird in allen politischen Lagern zur Streitfrage und spaltet dort oft die Meinungen. Schon seit einer Generation erheben die Vogelbeobachter ihre warnende Stimme; doch werden sie erst in jüngster Zeit von weiten Bevölkerungskreisen ernst genommen. Das Wort Ökologie ist unversehens in die Umgangssprache eingedrungen.

Warum mußte der Vogelbeobachter so oft als warnender Prophet auftreten? Um es leicht verständlich zu sagen: Die Welt der Vögel umfaßt viel mehr als nur Rotkehlchen, Drossel und Fink, die unseren Vorstadtgarten beleben, mehr als Enten und Rauhfußhühner, die die Jagdtaschen füllen, und auch mehr als jene seltenen Waldsänger- und Watvogelarten, die der Forscher sucht! Vögel sind die Indikatoren der Umwelt: sie zeigen wie eine Art Lackmuspapier alle Veränderungen in der Natur an: wegen ihres schnellen Stoffwechsels und ihres stürmisch-schnellen Lebenstempos bemerken sie selbst kleinste Änderungen der Landschaft oft als erste Lebewesen. Dadurch wird der Vogelbeobachter zum Wächter über die Umwelt, denn er erkennt oft vor allen anderen eine Störung in ihrem Gleichgewicht. Und, wie sagte Neil Armstrong, als er als erster Mensch den Mond betrat und zurück auf unseren kleinen blauen Planeten blickte: »Er ist unsere einzige Heimat, und wir tun gut daran, besser auf ihn aufzupassen.«

Das vorliegende Buch behandelt im wesentlichen nicht den Naturschutz, sondern seine befiederten Boten, die Vögel: ihre Geschichte, ihre Vielfalt, ihren Platz im Netz der Umweltbedingungen und das Funktionieren ihres Körpers.

James Fisher, mein Mitautor und guter Freund, starb auf tragische Weise bei einem Autounfall, nachdem er kurz vorher die Korrekturen für dieses Buch erledigt hatte. Ich muß deshalb allein diese Einführung unterschreiben.

James Fisher   *Roger Tory Peterson*

James Fisher durfte fast ein halbes Jahrhundert sein Leben vorwiegend den Vögeln widmen. Als Sohn des angesehenen Liebhaberornithologen, Kenneth Fisher, und als Neffe eines anderen, Arnold Boyd, erinnerte er sich, daß Yarrells »British Birds« in der Ausgabe von Howard Sanders sein erstes Bilderbuch war. Im Alter von zwei Jahren konnte er alle darin enthaltenen Vögel nach den Bildern ansprechen, so daß man glauben mußte, er könne bereits lesen.

Ich selbst hatte als Schuljunge eine große Liebe zum Zeichnen und Malen und auch ein besonders großes Interesse für alle Vögel. Ein Lehrer, der einen Audubon-Klub für Jugendliche gründete, ermutigte mich, und ich wurde von der Idee besessen, alles zu malen, was mich interessierte. Davon bin ich nie mehr losgekommen.

Fast dreißig Jahre pflegten und vertieften James Fisher und ich unser Interesse an der Ornithologie, an ihrem Schrifttum und an ihrer Kunst (zu denen wir beide beitrugen), und vor allem an der Feldornithologie. Im Jahre 1950 nahmen wir als Delegierte an einem internationalen ornithologischen Kongreß in Schweden teil, und dort lernten wir uns auf der Ostseeinsel Gotland kennen. Wir freundeten uns sofort an und forschten in den nächsten vier Jahren – immer auf der Suche nach Vögeln – in verschiedenen Teilen Europas gemeinsam: in Frankreich, den Niederlanden, Skandinavien, Deutschland und in Großbritannien.

Unser erster Versuch einer gemeinsamen Veröffentlichung begann 1953. Auf Einladung des Verlages Houghton Mifflin in Boston, Massachusetts, bereiteten wir »Wildes Amerika« vor und unternahmen eine Nordamerikareise, die uns von Neufundland nach Alaska auf dem Weg über Mexiko

Gesellige Seevögel: Lummenkolonien auf der Insel Funk, Neufundland. (Photo von James Fisher)

führte. Das Buch wurde in den USA ein Bestseller, und als James Fisher starb, plante man gerade, nach dem Buch eine Reihe von Kurzfilmen zu drehen.

Die Idee eines zweiten gemeinsamen Werkes, »Die Welt der Vögel«, wurde 1960 von den Verlagen Doubleday in New York und Rathbone Books in London, dessen Cheflektor James Fisher damals war, an uns herangetragen. Während der Vorbereitung dieses Buches überquerte jeder von uns mehrmals den Atlantik und wohnte dann bei dem anderen, um in naher Verbindung miteinander arbeiten zu können. Fisher beschäftigte sich hauptsächlich mit der inhaltsreichen Fachliteratur. Je weiter seine Studien fortschritten, um so stärker wuchs sein Interesse an versteinerten, seltenen und in der geologischen Gegenwart ausgestorbenen Vögeln. Ich zog Nutzen aus den großen Museen in New York, New Haven (Yale), Cambridge, Massachusetts (Harvard) und London, sowie aus den Zoologischen Gärten von New York und London, um meine Illustrationen zu planen und möglichst naturgetreu auszuführen.

Es ist nicht überflüssig, noch mehr über jenes Buch zu sagen, auf dem ja das hier vorliegende aufbaut. Jedoch wurde dasselbe für Fachornithologen und Feldbeobachter geschrieben, die unsere Begeisterung für das Thema teilen und es meist schon gut beherrschen.

Der erste Teil des Buches, der ursprünglich den Untertitel »Umfassende Einführung in die Allgemeine Ornithologie« trug, enthielt sechs Kapitel, die jeweils die Vögel von einem einzelnen Gesichtspunkt behandelten: ihre Formenfülle, Körperbau und Anpassung, Vergangenheit nach Fossilfunden, stammesgeschichtliche Vorgänge in der Gegenwart, Verbreitung und Verhalten. Der zweite Teil bestand aus einem Kapitel über das Beobachten von Vögeln, einer Aufstellung aller Vogelfamilien mit ihren Artenzahlen und mit Karten, die die Verbreitung jeder Familie zeigten, und einem abschließenden Kapitel über Vögel und Menschen, das die Probleme und Möglichkeiten ihres weiteren Zusammenlebens erörterte.

Im Jahre 1969, fünf Jahre nach Erscheinen des eben besprochenen Werkes, wurden wir aufgefordert, noch ein weiteres Buch zu erarbeiten, das auf jenem beruhen, aber dem Bedarf eines anderen Leserkreises angepaßt sein sollte, der vielleicht weniger tiefe ornithologische Kenntnisse hat und daher eine Einführung in das Thema selbst, nicht aber eine umfassende fachlichwissenschaftliche Behandlung braucht. Zunächst zögerten wir, denn es war klar, daß das neue Werk in Text und Illustrationen viel von den Grundlagen seines Vorgängers enthalten, aber allgemein-verständlicher abgefaßt und kürzer sein sollte.

Gesellige Landvögel: Verhältnismäßig kleiner Starenschwarm, zur Vereinigung mit anderen Schwärmen auf einem riesigen Schlafplatz in England bereit. Manche europäischen und nordamerikanischen Schlafplätze beherbergen mehrere Millionen Vögel. (Photo von John Tarlton)

Gleichzeitig vereinfachen und kürzen bedeutete eine harte Arbeit für uns, weil eine Vereinfachung fast nie ohne Erweiterung des Umfangs möglich ist. Zum Glück gab es im Original einen sehr langen Abschnitt, der für eine umfassende Ornithologie, nicht aber für eine erste Einführung von hohem Wert war – die etwa 200 Karten mit der Verbreitung der Vogelfamilien!

Die Neufassung gab uns überdies Gelegenheit, Tatsachen und Zahlen auf den neuesten Stand zu bringen. Das Kapitel über die Vogelbeobachtung wurde den Bedürfnissen jener Leser angepaßt, die ihr Hobby ohne komplizierte Ausrüstung und ohne sehr spezialisiertes Wissen betreiben wollen.

Die Aufstellung der Vögel nach Ordnungen und Familien (oft sogar nach Unterfamilien) brachten wir ebenfalls auf den Stand der neuesten Forschung. Dazu entschieden wir uns zugunsten der Leser, die ihre Liebhabereien möglichst früh geordnet und geregelt betreiben möchten.

Alle, die ihre Studien weiterführen wollen, können das Original des vorerwähnten Werkes zu Rate ziehen und werden es hoffentlich tun. Es gibt außerdem zahllose andere Bücher für jeden Grad des steigenden Interesses an der Ornithologie. Auf der Seite 185 sind einige Bücher angeführt, die für die deutschsprechenden Leser besonders nützlich sein werden.

Obwohl zu gemeinsamer Autorschaft eine enge Zusammenarbeit gehört, kann sie aus zwei Persönlichkeiten nicht eine machen; die Arbeit muß geteilt und verteilt werden. Der Text dieses und des ersten Werkes wurde von James Fisher entworfen; die Vorlagen zu den Illustrationen stammen sämtlich von mir. Wir kritisierten uns gegenseitig freimütig, sagten unsere Meinung über die Arbeit des anderen und machten Verbesserungsvorschläge. Da wir nicht immer völlig gleicher Meinung über jeden Punkt waren, erwies es sich hier und da als notwendig, zwischen uns zu unterscheiden. Diese unterschiedlichen Ansichten wurden mit JF (von James Fisher) oder mit RTP (von Roger Tory Peterson) angegeben.

Roger Tory Peterson

Königsgeier

R.T.Peterson —

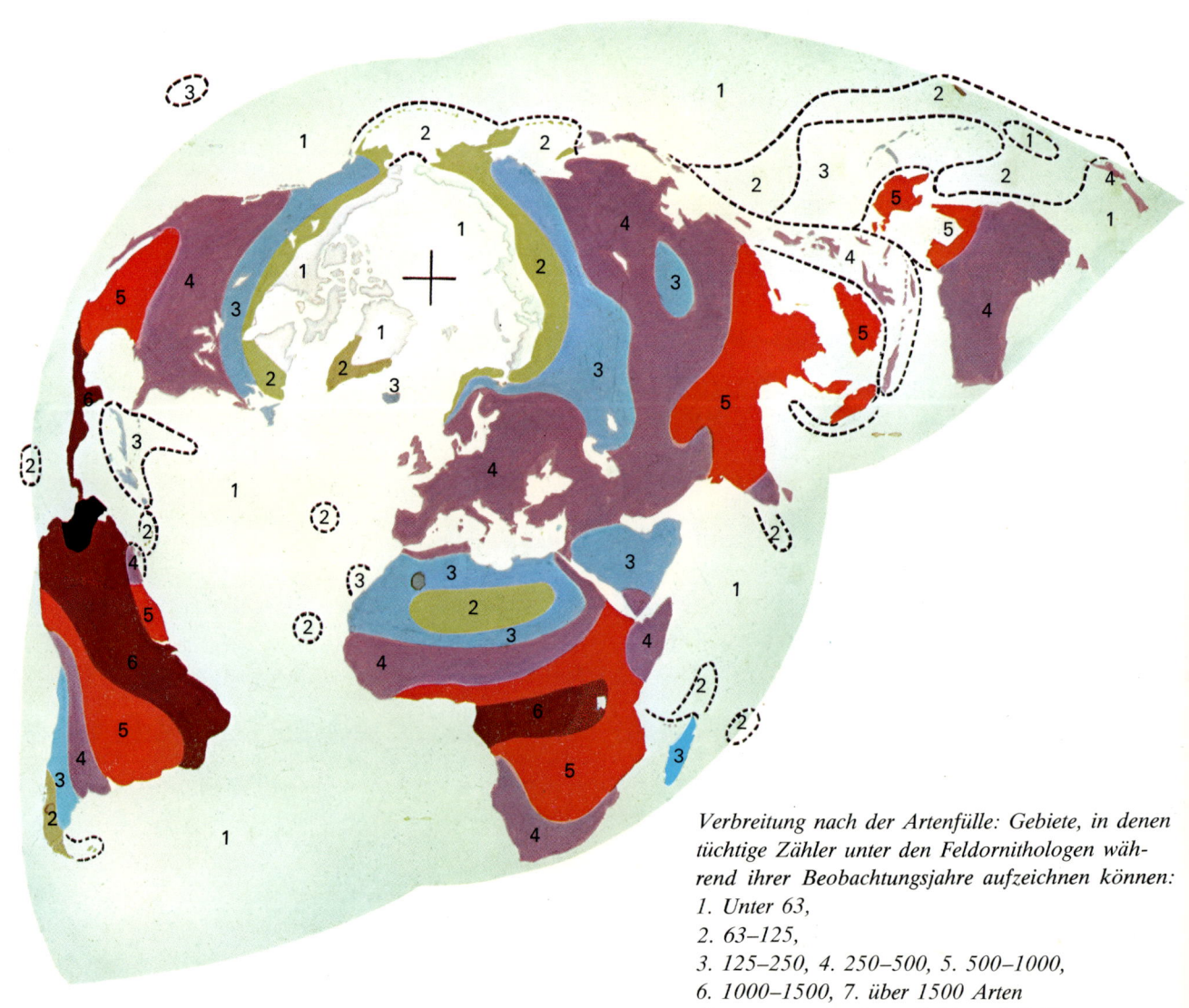

Verbreitung nach der Artenfülle: Gebiete, in denen tüchtige Zähler unter den Feldornithologen während ihrer Beobachtungsjahre aufzeichnen können:
1. Unter 63,
2. 63–125,
3. 125–250, 4. 250–500, 5. 500–1000,
6. 1000–1500, 7. über 1500 Arten
(letzteres nur in einem Gebiet möglich).

1 Die Vielfalt der Vögel

Verbreitung der Vögel nach der Formenvielfalt

Es gibt keinen Quadratkilometer auf unserem Planeten, ob zu Wasser oder zu Land, den nie der Schatten eines Vogels überquert hat – Teile des antarktischen Festlandes vielleicht ausgenommen. Die Landmasse der Antarktis ist so stark vereist, daß nur selten Stückchen Land hindurchstoßen. Daher gibt es dort keine Pflanzenwelt von Bedeutung, auch keine zu Lande erzeugte Nahrung für Tiere; und alle Wirbeltiere der Antarktis sind Seesäugetiere oder Seevögel, die auf Nahrung aus dem Meer angewiesen sind.

Obwohl wenigstens vier Vogelarten am oder nahe beim Nordpol gesehen wurden, hat nur ein Vogel, eine Skuaraubmöve, den Südpol besucht. Doch brüten zwei Sturmschwalben auf Bergen, die Meilen von der Küste entfernt aus der Eiskappe ragen, und einige Pinguinkolonien liegen außer Sichtweite der Küste auf dem Lande. Insgesamt 16 Arten, alles Seevögel, nisten auf dem antarktischen Festland oder auf nahe gelegenen Inseln. Rechnet man alle antarktischen und subantarktischen Inseln hinzu, beträgt die Zahl immer noch nicht wesentlich mehr als 50 Vogelarten.

Alle an Vögeln gleich oder ähnlich arme Gebiete (Nummer 1 der Karte) sind polar oder ozeanisch. Der Grund für die niedrige Zahl von Landvögeln auf entlegenen Meeresinseln besteht darin, daß die Inseln im Lauf der Stammesgeschichte nur von wenigen Landvögein gefunden worden sind, ja, sogar nur von wenigen über die Ozeane verbreiteten Seevögeln, die sie als Brutplätze benutzen. Bei einer Ostfahrt durch die verstreuten Inselgruppen des Stillen Ozeans finden wir immer weniger eingeborene Landvögel, etwa 127 Arten auf den Salomon-Inseln, 77 auf Neukaledonien, 33 auf Samoa, 17 auf den Gesellschaftsinseln, 11 auf den Marquesas, vier auf der abgelegenen Henderson-Insel und keine einzige auf der Osterinsel, der abgeschiedensten aller Inseln (obwohl man dort eine Taube, ein Steißhuhn und einen Stärling eingeführt hat).

Hat sich eine Art einem verarmten Gebiet angepaßt, trifft sie dort gewöhnlich auf weniger Konkurrenz als anderswo. Daher neigen Vögel, die in kargen Gegenden wohnen, zur Spezialisierung, sind oft sehr erfolgreich und bringen große Bevölkerungen hervor. Dies ist in der Antarktis besonders wichtig. Die Vögel, die mit dem rauhen Klima fertig werden und sich aus dem Meer ernähren, müssen eine schwierige Entwicklungsschranke überwunden haben, und ihr Erfolg zeigt sich in ihren hohen Bestandszahlen. Nach Ansicht vieler Ornithologen ist die antarktische Buntfußsturmschwalbe möglicherweise der zahlenmäßig häufigste Seevogel der Welt. Auf einigen polaren und subpolaren Vogelinseln mit Alken und Pinguinen gibt es Brutkolonien mit über einer Million Vögel.

In der Nähe der Erdpole zu verweilen, haben nicht viele Vögel gelernt; wer aber dort leben kann, hat es mit nur wenig Konkurrenten zu tun. So sind die wenigen Arten in den Polarregionen meist gut ange- paßt und kopfreich. Große Schwärme der Prachteiderente treffen im Mai im hocharktischen Nordgrön- land ein, wo diese Art in manchen Bezirken der häufigste Wasservogel ist.

Zu den Gebieten mit zahlenmäßig mehr (2) oder weniger (3) verarmter Vogelwelt gehö- ren wichtige Inselgruppen, die wegen ihrer Abgelegenheit für die Vögel nur schwer zu be- siedeln waren, sowie die meisten Wüsten, die klimatisch heißen und die kalten. Große Gebiete auf der nördlichen Halbkugel unterhalb der Baumgrenze – die Taiga in Eurasien, die Nadelwaldzone in Kanada und Alaska – weisen weniger als 250 Arten auf.

Mittelreiche Vogelfaunen mit weniger als 500 Arten (4) finden sich hauptsächlich in gemäßigten Waldsteppenländereien, in einigen tropischen Halbwüsten und im zentralen Ostindien. Das sind die den meisten von uns am besten bekannten Faunen. Bezeichnende Zahlen aus neuesten Zählungen besagen: Tasmanien 255, Neuseeland 256, Serbien 288, Hongkong 289, Portugal 315, Alberta 317, Mazedonien 319, Finnland 327, Norwegen 333, Griechenland 339, Afghanistan 341, Maine 350, Ussuriland 353, Irak 354, Ceylon 379, Israel fast 400, Japan 425, Westaustralien 436, Großbritannien und Irland sowie die Philip- pinen rund 450, Senegal und Sierra Leone 485, Ostnigeria 488.

Wem es seltsam erscheint, daß tropische Halbwüsten eine den milden Waldsteppenge- bieten vergleichbare Artenzahl besitzen, der sollte bedenken, daß es allgemein in den Tro- pen mehr Vogelarten je Quadratkilometer gibt als anderswo, so daß immer eine Gruppe von Arten bereit ist, in ein Halbwüstengebiet einzudringen. Halbwüsten mit einer Regen- menge von bis etwa 25 cm im Jahr haben eine ziemlich umfangreiche, wenn auch sehr spe- zielle Vegetation und ziehen durch das Angebot recht verschiedener Lebensstätten zahl- reiche Vogelarten an.

Eine reiche Vogelwelt mit bis zu 1000 Arten (5) findet man in den orientalischen Tropen (z. B. Borneo 554, Malaya 575, Burma 953), auf Neuguinea (650) und im angrenzenden tropischen Australien, in den tropischen Waldsteppen und an Waldrändern von Afrika (z. B. Eritrea 551, Ghana 627, Kamerun 670, Sambia 674, Sudan 871, Afrika südlich von Angola

und vom Sambesi 875), in Nord- und Mittelamerika (Texas 545, Mexiko 967) und in Südamerika (Surinam 567).

In tropischen Wäldern wimmelt es geradezu von Vogelarten, obwohl nur wenige so kopfreich sind, wie es für manche Arten in gemäßigten Breiten und für viele polare Arten typisch
ist. Diese zahlreichen Arten bilden drei Gemeinschaften, wovon jede in einer anderen
Waldetage lebt (S. 112). Trotzdem gibt es nur wenige wirklich riesige Lokallisten (6). Der
einzige afrikanische Landstrich mit über 1000 Arten ist das Kongobecken, der am dichte-
sten bewaldete Teil von Äquatorial-Afrika: Kongo (Kinshasa), Ruanda und Burundi haben
zusammen 1040. Dagegen werden von Zentralamerika, vom südlichen Mexiko bis Panama,
etwa 1190 Arten verzeichnet, von Venezuela 1282, von Ecuador 1357, von Brasilien 1440;
der Amazonasgürtel und andere tropische Waldzonen tragen zur letzten Zahl am meisten
bei.

Die Fülle der Vogelarten ist im tropischen Südamerika um die Hälfte größer als im tropischen Afrika. Das liegt vor allem daran, daß Südamerika mit dem hohen Gebirgssystem
der Anden, den weiten Ebenen sowie den Hochländern im Norden und im Osten geologisch
sehr viel abwechslungsreicher wie das hochflächenreiche Afrika ist und mehr Lebensräume
in unterschiedlichen Höhenlagen bietet.

Es ist kein Zufall, daß das einzige Land mit über 1500 (7) Vogelarten Kolumbien ist,
das auch die größte Vielfalt an Lebensstätten im Verhältnis zur Flächengröße aufweist.
Bei der letzten Zählung hatte Kolumbien mehr als 1700 Arten – doppelt so viel wie die
USA und Kanada zusammen (775). Kolumbien ist das Herzland ornithologischer Formenfülle auf unserem Planeten.

*Winter im gemäßigten Gebiet der östlichen USA, das eine nach Arten
mittelmäßig reiche Vogelwelt aufweist. Drei Amerikanische Weiden-
meisen; zwei Winter-Juncos; zwei Ostblauhäher; Blutkardinal und
Weißbrustkleiber an der Futterstelle; Kuhstärling fliegend; Haarspecht
am Pfosten; Weißkehlammerfink auf den Zweigen rechts unten.*

*Die Tropen ernähren eine Fülle verschiedener Vogelarten. Als erste be-
gegneten uns im Laufe eines Tages in Mittel-Mexiko (von links nach
rechts, oben): Mexikanischer Trogon, Maskentityra, Laucharassari,
Türkisvogel; (unten) Zimt-Tao, Erznackentaube.*

Falkenraubmöwe

Felsentaube
(Reisetaube)

Rotschwanztropikvogel

Laysan-Albatros

Weiß-Ibis

Grönländische Bleßgans

Flügel und Flug

Innerhalb ihrer Geschwindigkeits- und Flughöhengrenzen stellen die Vögel leistungsfähigere »Flugzeuge« dar, als sie der Mensch bisher hat entwerfen können. Das Problem der Grenzschichtbeeinflussung, die den Widerstand dadurch vermindert, daß Luft durch den Flügel nach unten gezogen wird, wurde wahrscheinlich schon von dem Urvogel Archaeopteryx gelöst. Menschliche Ingenieure stehen bei diesem Prinzip noch in der experimentellen Phase. Das dynamische Segeln ist dem Menschen nur theoretisch bekannt. Dennoch machen sich seit Millionen von Jahren Albatrosse und größere Sturmvögel die Tatsache zunutze, daß die Windgeschwindigkeit über windigem Meer als Folge der Reibung zur Meeresoberfläche hin sehr stark und schnell abnimmt. Die wie Lagen in einem Kuchen angeordneten, unterschiedlichen Windgeschwindigkeiten ermöglichen es großen, langflügeligen Vögeln, auf komplizierte Weise in beliebiger Richtung innerhalb eines Kreisausschnitts von weit mehr als 180 Grad segeln zu können. Sie folgen gewundenen oder Zickzack-Bahnen, wenn ihr Ziel gegen den Wind liegt, und benutzen ihre »Motoren« hauptsächlich zum Manövrieren.

Breitflügelbussard

Wanderfalke

Amerika-Uhu

Braunkehl-
Stachelschwanzsegler

Mehlschwalbe

Kragenhuhn

Graubruststrandläufer

Wachtelkönig

*Beim Rütteln
schlägt der Flügel
des Rubinkehlkolibris
55mal je Sekunde
auf und ab.*

Oben sind einige typische Beispiele der Anpassung von Flügeln abgebildet. Der Laysan-Albatros hat das größte Streckungsverhältnis (d. h., seine Spannweite ist groß im Verhältnis zur Flügelbreite von vorn nach hinten, zur Flügelsehne), und das verleiht ihm den größten Auftrieb für seinen dynamischen Segelflug. Ein Vogel, der schnell beschleunigen muß, z. B. das Kragenhuhn, besitzt eine geringe Flügelstreckung.

Die Flächenbelastung der Vögel (d. h. Gewicht pro Quadratmeter der Flügelfläche) reicht von etwa 0,5 bis 11,5 Kilogramm. Die behendesten Flieger, vom Fregattvogel, Tropikvogel und Falkenraubmöve bis zu manchen Fliegenschnäppern, zu den Schwalbenstaren und den Kolibris, besitzen meist eine geringe Flächenbelastung und große Flügelstreckung. Der Rotschwanztropikvogel ist vielleicht der größte Vogel, den man urplötzlich rückwärts fliegen sah, nachdem er unmittelbar vorher zum Stillstand gekommen war. Greifvögel mit langen Zugwegen wie der Breitflügelbussard können segelnd weite Entfernungen zurücklegen, wobei sie aufsteigende Luftsäulen ausnutzen; ihre Flügelstreckung ist gering und die Flächenbelastung klein oder mittelgroß. Einen typischen breiten Allzweckflügel

19

Zahl der Flügelschläge pro
Sekunde bei folgenden Vogelgruppen:

1

Schwäne, große Pelikane, Reiher
und Möwen; Königspinguin unter Wasser

2

Störche, Flamingos, Geier, Adler,
segelnde habichtartige, große Eulen

4

Seetaucher, Lappentaucher, Rauhfußhühner,
Rallen, Kuckucke, Segler, einige Finken

8

auffliegender Fasan, Riesengnom,
Spottdrossel, Sperlinge, Weber

16

kleinste Sperlingsvögel (Meisen usw.),
mittelgroße Kolibris

32

Grünkolibris, Schattenkolibris,
Amethystkolibri, Rubinkehlkolibri

64

80

*Hochflieger des Himalajas: (von oben nach unten) Bartgeier,
hat 7600 m nahe dem Mt. Everest erreicht; Alpendohle, erreicht wahrscheinlich den Everestgipfel, rund 8800 Meter;
Alpenkrähe und Mauerläufer, ungefähr 6400 Meter im Ka-
rakorum.*

besitzt der Weiß-Ibis, der regelmäßig weite Strecken fliegt und auch segelt. Eulen, z. B. der Amerika-Uhu, haben eine ähnliche Flügelform, dazu lange flaumige Fortsätze am Federgrunde, die wie andere Anpassungen für lautlosen Flug sorgen.

Manche Vögel mit ziemlich hohen Flächenbelastungen sind zu langen Wanderungen befähigt: So überquert die Bleßgans 3500 km Atlantik von Grönland nach Irland, und der schwach wirkende Wachtelkönig gelangt von Europa nach Island. Vögel, die ihre Flügel unter Wasser benutzen – z. B. Alken, Tauchsturmvögel und manche Enten –, haben eine hohe Flächenbelastung, wodurch sie auch im dichteren Element »fliegen« können.

Man hat viele Beobachtungen über die Geschwindigkeit der Vögel angestellt, indem man die Tiere über gemessene Entfernungen stoppte, sie in Autos oder Flugzeugen begleitete, oder mit Radar oder Entfernungsmessern verfolgte. Die Hälfte aller Vogelarten gelangt wahrscheinlich nie über eine Geschwindigkeit von 64 km in der Stunde hinaus. Große Geschwindigkeiten sind allerdings nicht leicht zu messen, und solche über 96 km/h sind ohne berechtigte Zweifel nur beim Seetaucher nachgewiesen, ferner bei einigen Greifvögeln, Entenvögeln, der Felsentaube als Reisetaube und bei Seglern. Es heißt, daß der asiatische Braunkehl-Stachelschwanzsegler 320 km/h erreicht; aber die betreffende Messung war unzuverlässig. Die meisten Ornithologen geben die Höchstgeschwindigkeit der Seglerfamilie mit 108 km/h an. Als schnellste Vögel gelten ohne Einschränkung der Bartgeier mit 127,2 km/h, der Seetaucher mit 144 km/h und die Reisetaube mit 150,8 km/h. Als größte sicher nachgewiesene Geschwindigkeiten wurden bei Sturzflügen des Wanderfalken 264-288 km/h mit Stoppuhr und Windgeschwindigkeitsmessern festgestellt.

Schnelle Vögel haben ausgesprochen pfeilförmige Flügel, wodurch der Luftwiderstand vermindert und Stabilität erreicht wird. Die meisten Watvögel, von denen (S. 19) der Graubruststrandläufer als Beispiel gezeigt wird, ziehen mit Geschwindigkeiten zwischen 80 und 100 km/h. Die Schwalbenfamilie kann 74 km/h erreichen (Mehlschwalbe). Das ist viel für einen kleinen Vogel, aber noch schneller sind die Ohrenlerche mit 86 km/h, der Star mit 88 km/h und der Rubinkehlkolibri mit bis 96 km/h.

Der Potoyunco (links) und die Gryllteiste schwimmen beide mit ausgebreiteten Flügeln. Die Samtente schwimmt mit halbgefaltetem Flügel, mit vorgestrecktem Nebenflügel (siehe Seiten 22 und 23).

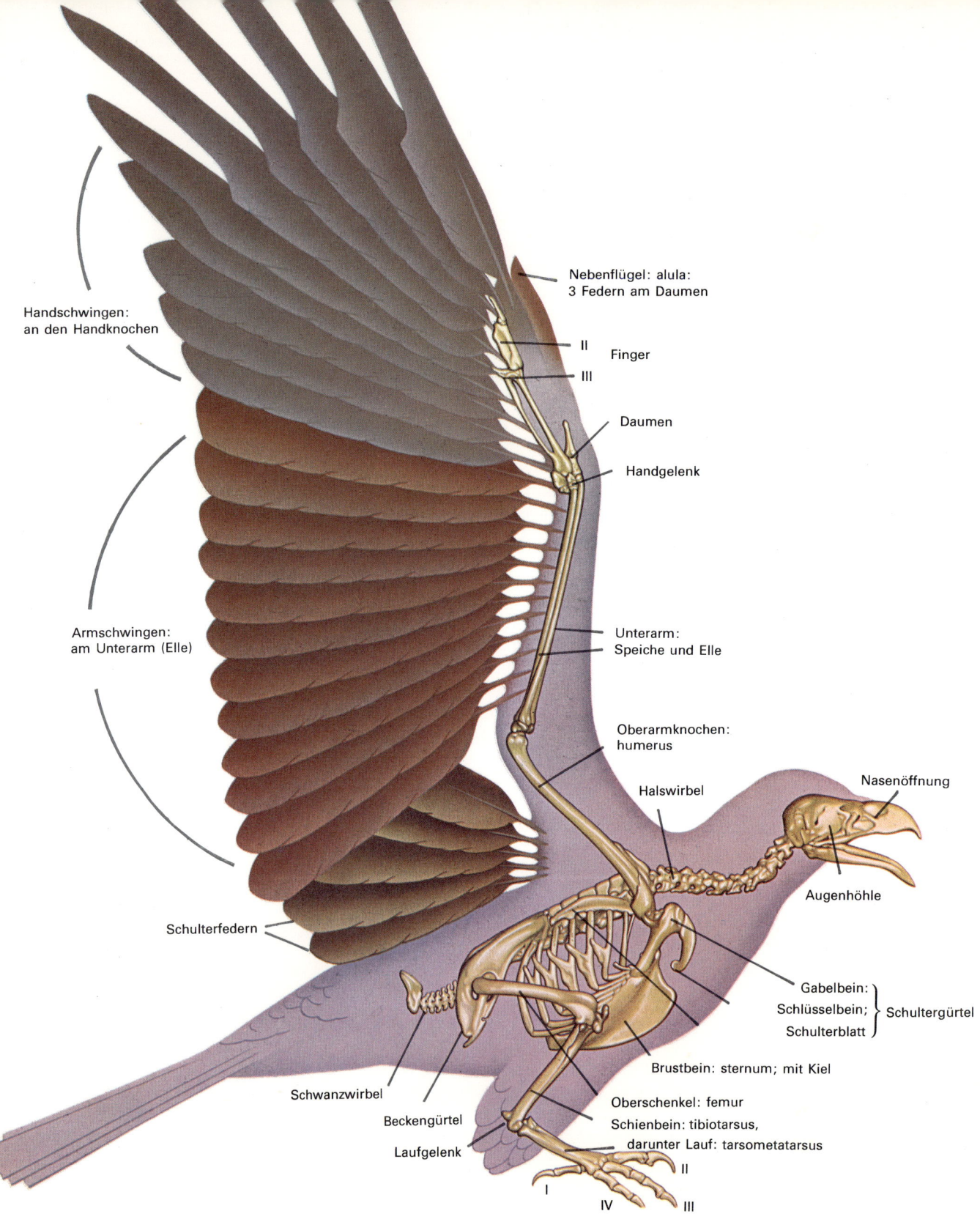

Handschwingen:
an den Handknochen

Armschwingen:
am Unterarm (Elle)

Schulterfedern

Schwanzwirbel

Beckengürtel

Laufgelenk

Nebenflügel: alula:
3 Federn am Daumen

II Finger
III

Daumen

Handgelenk

Unterarm:
Speiche und Elle

Oberarmknochen:
humerus

Halswirbel

Nasenöffnung

Augenhöhle

Gabelbein:
Schlüsselbein; } Schultergürtel
Schulterblatt

Brustbein: sternum; mit Kiel

Oberschenkel: femur
Schienbein: tibiotarsus,
darunter Lauf: tarsometatarsus

II
I
IV   III

Skelett eines Karakaras (Familie Falken),
das Anordnung und Verbindungen der Hauptknochen und
Schwungfedern zeigt. Linke Seite weggelassen.

Anatomie

Das zentrale Knochengerüst eines Vogels besteht aus einer Säule von etwa 37 bis über 60 ineinandergefügten Wirbeln, dem »Rückgrat«, das seinen Höhepunkt in einem festen und leichten Schädel erreicht, an dem die Kiefer befestigt sind. Einige Schädelknochen sind nicht mehr als dünne Platten und Streben. Die sehr großen Augenhöhlen des Vogels lassen nur eine sehr dünne Scheidewand zwischen seinen Augen zu; sein Gehirn befindet sich ausschließlich im verbreiterten hinteren Teil des Schädels.

Die Zahl der Halswirbel schwankt zwischen 16 und 25. Dahinter kommt ein Kasten, der Brustkorb. Er findet an 4 bis 6 Rückenwirbeln Halt. Diese sind durch Rippen mit einem Brustbein oder Sternum in Verbindung, das bei fliegenden Vögeln gekielt ist. Am Vorderteil des Brustbeins fügen sich 2 Rabenbeine fest an. Diese sind an ihrem vorderen Ende durch das Paar der Schlüsselbeine (die bei den meisten Vögeln unten zum Gabelbein verschmelzen) verklammert. An ihren oberen Enden stoßen sie mit den Schulterblättern zusammen, die über den Rückenwirbeln entlang nach hinten verlaufen. Die drei genannten Knochenpaare bilden den Schultergürtel, der mit dem Brustkorb durch starke Bänder verbunden ist.

In die von Rabenbein und Schulterblatt gebildete Gelenkpfanne fügt sich der Kopf des Oberarmknochens ein. Dieses Oberarmbein ist ein sehr starker Stab, an dessen anderem Ende sich die Unterarmknochen zusammenfügen – Speiche und Elle. Mit ihnen wiederum sind weiter nach außen verschiedene Handwurzelknochen verbunden, und schließlich kommen wir zum Daumen, zum zweiten und zum dritten Finger.

Diesen Handknochen sind die großen Flug- (und Steuer-)federn, die Handschwingen, fest angefügt. Der Daumen trägt eine Gruppe von drei Federn, die Alula, die nach Abspreizen durch Schlitzbildung wie eine Start- oder Landeklappe wirkt. Die Armschwingen entspringen an der Elle, dem äußeren und dickeren Unterarmknochen. Manchmal sind auch noch innerste Armschwingen am Oberarmbein befestigt. Kein normaler fliegender Vogel hat weniger als neun Handschwingen; die Zahl der Armschwingen schwankt und steigt bis 32 bei Albatrossen. Der wenig hoch entwickelte Kondor besitzt wahrscheinlich mehr

Rechts: Knochenbau und Flügelsystem der drei Wirbeltierklassen, die zum echten Flug gelangt sind. Unten: Typische Flugfeder; ein Fahnenteil vergrößert.

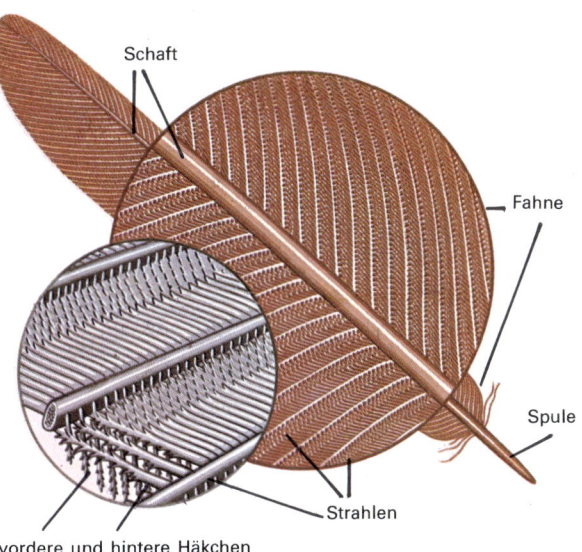

Schaft

Fahne

Spule

Strahlen

vordere und hintere Häkchen

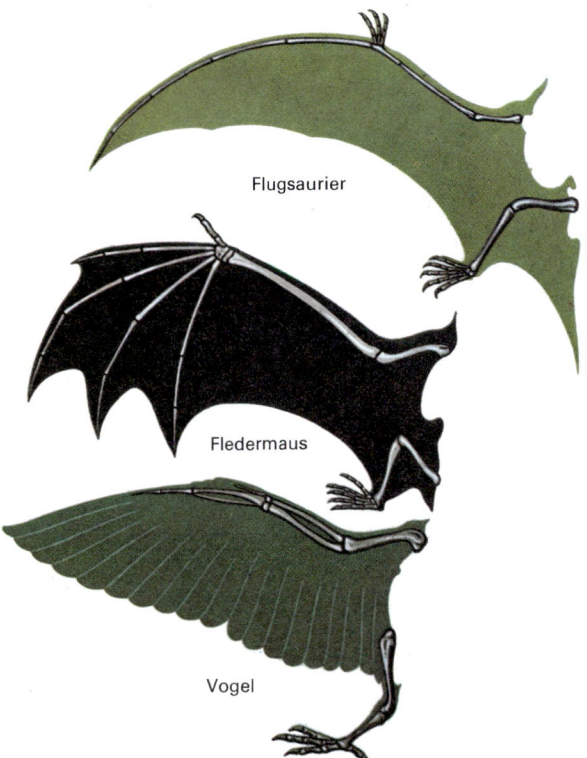

Flugsaurier

Fledermaus

Vogel

Schwungfedern als irgendein anderer Vogel, 11 Hand-, 25 Arm- und 13 Oberarmschwingen.

Die einzigen wirklich fliegenden Wirbeltiere außer den Vögeln sind die ausgestorbenen Flugsaurier und die Fledermäuse. Jene verließen sich dabei auf einen Hautlappen zwischen dem Kleinen Finger und dem Fuß; diese haben ebenfalls eine Art Flughaut, die aber über alle Finger bis zu den Füßen gespannt ist. Als sich die Federn entwickelten, blieben die Füße der Vögel davon frei, so daß sie der Fortbewegung und der Stoßdämpfung dienen können.

Dem Beckengürtel des Vogels dient die Verschmelzung von 10 bis 23 Wirbeln als Stütze; die vorderen beiden Wirbel können Rippen für den Brustkorb tragen. Die vereinten Lendenwirbel – das Synsacrum – verwachsen mit drei Knochenpaaren (Darmbeinen, Sitzbeinen, Schambeinen) zu einem mächtigen Ring, mit dem durch ein Kugel- und Pfannengelenk der Oberschenkel zusammengefügt ist. Unter dem Knie, das oft in den Federn versteckt ist, befindet sich als oberer der gewöhnlich sichtbaren Beinknochen das Schienbein, das dem Schienbein und einem Teil der Fußwurzel der Reptilien entspricht. Darunter liegt der Laufknochen oder die »Fußwurzel«, eine Verschmelzung, die einen Teil des Knöchels und die oberen Enden von drei Zehen vereint. Vögel haben keine fünfte Zehe; die erste Zehe, die der großen Zehe entspricht, weist bei fast allen Vögeln nach hinten.

Am untersten Teil der Wirbelsäule befinden sich 4 bis 9 freie Schwanzwirbel und am Ende außerdem der durch Verwachsung von 4 bis 7 verkümmerten Wirbeln entstehende Schwanzstiel, das sogenannte Pygostyl, an dem die Spulen der Schwanzfedern fest eingesetzt sind. Gewöhnlich sind es 12, aber ihre Zahl kann zwischen 6 und 20 schwanken.

Eine typische Feder besteht aus einem Hauptstamm, dessen Spule hohl ist, und dessen oberer Teil, der Schaft, massiv ist. Zu beiden Seiten des Schaftes breitet sich die Fahne aus. Sie besteht aus parallel verlaufenden Ästen, die in schrägem Winkel zur Federspitze weisen. An diesen Ästen sind die Strahlen befestigt. Die zur Federspitze gerichteten Strahlen haben entlang der Mitte ihrer Unterkante Haken, die sich an den gegenüberliegenden Strahlen fangen und so verhaken, daß die Fahne fest und elastisch wird. Gewöhnliche Kontur- oder Deckfedern tragen in der Nähe ihrer Wurzel meistens flaumige, nicht ineinander

Luftsäcke des Haushuhns, von vorn. a: Achselsäcke; b: Bauchsäcke; h: hintere Brustsäcke; n: Nackensack; s: Schlüsselbeinsäcke; v: vordere Brustsäcke (Lungen schwarz). Unten: Senkrechter Querschnitt des Auges; Gehirn, von links gesehen.

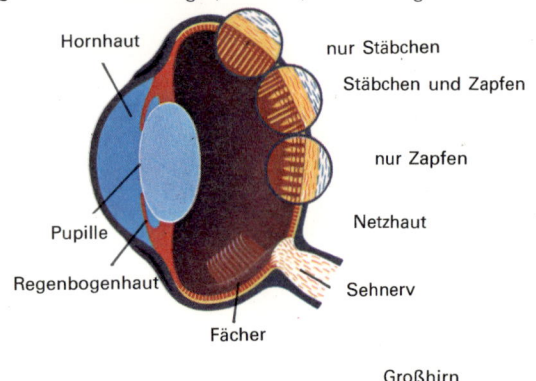

Hornhaut
nur Stäbchen
Stäbchen und Zapfen
nur Zapfen
Netzhaut
Pupille
Regenbogenhaut
Sehnerv
Fächer

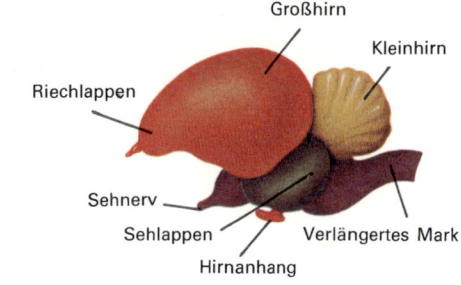

Großhirn
Kleinhirn
Riechlappen
Sehnerv
Sehlappen
Verlängertes Mark
Hirnanhang

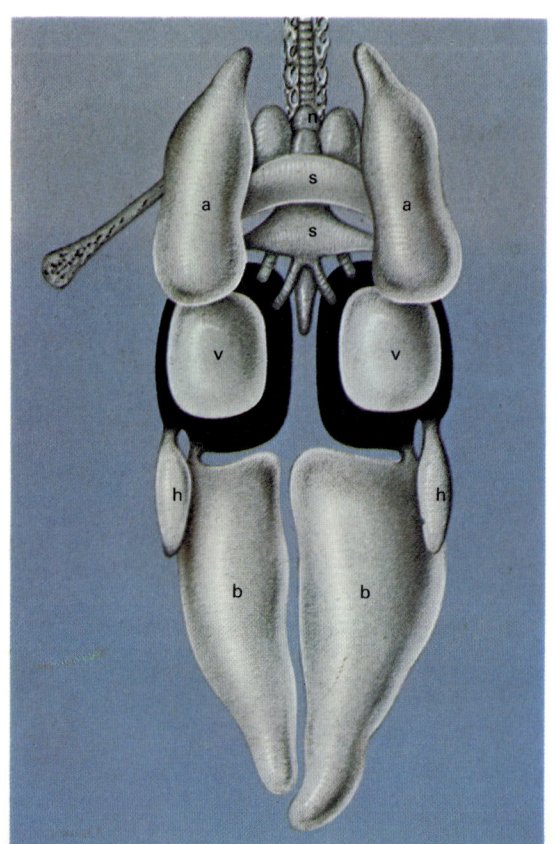

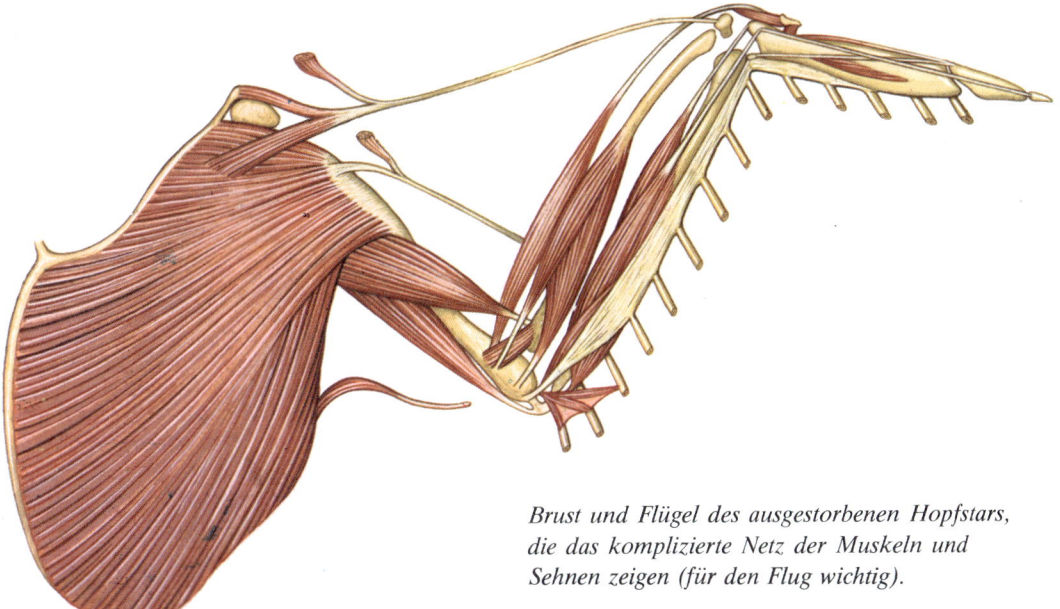

*Brust und Flügel des ausgestorbenen Hopfstars,
die das komplizierte Netz der Muskeln und
Sehnen zeigen (für den Flug wichtig).*

greifende Äste, und unter diesen Federn wachsen flaumige Daunenfedern und haarähnliche Fadenfedern, das sind Spezialfedern, die der Isolation dienen. Jede Feder wird einmal, zweimal oder sogar dreimal jährlich durch eine Mauser ersetzt. Eine Auswahl schöner Federn ist auf Seite 27 abgebildet.

Fast alle größeren Knochen der Vögel sind lufthaltig, hohl, mit sehr wenig Mark gefüllt. Das ist eine Anpassungserscheinung, die für Leichtigkeit sorgt. Die hohlen Knochen sind außerdem mit Luftsäcken im Körperinnern verbunden, die bei einer Füllung mit plastischen Massen ihre gewaltige Größe und ihren verwickelten Bau enthüllen. Wenn der Vogel einatmet, strömt die Luft durch seine Lungen in die Säcke; wenn er ausatmet, strömt die Luft aus den Säcken noch einmal durch die Lungen. Die Beladung des Blutes mit Sauerstoff kann in beiden Fällen stattfinden, viel schneller als bei einem Tier ohne Luftsäcke.

Die beiden vielleicht besten Teile im Präzisionsbau der Vogelanatomie sind seine Maschine und seine Augen. Mit Maschine meinen wir die Flugmuskeln, die am Brustbein Halt finden und alle Bewegungen des gesteuerten Fluges ausführen. Ihre stattliche Masse wiegt oft mehr als ein Fünftel des ganzen Vogels, und sie bedienen sich einer Art von Flaschenzugsystem, in dem verschiedene Sehnen über Knochenkerben oder durch Knochenlöcher laufen, wodurch ihr Zug um mehr als 90 Grad umgelenkt werden kann.

*Vogelanatomie:
Darstellung der
australischen
Ureinwohner.*

Vögel verfügen über die am höchsten entwickelten Augen im ganzen Tierreich. Die Augen vieler Eulen sind größer als die des Menschen. Im Grundbau ähneln Vogelaugen denen anderer Wirbeltiere, sind aber durch Bauänderungen verfeinert. Die Netzhaut – der sinnesempfindliche Hintergrund der inneren Augenkammer – ist so viel dichter mit lichtempfindlichen Stäbchen- und Zapfenzellen besetzt als bei anderen Wirbeltieren, daß beim Vogel ein besonderes Organ entstanden ist, der Fächer. Es ist ein Hilfsbehälter für Blut zur Steigerung des Netzhautstoffwechsels. Die Netzhaut mancher Vögel hat zwei besonders empfindliche Bereiche, die Sehgruben, von denen eine dem Blick zur Seite, die andere dem nach vorn dient. Nachtvögel wie die Eulen besitzen nur Stäbchen, die am lichtempfindlichsten sind und als einzige Zellen bei fast völliger Dunkelheit arbeiten. Die Zapfen wirken erst bei mehr Licht, machen aber das Bild durch schärfere Auflösung klarer und unterscheiden Farben. Einige Tagvögel haben nur Zapfen, die meisten jedoch beides. Manche verfügen über farbige Öltröpfchen in den Zapfen; sie filtern das blaue Licht, so daß weniger Blendwirkung auftritt und der Vogel besser sieht.

Im allgemeinen Bau und in der relativen Größe gleicht oder ähnelt das Vogelgehirn dem eines niederen Säugetieres. Aber sein Kleinhirn, das die Bewegungen koordiniert, ist größer als die Sehlappen. Sein Großhirn ist im ganzen kleiner, sein zentraler Teil, der die instinktiven (ungelernten) Handlungen betreut, relativ größer, seine äußere Rinde, die sich um gelernte Handlungen kümmert, ziemlich klein. Der Riechlappen ist klein. Vögel besitzen einen gering entwickelten Geschmackssinn, nur wenige einen ausgeprägten Geruchssinn.

Vögel verschlucken die Speisebrocken nach der Vermischung mit Speichel ungeteilt. Ihre Speiseröhre verbreitert sich bei vielen Arten in der Kehle zu einem großen Speichersack – dem Kropf. Sobald die Speiseröhre hinter dem Herzen in den Brustkorb eingetreten ist, wird sie zu einem großen Sack, dem Magen. Sein oberes Ende ist zur Verdauung mit Säurezellen ausgekleidet, sein unterer Teil gewöhnlich ein Muskelmagen, in dem grobe oder harte Nahrung zermalmt wird.

Hinter dem Magen setzt sich der Verdauungskanal in einer Schleife fort – dem Zwölffingerdarm. Dieser wird durch Kanäle von der Bauchspeicheldrüse (Pankreas) mit Sekreten gespeist, die Stärke in Zucker umwandeln und Eiweißkörper sowie Fette aufspalten. Kanäle zum Zwölffingerdarm verlaufen auch von der Leber her, einem gewaltigen Speicherorgan, das Zucker sammelt und die Blutzusammensetzung konstant erhält. Die meisten Stoffe, die von der Leber in den Zwölffingerdarm entleert werden, sind Abfälle, aber einige helfen bei der Verdauung.

Als nächstes kommt der Dünndarm, der bei pflanzenfressenden Vögeln sehr lang sein und viele Schleifen bilden kann. Vorwiegend hier wird die verdaute Nahrung von der Darmwand aufgenommen. Abfallstoffe, tote Bakterien und Nahrung, die nicht aufgenommen werden kann, werden schließlich in den weiten, kurzen Enddarm entleert, der zur Kloake führt. Diese bildet den letzten Durchgang, der zur einzigen Öffnung im unteren Teil des Körpers führt. In der Kloake münden die Kanäle für die Ausscheidungen der Nieren und Gänge von den Fortpflanzungsorganen. Die männlichen Organe sind im Körperinnern, wo sie über den Nieren liegen; es gibt nur einen Eierstock, der zwischen den Nieren liegt.

Das Herz und das Blutgefäßsystem eines Vogels sind eher reptilien- als säugetierartig, aber sehr leistungsfähig. Ein Vierzigstel vom Gewicht eines hoch im Gebirge lebenden Kolibris wiegt allein das Herz. Wenig Vögel haben unter 38 Grad Celsius Körpertemperatur, und bei einigen beträgt sie 45 Grad. Vögel sind die nervösen Athleten der Tierwelt.

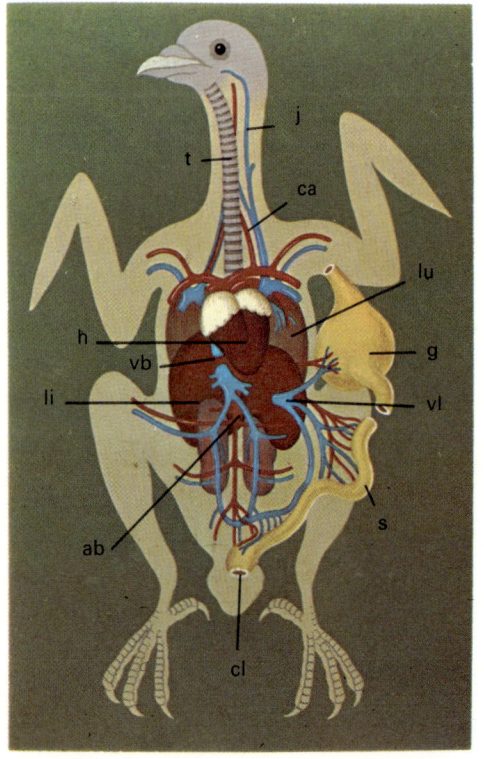

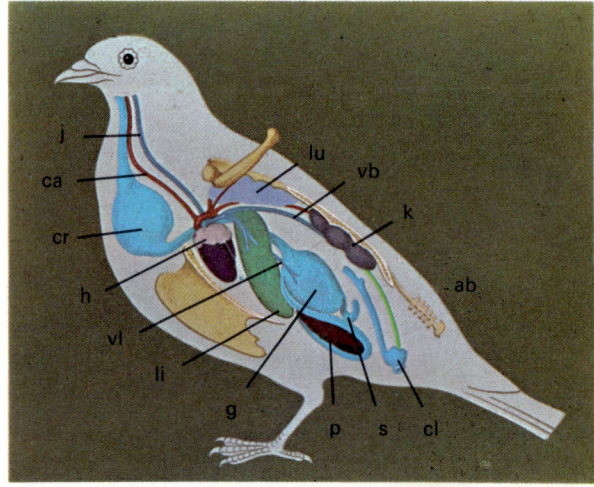

Kreislauf- und Verdauungssystem der Taube, vereinfacht. ab: Hauptschlagader des Körpers; ca: Halsschlagader; cl: Kloake; cr: Kropf; g: Muskelmagen; h: Herz; j: Halsader; k: Niere; li: Leber; lu: Lunge; p: Bauchspeicheldrüse; s: Dünndarm; t: Luftröhre; vb: Hauptvene des Körpers; vl: Hauptvene der Leber.

Gegenüber: Federn von 30 Arten (aufgeführt auf S. 27).

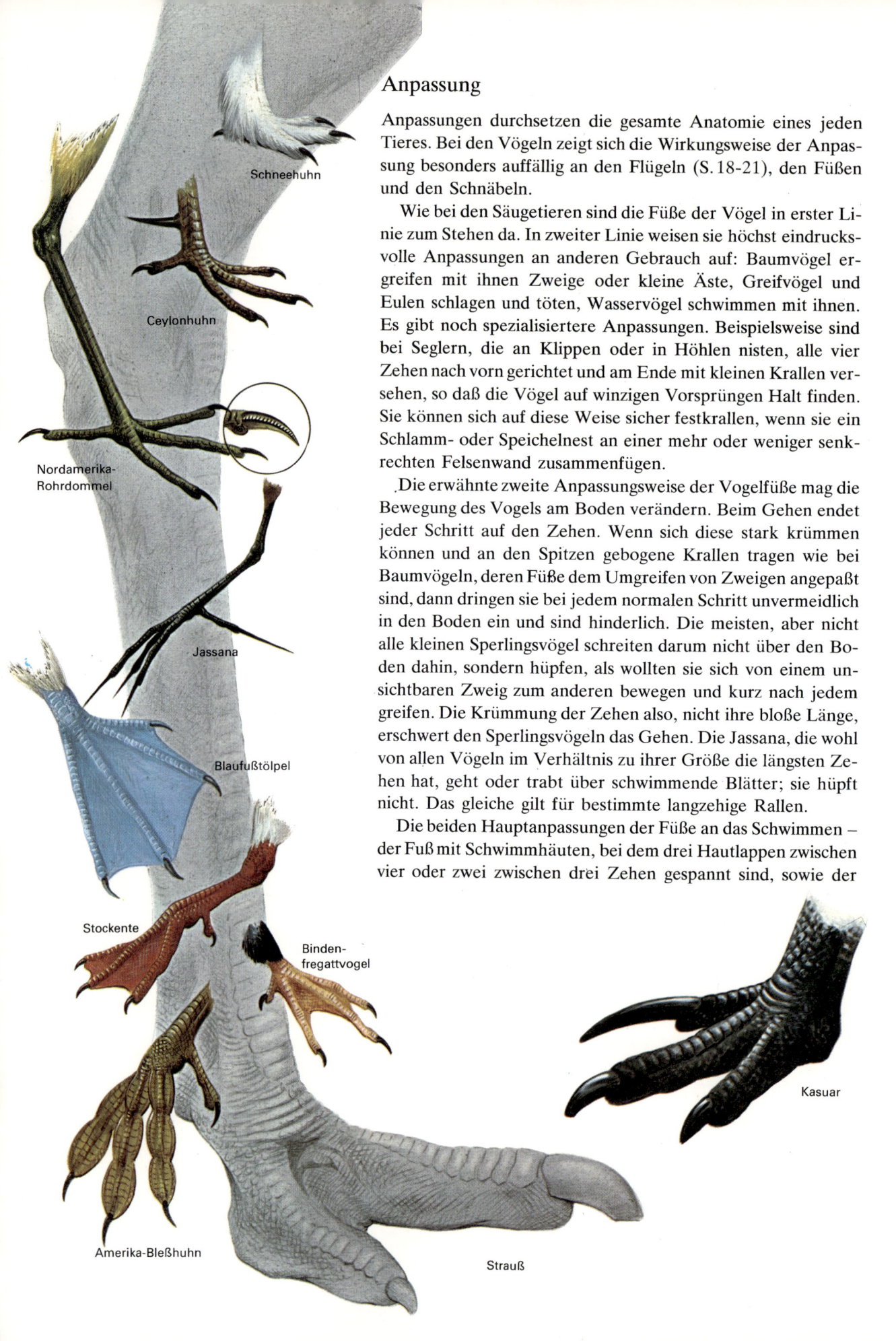

Anpassung

Anpassungen durchsetzen die gesamte Anatomie eines jeden Tieres. Bei den Vögeln zeigt sich die Wirkungsweise der Anpassung besonders auffällig an den Flügeln (S. 18-21), den Füßen und den Schnäbeln.

Wie bei den Säugetieren sind die Füße der Vögel in erster Linie zum Stehen da. In zweiter Linie weisen sie höchst eindrucksvolle Anpassungen an anderen Gebrauch auf: Baumvögel ergreifen mit ihnen Zweige oder kleine Äste, Greifvögel und Eulen schlagen und töten, Wasservögel schwimmen mit ihnen. Es gibt noch spezialisiertere Anpassungen. Beispielsweise sind bei Seglern, die an Klippen oder in Höhlen nisten, alle vier Zehen nach vorn gerichtet und am Ende mit kleinen Krallen versehen, so daß die Vögel auf winzigen Vorsprüngen Halt finden. Sie können sich auf diese Weise sicher festkrallen, wenn sie ein Schlamm- oder Speichelnest an einer mehr oder weniger senkrechten Felsenwand zusammenfügen.

Die erwähnte zweite Anpassungsweise der Vogelfüße mag die Bewegung des Vogels am Boden verändern. Beim Gehen endet jeder Schritt auf den Zehen. Wenn sich diese stark krümmen können und an den Spitzen gebogene Krallen tragen wie bei Baumvögeln, deren Füße dem Umgreifen von Zweigen angepaßt sind, dann dringen sie bei jedem normalen Schritt unvermeidlich in den Boden ein und sind hinderlich. Die meisten, aber nicht alle kleinen Sperlingsvögel schreiten darum nicht über den Boden dahin, sondern hüpfen, als wollten sie sich von einem unsichtbaren Zweig zum anderen bewegen und kurz nach jedem greifen. Die Krümmung der Zehen also, nicht ihre bloße Länge, erschwert den Sperlingsvögeln das Gehen. Die Jassana, die wohl von allen Vögeln im Verhältnis zu ihrer Größe die längsten Zehen hat, geht oder trabt über schwimmende Blätter; sie hüpft nicht. Das gleiche gilt für bestimmte langzehige Rallen.

Die beiden Hauptanpassungen der Füße an das Schwimmen – der Fuß mit Schwimmhäuten, bei dem drei Hautlappen zwischen vier oder zwei zwischen drei Zehen gespannt sind, sowie der

Schneehuhn

Ceylonhuhn

Nordamerika-Rohrdommel

Jassana

Blaufußtölpel

Stockente

Binden-fregattvogel

Amerika-Bleßhuhn

Strauß

Kasuar

schwimmhautlose, handartige Fuß mit seitlichen Hautsäumen an den einzelnen Zehen – sind das Ergebnis getrennter Entwicklung auf parallelen Linien; keine von beiden muß das Gehen behindern. Zu den guten Gehern mit Schwimmhäuten zählen Möwen und Enten, die sogar rennen können. Unter den Schwimmvögeln mit gespaltenen Zehen sind Bleß- und Teichhühner gute Geher und annehmbare Läufer.

Vogelfüße weisen in der Regel eine nach hinten gerichtete erste (große) Zehe und die nach vorn zeigenden zweiten bis vierten Zehen auf. Der schnellaufende Strauß hat alle Zehen außer der dritten und der vierten verloren. Die meisten übrigen großen, nicht flugfähigen Vögel sowie die Trappen und einige Wasservögel haben die erste verloren.

Die Füße der meisten Schwimmvögel haben sich zu Stoß- oder Steuerwerkzeugen im Wasser umgeformt. Pelikane, Kormorane und Tölpel haben einen Ruderfuß, bei dem die erste Zehe zur Seite gewendet ist und eine Schwimmhaut alle vier umschließt. Bei den nicht so extrem schwimmfüßigen Enten sind nur die drei Vorderzehen mit Schwimmhäuten verbunden. Fregattvögel besitzen verkleinerte Schwimmhäute. Andere Wasservögel, wie das Bleßhuhn, haben Zehenlappen, keine Schwimmhäute. In einer einzigen kleinen Familie haben die Säbelschnäbler Schwimmhäute, der Ibisschnäbler hat Bindehäute zwischen den Zehenwurzeln und der Stelzenläufer einfache Spaltfüße.

Bei verschiedenen Vogelordnungen ist die Kralle der dritten Zehe in eine Art Kamm zum Gefiederputzen verwandelt worden. Beispiele bieten Tölpel, Reiher und Nachtschwalben.

Als »Standardfuß« mit vier ziemlich gleichen Zehen könnte man den der Krähe ansehen, die sich sowohl auf dem Boden als auch auf Bäumen aufhält. Wer mehr am Boden als auf Bäumen lebt, wie die Feldlerche, besitzt oft lange Hinterkrallen, mit denen die Standfestigkeit auf ebenem Boden verbessert wird.

Fast alle Greifvögel töten, indem sie schlagen oder mit schweren, scharfen Krallen zupacken. Die Geier der Alten Welt und

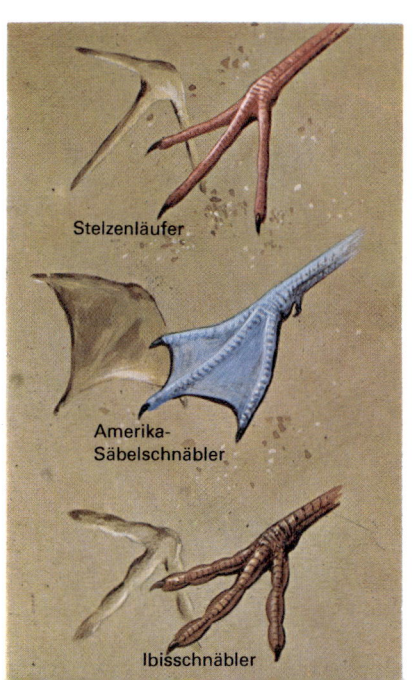

Stelzenläufer

Amerika-Säbelschnäbler

Ibisschnäbler

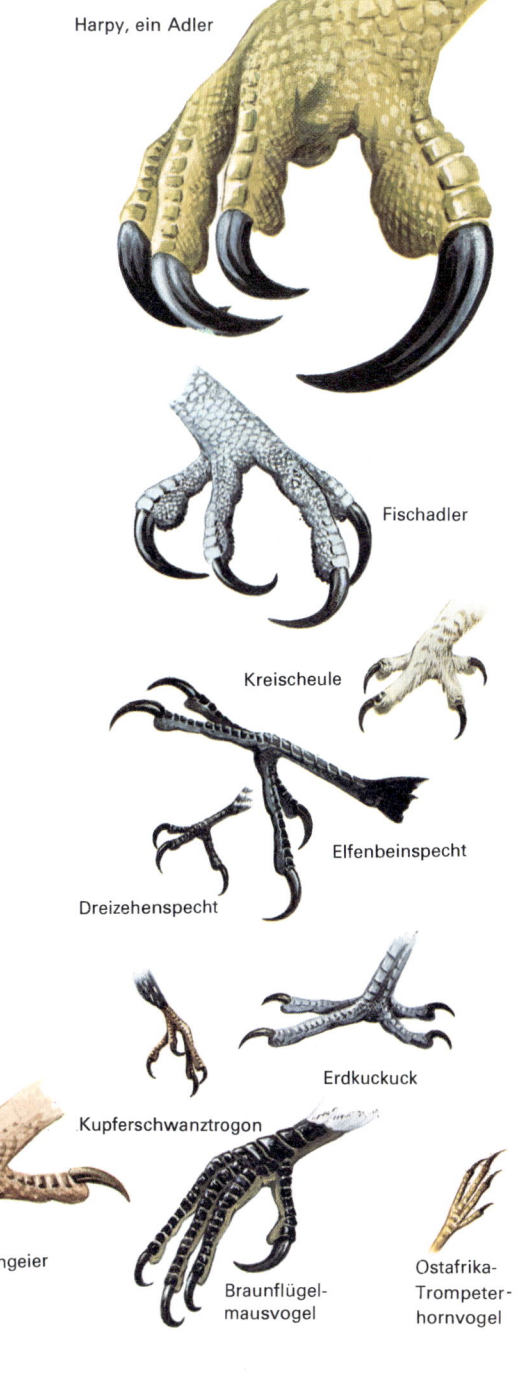

Whip-poor-will, eine Nachtschwalbenart

Feldlerche

Fischkrähe

Harpy, ein Adler

Fischadler

Kreischeule

Elfenbeinspecht

Dreizehenspecht

Erdkuckuck

Kupferschwanztrogon

Truthahngeier

Braunflügel-mausvogel

Ostafrika-Trompeter-hornvogel

Schwarzmantel-
Scherenschnabel

Riesensturmvogel

Hornlund

Fichten-
kreuzschnabel

Kernbeißer

Streifenkiwi

Mittelsäger

die der Neuen dagegen schlagen niemals und besitzen dement-
sprechend schwächere Füße. Manche Rauhfußhühner, die viel
im Schnee leben, haben tief herunter befiederte Füße. Fasanen
und Kammhühner tragen einen Sporn über der ersten Zehe.

Oft sind Familien durch die Anordnung der Zehen gekennzeichnet. Bei einer als zygodactyl bekannten Anordnung zeigt
die vierte Zehe gemeinsam mit der ersten nach hinten; solche
»Klammerfüße« gibt es bei Tukanen und Kuckucken und unter
den kletternden Vögeln, den Papageien und Spechtvögeln. Auch
ein Bodenkuckuck, der Erdkuckuck, ist noch zygodactyl. Einige
Spechte haben die vierte Zehe vollständig verloren. Andere Vögel (Eulen, Turakos, Kurol) sind halb-zygodactyl, sie können die
vierte Zehe nach vorn und nach hinten bewegen. Das kann auch
der Fischadler; seine Sohlen sind außerdem mit schmalen Horn-
röhrchen besetzt, die das Greifen von Fischen erleichtern. Eine
einzige Familie, die Trogons, ist schein-zygodactyl; bei ihr ist die
zweite und nicht die vierte Zehe nach hinten gewandert, eine als
heterodactyl bezeichnete Anordnung. Mausvögel und Segler, die
an kleinen Vorsprüngen hängen, können die erste Zehe nach
vorn bringen; sie sind pamprodactyl. Eisvögel, Todis, Sägerak-
ken, Nashornvögel und Racken nennt man verwachsenzehig
(syndactyl), benachbarte Zehen sind bei ihnen streckenweise zu-
sammengewachsen.

Der Schnabel dient in erster Linie der Nahrungsaufnahme.
Der Grund für die Entwicklung der Schnäbel zu allen möglichen
Formen und Größen liegt darin, daß verschiedene Vögel verschiedene Nahrung fressen und dazu verschiedenartige Schnäbel
brauchen.

Die Säugetiere als Klasse haben einen gleichermaßen weiten
Ernährungsbereich, aber ihre Zähne behalten. Ihre vielseitige
Anpassungsfähigkeit an verschiedene Nahrungsarten tritt vor al-
lem in den sehr unterschiedlichen Gebissen zutage.

Abgesehen vom Urvogel Archaeopteryx, dem ältesten bekannten Vogel, der aus der Jurazeit stammt, ist für keinen Vogel
außerhalb der Gattung Zahntaucher der Oberen Kreidezeit bewiesen, daß er wirkliche Zähne besaß; und nur wenige hatten
»falsche Zähne«.

Zur Ordnung Odontopterygiformes des Eozäns, des Oligo-
zäns und des Miozäns gehörten Seevögel, deren Kieferknochen
(die Stützen des Ober- und des Unterschnabels) gezähnt waren
und in Abständen sehr scharfe Spitzen hatten. Das erleichterte
diesen Vögeln vermutlich das Festhalten eines gefangenen Fi-
sches. Unter den heute lebenden Vögeln tragen Entenvögel der
Gattung Mergus, beispielsweise der Mittelsäger, seitliche Reihen
von zahnartigen Auszackungen am Schnabelrand; im Schnabel-
innern der Flamingos – einer Vogelgruppe mit sehr altem
Stammbaum – befinden sich Auszackungen, die dem Bartensy-
stem an der Kieferinnenseite der Bartenwale nicht unähnlich sind.

Die Vögel haben also die Zähne in einem frühen Stadium ihrer
Entwicklung verloren, und seitdem sind sogar falsche Zähne eine

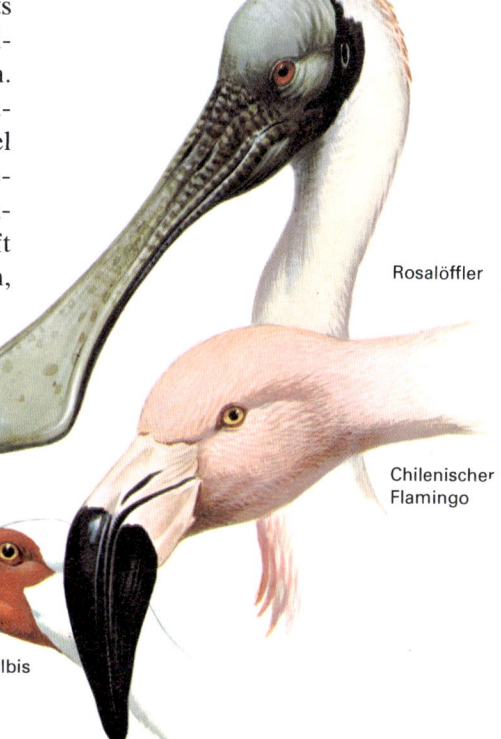

Regenbogen-
tukan

Hyazinth-Ara

Magellanspecht

Rosalöffler

Chilenischer
Flamingo

Säbelschnäbler

Weiß-Ibis

kleine Seltenheit. Aus diesem Grunde strahlte die Anpassung des Schnabels nach allen Richtungen aus, die sich so auffällig in der äußeren Form widerspiegelt.

Der Vogelschnabel kann seitlich oder waagerecht zusammengedrückt, sehr lang oder kurz, nach oben, nach unten oder gar zur Seite gebogen sein. Bei den Kreuzschnäbeln, die sich von Nadelholzsamen ernähren, kreuzen sich die Enden der beiden Schnabelhälften, d. h. sie streben aneinander vorbei. Die Schneiden des Schnabels können gesägt oder schartig sein wie bei Sägern oder Papageitauchern. Beim Löffler ist das verbreiterte Schnabelende voller Nervenenden; so kann er nach Tieren suchen, wenn er im Schlamm wühlt. Einige Schnäbel besitzen tastempfindliche Spitzen, wie beim Kiwi, der Waldschnepfe und den Bekassinen; die Nasenlöcher liegen hier an oder nahe bei der Spitze. Röhrennasen haben röhrenartige Nasenlöcher, durch die Salz ausgeschieden wird.

Der seltsame Schnabel der Flamingos weist auf Anpassung an die Ernährung durch Algen; der des Scherenschnabels dient dazu, die Nahrung an die Wasseroberfläche zu bringen, wenn er sie beim furchenden Flug über das Wasser mit seinem geöffneten, verlängerten Unterschnabel berührt. Die Funktion des riesigen Tukanschnabels ist rätselhaft, obwohl er vielleicht beim Erreichen von Früchten an dornigen Plätzen hilft. Die Anpassung des Meißelschnabels der Spechte ist wie die des Nußknackerschnabels der Kernbeißer und der Aras leichter zu verstehen.

Viele sekundären Anpassungen des Schnabels haben nichts mit der Ernährung zu tun. Die Färbung gewisser Schnäbel ist beispielsweise für Schaustellung und Arterkennung wesentlich. Hierher gehört das bunt gefärbte Schnabelschild des Papageitauchers. Während des Sommers wird es als Lock- und Bindemittel im Eheleben verwendet, beim Herankommen des Winters abgeworfen. Bei den meisten Greifvögeln dienen die Füße als wichtigste Tötungswerkzeuge; doch gibt ein kräftiger Schnabel oft den Gnadenstoß. Und bei den meisten fischfressenden Vögeln, abgesehen vom Fischadler (dessen Füße mit besonderen Zäpfchen unter den Zehen glitschige Fische packen und töten können), ist der Schnabel die Hauptwaffe zum Töten und auch das Freßwerkzeug.

Farben und Schmuck

Schon vor Millionen Jahren verfügten die Vögel über alle Raffinessen eines Bühnenbildners. Sie können mit ihrem Auftritt Schrecken einflößen, Geselligkeit, Liebe, Gefahr und Fraßzeiten signalisieren, sich verstecken, wegleiten und schließlich auf den falschen sowie auf den richtigen Weg führen. Ihre Zeichen geben sie mit Federkleid, Körper, Bewegung und Stimme.

Eine kryptische (tarnende) Ähnlichkeit mit der Umgebung ist fast in der gesamten Vogelwelt zu finden. Wenn die Nachtschwalben, die Wald- und anderen Schnepfen, die Rauhfußhühner und die Fasanen ihre Eier bebrüten, verschwinden ihre Umrisse und verschmelzen sie selbst geradezu mit der Umgebung, da ihr Federkleid ebenso flächenauflösend gemustert ist. Tropische Waldvögel mit fast schockierenden Farben kann man im Schatten aus dem Blick verlieren, und zwar sogar dann, wenn sie auf blattlosen Ästen vor dem Laubhintergrund sitzen. Das Federkleid der Pittas ist so prächtig, daß sie Juwelendrosseln genannt werden. Und doch wirkt ihr Kontrastreichtum am Waldboden tarnend. Viele Vögel farbiger, offener Landschaft haben hell gefärbte Unterkörper, die im Kontrast zum Mantel stehen und durch Aufhellung des Schattens beim Verstecken helfen.

Einige Vögel haben nur wenige Feinde, weil sie nicht gut schmecken oder besonders aggressiv sind oder über beide Abschreckungsmittel verfügen. In Afrika zieht die kontrastreich gezeichnete Gackeltrappe alle Aufmerksamkeit auf sich; sie schmeckt Menschen ausgesprochen schlecht und wahrscheinlich auch den Raubtieren. Das kontrastreiche Federkleid vieler Eisvögel, einiger Honigfresser und auch das glänzend schwarze des angriffslustigen Drongos bedeuten vielleicht eine Warnung vor der Ungenießbarkeit. Es gibt Vögel mit Warnfarbe, die sogar unter zarteren Arten anderer Familien ein paar Nachahmer gefunden haben und die von Feinden gemieden werden, weil sie dem Vorbild ähneln.

Andere Vögel benutzen Schmuck und Stimme, um anzugeben und falsche Warnsignale auszusenden. Einige Eulen und Eisvögel tragen falsche Augen am Hinterkopf. Viele Vögel entfalten eine Schaustellung, die die Feinde verwirrt, weil sie Schlangenimitationen und das Aufblitzen von seltsamen Mustern aus Streifen und augenähnlichen Flecken enthält.

Zahlreiche Vögel, besonders unter den Hühner- und den Watvögeln, haben nestflüchtende Nachkommen, die sehr bald nach dem Schlüpfen das Nest verlassen, kleine flugunfähige Familientrupps bilden, nahrungsuchend in den Revieren umherstreifen und in der

Kontraste zeigendes oder auffälliges Gefieder wie das der Gackeltrappe (links) wirkt möglicherweise als Warnung vor schlechtem Geschmack. Gut genießbare Benguellatrappe (rechts) zeigt Schutzfärbung.

Schneehühner haben weißes Gefieder im Winter, werden braun oder grau, wenn der Schnee weicht. Hahn wechselt weißes Gefieder erst nach der Henne, wodurch er in der Brutzeit Räuber von ihr ablenkt.

Obhut ihrer Eltern lernen, Futter zu suchen. Die Jungen solcher Vögel tragen in der Regel ein hervorragend angepaßtes Gefieder, dessen Tarnfärbung sie beim Hinducken für Räuber fast unsichtbar macht. Dennoch werden sie sehr oft entdeckt, wenn sich die Räuber genügend Zeit bei der Suche lassen. Um diese Gefahr so weit wie möglich zu vermindern, steht den Eltern – in der Regel der Mutter, manchmal auch dem Vater – die Entfaltung einer Ablenkung zur Verfügung, die die Aufmerksamkeit des Räubers von den getarnten, aber sonst fast hilflosen Jungen ablenkt.

Bei seinen Streifzügen über die arktische Tundra störte J.F. oft einen Klippenstrandläufer, der sich nicht weit von seinen flugunfähigen Jungen befand. Mehr als einmal hielt ihn der Vogel für einen gefährlichen Eindringling und gab das klassische Beispiel eines Ablenkungsverhaltens. Der Vogel lief stark schwankend, mit ausgebreiteten, hängenden Flügeln davon, als hätte er die Kraft zum Fliegen verloren. Das unwissende Objekt der Übung sollte sein Augenmerk auf ihn lenken, es sollte ihn in der Meinung jagen, es könnte ihn fangen. Erst als der Vogel J.F. in sichere Entfernung von seinen Jungen weggelockt hatte, flog er auf, als wollte er J.F. eine lange Nase machen. Aber solch ein Verhalten ist nicht bewußt motiviert, sondern instinktiv und wird nur durch die Anwesenheit eines störenden Lebewesens ausgelöst.

Schneehühner tragen während des arktischen Winters ein weißes Kleid; sie bekommen je nach der Art ein tarnendes Braun oder Grau, wenn die Schneedecke verschwindet. Die Weibchen unterliegen diesem Wechsel, während sie noch ihre Eier bebrüten; die Männchen aber behalten ihr weißes Gefieder noch lange nach dem Schlüpfen der Jungen. Da sie gegenüber den sommerlichen Farben ihrer Heimat ins Auge fallen, lenken sie die Aufmerksamkeit der Räuber von den biologisch wertvolleren Weibchen und Jungen ab.

Einige Vögel haben spezielle Methoden zum Anlocken der Beute entwickelt. In Amerika heißt es vom Königssatrap und vom Königstyrann, daß sie durch ihre blütenartige Haube Insekten in ihre Reichweite locken. Die australasiatischen Schwalme können ihren Schnabel sehr weit aufsperren, wobei sie das farbige Innere ihres Schlundes zeigen, das möglicherweise als Insektenfalle wirken kann.

Vielfach hat die lebhafte Färbung der Vögel den Zweck, Angriffslust oder Balzstimmung, oder beides auszudrücken. Die große Schleppe des männlichen Quetzals ist ein Zeichen für Reviereigentum und außerdem ein Balzorgan. Das Pfauenrad wird in erster Linie bei der Balz verwendet. Andere Hühnervögel, wie die Rauhfußhühner, erreichen ihre volle

Falsche Augen auf dem Hinterkopf des Felsengebirgs-Sperlingskauzes verhindern feindliche Angriffe bei Tageslicht.

Drei Arten der Tarnfärbung. Links: Auflösendes Muster der brütenden Rothalsnachtschwalbe; Mitte: Rücken der Sandlerche paßt zur Wüste; Unterleib wird nach dem Bauch hin heller, um Schatten auszuschalten; rechts: Sandregenpfeifer, auf eintönigem Boden auffällig, verschwindet an einem steinigen Strand wie die Cheshirekatze aus »Alice im Wunderland«.

*Der Schlammtreter ist unauffällig in Ruhe,
aber nicht mehr, sobald er abfliegt.
Im Fluge blitzen weiße Erkennungsfelder
an den Flügeln und am Schwanz auf.*

Schönheit bei Angriffen auf ein Revier. Zu den außerordentlichsten Prunkorganen aller Vögel gehören die Prachtkleider der Fasanen und Enten, wenn auch einige Sperlingsvögel (z. B. der Schirmvogel) ihnen darin recht nahe kommen.

Alle Federkleider und Ausschmückungen ermöglichen es natürlich den Vögeln, sich gegenseitig zu erkennen. Männchen und Weibchen können gleich leuchtend oder trüb gefärbt sein; äußerlich sind sie bei etwa der Hälfte aller Vögel nicht unterscheidbar, abgesehen von ihrem Verhalten. Bei den meisten übrigen Arten überstrahlen die Männchen die Weibchen, obwohl einige Weibchen auch die Männchen übertreffen. Sehr selten besitzt jedes Geschlecht ein eigenes Prachtkleid wie die Edelpapageien. Bei manchen getarnten Vögeln sieht man das Erkennungszeichen nur beim Abflug, bei Schwarm-in-Gefahr oder bei Schaustellungen.

Erkennungszeichen wirken im wesentlichen zwischenartlich und ermöglichen es einem Vogel, seine Artgenossen von ähnlich aussehenden Arten derselben Familie oder Ordnung zu unterscheiden. Jedoch weist die Untersuchung von Peter Scott an den etwa 200 Zwergschwänen, die jedes Jahr im englischen Slimbridge, Gloucestershire, überwintern, darauf hin, daß die Zeichen auch innerartlich wirken und es den Vögeln derselben Art ermöglichen, sich gegenseitig einzeln zu erkennen. Peter Scott und seine Tochter Dafila verglichen die Halb- und Ganzportraits einiger hundert dieser Schwäne und erkannten, daß nicht bei zwei Exemplaren das schwarzgelbe Erkennungsmuster auf dem Schnabel gleich war. Und sie können sehr viele Tiere augenblicklich erkennen; auch die Schwäne, deren Interesse daran wenigstens ebenso groß sein muß, sind vermutlich dazu in der Lage.

Oben: Quetzalmännchen, herrlichste Trogon-Art; Paar von Edelpapageien, vorn Männchen; balzender Pfau. Unten: Balzender Schirmvogel; Prachtpitta; balzender Mandarinerpel. Wie im Text erläutert, sind die herrlichen Farben und der übrige Schmuck für das Leben der Vögel gleichzeitig wichtig und schön.

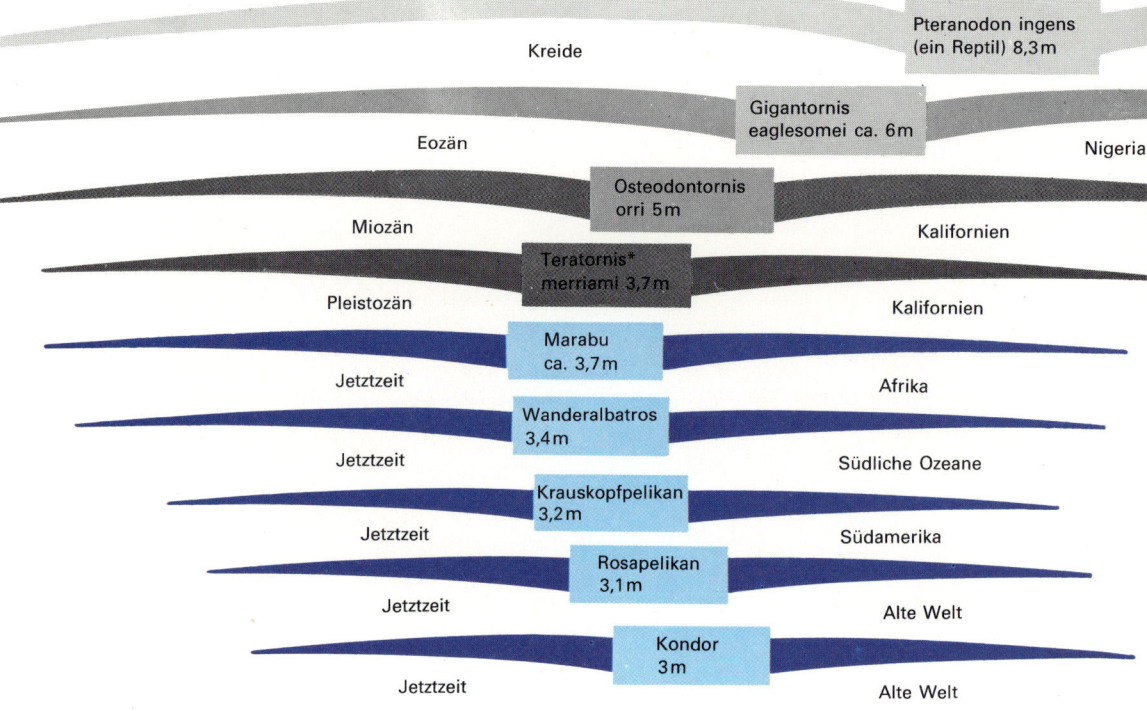

Kreide — Pteranodon ingens (ein Reptil) 8,3 m

Eozän — Gigantornis eaglesomei ca. 6 m — Nigeria

Miozän — Osteodontornis orri 5 m — Kalifornien

Pleistozän — Teratornis* merriami 3,7 m — Kalifornien

Jetztzeit — Marabu ca. 3,7 m — Afrika

Jetztzeit — Wanderalbatros 3,4 m — Südliche Ozeane

Jetztzeit — Krauskopfpelikan 3,2 m — Südamerika

Jetztzeit — Rosapelikan 3,1 m — Alte Welt

Jetztzeit — Kondor 3 m — Alte Welt

*Teratornis incredibilis des Pleistozäns von Nevada mag eine Flügelspannweite von über 4,9 m gehabt haben.

Die Größe

Die Reichweite unterschiedlicher Größe der Wirbeltiere ist eins der augenfälligsten Ergebnisse der stammesgeschichtlichen Entwicklung. Das größte bekannte Reptil, der Brachiosaurus, Bewohner der ostafrikanischen Sümpfe im Jura, wog etwa fünfzig Tonnen. Das kleinste lebende Reptil, das Madagaskar-Chamäleon, mißt weniger als fünf Zentimeter und wiegt nur ein paar Gramm. Bei den Säugetieren liegen die Extreme sogar noch weiter auseinander. Das kleinste, die Spitzmaus Suncus etruscus der nördlichen Mittelmeerküsten, mißt nicht ganz 3 cm und wiegt nur 3 Gramm. Dagegen kann der Blauwal, das größte Tier, das die Erde bis jetzt kennt, über 30 m lang werden und über 100 Tonnen wiegen.

Am Kopf der Größenliste können die Vögel nicht einmal versuchen, mit den Reptilien und Säugetieren zu wetteifern. In der Tat wog der größte bekannte Vogel aller Zeiten, der Madagaskar-Strauß, fast sicher weniger als eine halbe Tonne – etwa ein Hundertstel des Brachiosaurus und weniger als ein Zweihundertstel des Blauwals. Doch am unteren Ende der Reihe gibt es Vögel, deren Gewicht sogar unter dem des Madagaskar-Chamäleons oder der zwerghaften Spitzmaus liegt.

Der kleinste lebende Vogel ist der Helene-Kolibri aus Kuba. Gesunde Altvögel dieser Art wiegen etwa 1,6 Gramm. Wenn man 100 000 Individuen (mehr, als es überhaupt gibt) dazu bringen könnte, sich ruhig auf eine Waage zu setzen, dann würden sie gerade so viel wiegen, wie ein großer Strauß. Dieser Kolibri mißt von der Schnabel- bis zur Schwanzspitze nur 6,5 cm und hat eine Flügelspannweite von knapp 10 cm.

Obwohl alle übrigen Angehörigen der Kolibrifamilie größer sind, wiegt auch der größte deutlich weniger als 28 Gramm. Fast alle saugen Nektar aus Blüten. Sie nehmen pro Tag etwa die Hälfte ihres Körpergewichts an Nahrung auf, hauptsächlich Zucker. Einige Arten erstarren während der Nacht, um Energie zu sparen. Ein Vogel, der keine 5 cm messen würde, hätte vielleicht mehr Betriebsstoffe nötig, als er selbst in Tropen, wo es reichlich Nahrung gibt, in seiner Aktivitätszeit bekommen könnte. Man kann wohl verstehen, daß die meisten ganz kleinen Vögel in den Tropen leben. Die Vögel auf der Abbildung gehören alle zu verschiedenen Familien.

Philippinischer
Einfachmistelfresser

Einige der kleinsten Vögel der Welt,
mit einem Straußenauge verglichen
(hier im selben Maßstab gezeigt).

Indien-
Mausspecht

Rotbrüstiger
Spechtpapagei

Ohrfleck-
zwergtyrann

Java-Schwanzmeise

Heuschrecken-
astrild

Die obere Gewichtsgrenze fliegender Tiere hängt mit der Flugmechanik zusammen und liegt um 27 kg. Vor etwa 30 Jahren führten Untersuchungen an der fossilen Flugechse Pteranodon zu der Erkenntnis, daß sie zwischen 60 und 70 angelsächsische Pfunde gewogen habe. Zwei New Yorker Paläontologen machten kürzlich eine neue Rechnung auf und kamen zu dem Schluß, das Gewicht hätte wohl unter 50 Pfund gelegen. Die verfügbaren Unterlagen lassen also noch Bedenken zu. Aber Tatsache ist, daß ein Tier mit weit über 60 Pfund Gewicht zum Starten und (besonders) zum Landen einen größeren Anteil seines Gesamtgewichts an Muskeln benötigen würde, als es sich leisten könnte, wenn seine übrigen Funktionen aufrecht erhalten werden sollen.

Alle wirklich großen heutigen Flugtiere landen auf dem Wasser, leben auf offenen Ebenen oder sind Segler; das schwerste ist wohl der Höckerschwan, der mit seinen 22,5 kg an der Spitze der Liste steht.

Größere Flugtiere als alle heute lebenden wurden versteinert gefunden. Vor nur wenigen tausend Jahren lebte in Kalifornien der Riesengeier, ein großer segelnder Greifvogel, der wohl über 22,5 kg wog. Erst kürzlich fand man in Ablagerungen aus dem Miozän Kaliforniens (ungefähr 10 Millionen Jahre alt) einen Riesenvogel, den man Osteodontornis nannte. Er gehörte zu einer Ordnung zwischen den Pelikanen und den Störchen und hatte eine Spannweite von 490 cm, sicher auch ein sehr hohes Gewicht. Alles, was wir von einem anderen, von Gigantornis, kennen, ist ein fossiles Brustbein aus dem Gestein des Mittleren Eozäns (vor 45 bis 49 Millionen Jahren) in Nigeria. Wahrscheinlich war es ein Albatros. Wenn das stimmt, besaß er lange, schmale Flügel mit einer Spannweite von etwas mehr als 6 m, fast doppelt soviel wie der größte lebende Albatros.

Das größte, wenn auch nicht das schwerste fliegende Tier, von dem man je erfahren hat, war kein Vogel, sondern ein Reptil, ein Flugsaurier. Fliegende Reptilien gediehen zur Jura- und Kreidezeit während eines Zeitraums von mehr als 100 Millionen Jahren. Sie hatten häutige Flügel, die sich vom stark verlängerten kleinen Finger bis zum Knöchel erstreckten. Der größte war Pteranodon, der dort über den Wellen eines Meeres segelte, wo heute

Der allerkleinste, der Helena-Kolibri – mit Straußenauge, beide in natürlicher Größe.

Kansas liegt. Versteinerungen von ihm sind in 80 bis 90 Millionen Jahre alten Kalkablagerungen zu finden. Seine Flügelspannweite erreichte etwa 825 cm. Ein Viertel seines beträchtlichen Gesamtgewichts – über das man sich noch nicht einig ist – war das Gewicht der Haut.

Die größten Vögel können (oder konnten) nicht fliegen. Der schwerste lebte in der jüngsten Vergangenheit der geologischen Jetztzeit: Aepyornis, der Madagaskar-Strauß, war im Stehen rund 3 m hoch und wog wahrscheinlich um 438 kg. Der größte Moa aus Neuseeland war höher (bis 4 m) und leichter (um 226 kg). Der afrikanische Strauß erreicht eine Höhe von 2,70 m und wiegt 156 kg; man vergleiche damit den australischen Emu (150 cm, 40 kg), den Kasuar (150 cm, 34 kg) und den südamerikanischen Nandu (135 cm, 20 kg).

Ein seltsamer Vogel zwischen Kranich und Watvogel – Diatryma – aus dem Unteren Eozän in Wyoming (vor rund 50 Millionen Jahren) war fast 220 cm hoch. Der heutige Kaiserpinguin ist etwa 110 cm hoch und wiegt bis zu 43 kg. Der fossile Pinguin Anthropornis dagegen aus dem Unteren Miozän der Antarktis (vor 24 Millionen Jahren) war rund 150 cm hoch und mag 109 kg gewogen haben.

Eine der wenigen sicheren Verallgemeinerungen, die die Größe mit der Lebensweise in Verbindung bringt, besagt, daß ein Greifvogel groß und stark genug sein muß, um die Beute, auf die er spezialisiert ist, zu fangen und zu töten. So gibt es auf den Philippinen eine ökologische Nische für einen Affenfresser, und der affenfressende Adler, der sich zur Einnahme dieser Nische entwickelt hat, ist tatsächlich ein sehr großer Vogel. Bei seiner Lebensweise kann er gar nicht anders sein.

Innerhalb einer Familie und besonders innerhalb einer Art sind in kalten Zonen lebende Vögel gewöhnlich größer als jene, die in wärmeren Zonen leben, wodurch sie einen Vorteil im Verhältnis Gewicht zu Oberfläche gewinnen. Zum Beispiel wiegt der Papageitaucher, der in der Arktis brütet, fast um die Hälfte mehr, als der im milderen Klima an den Küsten Portugals brütende Artgenosse.

Schwerste flugfähige Vögel der Gegenwart –
alle uns verfügbaren, zuverlässigen Rekordgewichte
von 10 kg aufwärts:

Höckerschwan (Männchen)	23;
Großtrappe (Männchen)	18,1;
Trompeterschwan (Männchen)	17,2;
Mandschurenkranich	15,0;
Riesentrappe	13,6;
Krauskopfpelikan	13;
Mönchsgeier (Weibchen)	12,5;
Wanderalbatros (Männchen)	12,1;
Gänsegeier (Männchen)	12;
Königsalbatros	11,9;
Rosapelikan (Männchen)	11;
Truthahn (Männchen)	10,8;
Kalifornien-Kondor (Männchen)	10,4;
Kondor (Männchen)	10,3;
Rötelpelikan (Männchen)	10,2;
Nonnenkranich	10;
Schwarzflügeltrappe (nördliche Rasse, Männchen)	10;
Arabientrappe (Männchen)	10

1. Anthropornis nordenskjöldi
2. Kaiserpinguin
3. Diatryma steini
4. Nandu
5. Dinornis maximus
6. Emu
7. Kasuar
8. Strauß
9. Aepyornis maximus

Links: Rekonstruktion dreier ausgestorbener flugunfähiger Vögel Neuseelands: Aptornis defossor (links); Riesenmoa (Dinornis maximus) (Mitte); eine Gans (Cnemiornis, rechts). Unten: Drei weitere flugunfähige Vögel: Riesenalk, Seevogel des Atlantiks (oben); Stummelscharbe der Galapagos-Inseln (Mitte); Streifenkiwi Neuseelands (unten).

2 Die Lebensweise der Vögel

Flugunfähige Vögel

Die flugunfähigen Vögel stammen wahrscheinlich alle von Vögeln ab, die einmal fliegen konnten – auch die großen ausgestorbenen Madagaskar-Strauße und Moas, die noch lebenden straußartigen Vögel (Strauße, Emu, Kasuare, Kiwis und Nandus) sowie die ausgezeichneten Schwimmer, die Pinguine. Alle diese Familien verlernten das Fliegen schon vor vielen Millionen Jahren.

Die straußartigen Vögel weisen eine unglaublich gleichlaufende Entwicklung in weit verstreuten Teilen der Welt auf. Diese Gebiete müssen ihre fernen Vorfahren besiedelt haben, als sie noch fliegen konnten. Der Madagaskar-Strauß, der im Jahre 1649 ausstarb, und die Moas auf Neuseeland, deren letzte Vertreter den Jägern um das Ende des 18. Jahrhunderts zum Opfer fielen, besaßen zahlreiche anatomische Gemeinsamkeiten mit ihren lebenden Verwandten – den Nandus Südamerikas, dem australischen Emu und den Kasuaren, sowie dem Strauß Afrikas. Die lebenden straußartigen Vögel haben auch eine Anzahl charakteristischer Verhaltensweisen gemeinsam, zum Beispiel die bedeutende Rolle, die dem Männchen beim Ausbrüten der Eier zufällt.

Alle diese großen, flugunfähigen Vögel besetzen oder besetzten die gleiche ökologische Nische wie die grasenden Säugetiere. Vor dem Eindringen des ersten Homo sapiens in Neuseeland vor etwa tausend Jahren, ging es wahrscheinlich den Moas, die 27 bekannte Arten hervorbrachten, am besten. Sie lebten in einer besonders günstigen Umwelt; denn in Neuseeland, das nie mit anderem Land verbunden war, gab es keine grasenden Säugetiere, die mit ihnen in Wettbewerb hätten treten können. Tatsächlich gibt es dort überhaupt keine Säugetiere, abgesehen von zwei Arten Fledermäusen und wenigen kleinen Nagetieren, die ursprünglich auf Treibholz dahin gekommen sein müssen. Alle übrigen großen straußartigen Vögel fanden starke Konkurrenz vor – die Nandus und der Strauß in Form großer, schnell laufender höherer Säugetiere, die Kasuare und der Emu in nicht weniger wirksamen Grasern unter den Beuteltieren wie den Känguruhs. Und alle haben diesen Konkurrenzkampf erfolgreich bestanden! Ausnahmen unter den (hauptsächlich grasfressenden) straußartigen Vögeln bilden die 3 lebenden Kiwi-Arten, die sich alle in Neuseeland entwickelten und sämtlich nächtliche Wurmfresser sind, mit einem (für Vögel) scharfen Geruchssinn.

Die Pinguine sind Abkömmlinge fliegender Vögel, die vielleicht mit der Ordnung Röhrennasen nahe verwandt waren. Tatsächlich sind ihre Flügel lang und nicht sehr breit, eine Art Überbleibsel des Albatrosflügels, obwohl sie durch Anpassung an die schwimmende Lebensweise ziemlich verkleinert sind. Bei allen 15 lebenden Pinguinarten bewegen sich diese verkleinerten Flügel auf gleiche Weise, aber weniger schnell, wie sie es beim Flug durch die Luft tun würden; sie bilden das Hauptvortriebsmittel im Wasser.

Selten haben die Flügel der flugunfähigen Vögel eine so wichtige Funktion wie bei den Pinguinen, und genauso selten sind sie vollständig funktionslos. Bei vielen dieser Vögel, den Strauß eingeschlossen, werden die verkleinerten Flügel für das Gleichgewicht beim Laufen benötigt; sie sind auch mit Federn ausgestattet, die für die Balz wichtig sind.

Ein großer Teil der flugunfähigen Vögel lebte und lebt auf Inseln. Höchst seltsam ist die früchteverzehrende Familie der Dronten (S. 98), die den Einsiedler einschließt. Sie stammt von taubenartigen Vorfahren ab, die die Maskarenen-Inseln wahrscheinlich vor einigen Millionen Jahren besiedelt haben.

Der flugunfähige Lappentaucher vom Titicaca-See könnte ein entarteter Vetter des Silbertauchers der Anden sein. Die Stummelscharbe der Galapagos-Inseln hat verkleinerte Flügel und ist flugunfähig, was für den ausgestorbenen Brillenkormoran der Beringsee wohl nicht galt. Der ausgestorbene Riesenalk des Nordatlantik besaß Flügel, die ähnlich groß wie beim Tordalk waren, der aber nur halb so lang ist. Die drei südamerikanischen Dampfschiffenten haben alle gleich große Flügel, doch sind die beiden flugunfähigen Arten etwa doppelt so schwer wie die fliegende. Von den Enten haben auch zwei Inselrassen der Kastanienente Neuseelands die Kraft zu fliegen verloren.

Flugunfähige Mitteldampfschiffente

Titicaca-Taucher, auch flugunfähig

Eulenpapagei, flugunfähig, Neuseeland

flugunfähige Kurzflügel-Kastanienente, Auckland

Wekaralle, flugunfähig, Neuseeland

Kubaralle, sehr schwacher Flieger

Der Eselspinguin, eine der 15 lebenden Pinguinarten, die alle flugunfähig sind, brütet auf subantarktischen und arktischen Inseln.

Der neuseeländische Eulenpapagei kann nicht wirklich fliegen, obwohl er seine Flügel als Hilfe beim Hüpfen gebraucht. Der ausgestorbene Stephenschlüpfer von der Stepheninsel wurde nie im Flug beobachtet; er gehörte zu einer kleinen Familie Neuseelands. Vier seltsame Reliktfamilien, also in abgelegenen Gegenden »noch nicht« ausgestorbene, altertümliche Familien, sind fast, wenn nicht gar vollständig flugunfähig: die Stelzenrallen Madagaskars, die normale Flügel besitzen, aber nur rudimentäre Schlüsselbeine; der Kagu auf Neukaledonien; die australischen Dickichtschlüpfer sowie die Neuseeland-Lappenvögel, zu denen der ausgestorbene Lappenhopf gehörte.

Es ist vielleicht bezeichnend, daß von diesen vier Familien eine sich in Australien entwikkelt hat, wo es nur wenige vom Raub lebende Säugetiere gab, und eine andere in Neuseeland, wo es überhaupt keine gab. Deshalb konnten sie den sonst vielleicht Säugetieren zustehenden Platz ausfüllen; und als sie träge Flieger wurden, oder die Flugfähigkeit vollständig verloren, gerieten sie nicht in die Gefahr, von räuberischen Säugetieren verfolgt zu werden.

Von den 119 lebenden Arten der Rallen zeigen 16 alle Stadien der Flugunfähigkeit. Bei diesen handelt es sich durchweg um Inselvögel; 12 Rallenarten sind in jüngster Zeit ausgestorben. Die neuseeländische Takahe (S. 100) besitzt praktisch keinen Kiel an ihrem Brustbein und verkümmerte Flügel. Die Flügel der Wekaralle sind kaum verkümmert, dennoch kann sie nicht fliegen. Die Kubaralle hat normale Flügel, ist aber ein schlechter Flieger.

46 fliegende und 16 kürzlich ausgestorbene Vogelarten sind oder waren flugunfähig. Die meisten hatten sich auf kleinen und mehr oder weniger abgelegenen Inseln in dieser Richtung entwickelt. Auf derartigen Inseln, wo der Konkurrenzkampf und die Verfolgung durch Säugetiere weniger hart sind, ist die Flugunfähigkeit kaum unvorteilhaft; sie weist sogar einen offensichtlichen Vorteil auf: Vögel, die nicht fliegen, können nicht vom Sturm aus ihrer Heimat verweht werden, was fliegenden Vögeln geschehen kann. Darum ist es nicht verwunderlich, daß fast jede größere abgelegene Insel ihre eigene Vogelart (oder eigenen Vogelarten) hatte oder hat. Wenn aber der Mensch die Szene betritt, überwiegen die Nachteile der Flugunfähigkeit bald die Vorteile, und eine Art nach der anderen wird zum Aussterben verurteilt.

Kleiner Dickichtschlüpfer, Australien (oben); ausgestorbener Lappenhopf, Neuseeland.

Von links nach rechts: Felsenpinguin (subantarktische Inseln); Gelbaugenpinguin (Neuseeland); Königspinguin (subantarktische und arktische Inseln); Zwergpinguin (Australien und Neuseeland); Brillenpinguin (Südafrika); Zügelpinguin (antarktische Inseln).

43

Hühnervögel

Alle sechs Familien der eigentlichen, im Angelsächsischen »Jagdvögel« genannten Hühner gehören zur Ordnung der Galliformes. Dazu zählen die Großfußhühner Australasiens, eingeschlossen Neuguinea und Celebes; die Hokkos und Guans Süd- und Mittelamerikas; die Rauhfußhühner Nordeuropas, Nordasiens und Nordamerikas; die Wachteln, Rebhühner und Fasanen, die über die ganze Welt verteilt sind; schließlich die rein afrikanischen Perlhühner und die Truthühner Nord- und Mittelamerikas.

Einige Hühnervögel, besonders Fasanen, tragen ein Federkleid von seltener Schönheit. Da sie sehr gut schmecken, wecken sie alle das Interesse zahlloser räuberischer Säugetiere und Vögel. Der Mensch verfolgt sie jagend und fallenstellend seit der Altsteinzeit.

Die meisten Hühnervögel sind sehr schnellfüßig, rennen gern in Deckung und stieben, wenn sie durch Räuber gestört werden, in stark beschleunigten Fluchtflügen auf und davon, um nach kurzer Flugstrecke wieder einzufallen. Die amerikanischen Steißhühner entfernen sich ebenfalls sehr schnell, indem sie ganz ähnlich starten. Doch abgesehen von ihren kurzstreckigen, starken Beschleunigungen, sind sie keine besonders guten Flieger.

Bei den echten Hühnervögeln ist ein geordneter Zug im strengen Sinne selten. Einige Arten leben in offenem Gelände und unternehmen ziemlich ausgedehnte Flüge, oft in kleinen Scharen und Gruppen; doch sind die meisten dieser Ortswechsel jahreszeitlich bedingt und relativ unbedeutend. Man findet Ausnahmen unter den Wachteln der Alten Welt, von denen eine Art regelmäßig von Nordafrika nach Nordeuropa zieht und Entfernungen bis zu 1600 km zurücklegt.

Außer den Steißhühnern weisen noch vier andere Familien oberflächliche Ähnlichkeit mit den Hühnervögeln auf. Die Kampfwachteln und die Trappenkampfwachtel der Alten Welt sehen wie echte Wachteln aus. Die Trompetervögel des tropischen Südamerika laufen schnell und fliegen schlecht. Die Trappen in den Ebenen der Alten Welt laufen außerordentlich schnell und können gut fliegen.

Von links nach rechts: Perlsteißhuhn, schnell laufendes Steißhuhn, Argentinien; Senegaltrappe, Afrika südlich der Sahara; Geierperlhuhn, trockenes tropisches Ostafrika; Satyrtragopan, ein Fasan, Himalaja; Auerhahn, größtes Rauhfußhuhn, nördliches Europa und Asien; Bergwachtel, Westen der USA und nördliches Niederkalifornien.

Große Vögel, von links nach rechts: Kurzschnabel- und Gelbfußflamingo, Anden Südamerikas; Afrika-Sattelstorch; Rot-Ibis, Südamerika; Seidenreiher, Alte Welt. Kleinere Vögel, von links: Königsralle, östliche USA und Kuba; Wasserfasan, Südostasien; Stelzenläufer, weltweit verbreitet; Regenbrachvogel, brütet in der Subarktis (Arktis); Indien-Lappenkiebitz, Asien; Goldschnepfe, Alte Welt.

Wasservögel

Über 600 lebende Vogelarten, die zu 27 Familien gehören, sind dem Leben in nasser Umgebung angepaßt. Die Bereiche ihrer Anpassung sind so ausgedehnt, daß es kaum ein Gebiet mit Seen und Sümpfen auf der Erde gibt, außer einigen abgelegenen Inseln, in dem nicht wenigstens eine Familie vertreten ist. Da sich unter ihnen prozentual mehr Zugvögel befinden als in den meisten anderen Gruppen, genießen sie einen unermeßlichen zusätzlichen Vorteil; viele ihrer Arten können dadurch die großen Wassergebiete der Arktis ausnutzen.

Die Seetaucher und viele Arten der Lappentaucher, die Fische unter Wasser verfolgen, und zwei der drei Wassertreterarten werden im Winter zu Meeresvögeln. Auch einige Entenarten kann man zu den Seevögeln zählen. Aber die große Mehrzahl der langbeinigen Sumpfvögel, der Watvögel und der Entenvögel sind Ruderer und Schwimmer in Seen, Flüssen, Bächen und Sümpfen, oder an Meeresküsten und weiten Flußmündungen.

Die fünf Flamingoarten, die darauf spezialisiert sind, Algen aus dem Wasser zu sieben, sind auf tropische oder subtropische Seen beschränkt, wozu einige Salzseen gehören, die eine sehr reiche Algenflora aufweisen, besonders an blaugrünen Blaualgen. Der Rallenkranich der Neuen Welt, einziger Angehöriger und Überlebender einer Familie, die zwischen den Kranichen und den Rallen steht, ist nach dem Bau seines Schnabels und nach seiner Verhaltensweise darauf angewiesen, riesige Schnecken einer einzigen Gattung zu fressen. Doch ist die Art bei weitem nicht überall dort zu finden, wo sie sich von solchen Schnecken ernähren könnte. Ihr ökologisches Gegenstück in Afrika, der Klaffschnabel, lebt von Schnecken derselben Gattung.

Die meisten Reiher sind Pirschjäger in seichten Gewässern und fangen Fische oder Frösche mit plötzlich vorgeschleudertem, speerartigem Schnabel. Die 17 lebenden Storcharten, deren geographischer Bereich mehr als die halbe Landoberfläche der Erde umfaßt, haben aus dem reichen Tierangebot viele unterschiedliche Speisezettel. Ibisse sind Fischer und Krebsjäger und stochern auch mit ihrem langen, abwärtsgebogenen Schnabel nach Würmern; in derselben Familie seihen die Löffler den Schlamm durch. Die ziemlich kurzschnäbligen Kraniche sind Gemischtköstler.

Mit Ausnahme der Bleßhühner, die offen schwimmen, ist die artenreiche Rallenfamilie eher zu hören als zu sehen. Zur Nachtzeit erschallt von den Sümpfen der ganzen Erde her ein unheimliches Grunzen, Bellen, Kollern, Schwatzen und Kreischen, wenn diese Vögel Wassertiere und pflanzliche Nahrung suchen.

Neun Entenvögel aus acht verschiedenen Gattungsgruppen. Schwimmend in der hinteren Reihe von links nach rechts: Kolbenente, Europa und Asien; Brandente, Europa und Asien; Schwarzhalsschwan, südliches Südamerika. Davor schwimmend von links nach rechts: Schwarzkopfruderente, Nordamerika und Westindische Inseln; Ostafrika-Zwergente. An Land von links nach rechts: Gänsesäger, nördliche Welt; Gluckente, Brutvogel Ostsibiriens; Rotschnabelpfeifgans, Texas, Zentral- und Südamerika; ein Paar hübsche Rothalsgänse, Brüter im arktischen Sibirien.

Links, von oben nach unten: Zwergbinsenhuhn aus dem zentralen Südamerika, eins der drei eigenartigen Binsenhühner; Weißbürzelwassertreter, Brutvogel im nördlichen Hochland, der im südlichen Südamerika überwintert; Prachttaucher der nördlichen Welt Seite an Seite mit Schwarzhalstaucher, nördliche Welt und Afrika. Oben rechts Austernfischer, die europäische Rasse eines weltweit verbreiteten Watvogels, der auf Strandweichtiere spezialisiert ist.

Die scheuen Binsenhühner der Tropen Amerikas, Afrikas und Ostasiens können schnell laufen und gut schwimmen. Sie tauchen nach Fischen und Lurchen. Der seltene Kagu ist auf die Wälder Neukaledoniens beschränkt und ein Nachtvogel; vor allem frißt er Insekten, obwohl er auch Würmer und Weichtiere mag. Die hübsche Sonnenralle jagt kleine Tiere in den Waldbächen des tropischen Amerika.

Die Austernfischer schlagen mit ihrem Meißelschnabel geschickt Napfschnecken von Felsen los, und ernähren sich hauptsächlich von Weichtieren des Strandes. Die große, weltweit verbreitete Familie der Regenpfeifer und Steinwälzer besitzt kurze Schnäbel, mit denen sie Steine nach Beutetieren umdrehen kann, zu denen fast nur kleine, wirbellose Tiere gehören. Die Steinwälzer sind in erster Linie, aber nicht ausschließlich, Krebsfresser, wogegen die meisten Regenpfeifer vor allem von Insekten leben. Brachvögel, Pfuhl- und Uferschnepfen sowie andere Schnepfenvögel (auch Goldschnepfen) besitzen lange Schnäbel und stochern im Boden, vor allem nach Würmern, aber auch nach anderen Tieren.

Die langbeinigen Stelzenläufer stehen geduldig bis über das Laufgelenk im Wasser und sammeln Tiere von der Oberfläche (oder aus der eben darunter befindlichen Wasserschicht); ihre Vettern, die Säbelschnäbler, kehren mit ihrem aufwärts gebogenen Schnabel an der Wasseroberfläche hin und her oder tauchen ihn nach Krebstieren oder Würmern tiefer ein. Die Wassertreter drehen sich beim Schwimmen, um kleine Tiere von unten aufzuwirbeln. Der einzigartige Meerrenner hat sich auf große Krebstiere spezialisiert. Die Blatthühnchen jagen Insekten, Schnecken und Samen in tropischen Teichen auf den dichten Teppichen, die von Wasserlilien gebildet werden.

Schwäne, Gänse und Enten gehören zu einer Familie mit über 12 Dutzend überlebenden Angehörigen; bis jetzt sind vier der 151 heutigen Entenvögel ausgestorben. Bei einer kürzlich erfolgten Einteilung wurde die Familie in 11 Gruppen zerlegt.

Die seltsame Spaltfußgans der australischen Sümpfe ist anatomisch mit den ältesten bekannten Entenvögeln, die vor gut 44 Millionen Jahren lebten, verwandt und wohl die ur-

Bunte Vögel unter den Glanzenten: Brautente Nordamerikas (links) und ostasiatische Mandarinente

tümlichste heute lebende Art dieser Familie. Sie nährt sich in erster Linie von Gräsern.
Die sechs Schwanenarten, die 15 Echten Gänse und der Coscorobaschwan sind ebenfalls
vor allem Grasfresser. Die 8 Pfeifgänsearten sind gänseähnlich, vorwiegend Vegetarier und
gute Taucher. Die einzigartige Pünktchenente Australiens ernährt sich von Pflanzen. Lang-
beinig und oft sehr farbig sind die acht Rostgänsearten (Grasfresser) und die sechs Branden-
ten (Gemischtköstler). Die drei Dampfschiffentenarten aus Südamerika ernähren sich
hauptsächlich von Meeresweichtieren. Die 13 Glanzentenarten, zu denen auch die Zwerg-
enten sowie die Braut- und Mandarinente, zwei lustig wirkende Arten, gehören, nisten
häufig in Baumhöhlen und sind vornehmlich Vegetarier. Ebenso sind die Schwimmenten,
eine Gattungsgruppe mit 42 lebenden Arten, Pflanzenfresser: Stockente, Krickenten,
Löffelenten und andere. Die 15 Tauchentenarten sind eine verwandte Gattungsgruppe.

Zur Gattungsgruppe der 18 echten Meeresentenarten zählen die Eiderenten sowie die
Trauer- und Samtenten, das sind Weichtiere fressende und das Meer bewohnende Enten.
Die Schellenten und ihre Verwandten sowie die sägeschnäbligen Säger fressen hauptsäch-
lich Fische. Typisch für die seltsame Gattungsgruppe der Ruderenten ist die amerikanische
Schwarzkopfruderente, die taucht, unter Wasser schwimmt und meistens Pflanzen frißt.

Seevögel

Auf dem Bild oben fliegen unter dem Horizont (von links nach rechts) der Schneesturmvogel, der so nahe am Südpol wie kein anderer Vogel nistet, der Wellenläufer der nördlichen Meere, der Große Sturmtaucher, der zu Millionen auf der Inselgruppe Tristan da Cunha nistet und sich im nördlichen Sommer als Zugvogel häufig vor Neufundland auf dem Atlantik aufhält, und der Rotschwanztropikvogel.

Über dem Horizont fliegen (von links nach rechts) ein Baßtölpel, der größte Seevogel des Nordatlantik; der Schwarzbrauenalbatros, dessen kraftvolles Segeln in südlichen Ozeanen durch stürmisches Wetter gefördert wird; die Rußseeschwalbe, ein häufiger Seevogel der Tropen; die Skuaraubmöwe, die in beiden Polargebieten, in der Subarktis und Antarktis, anzutreffen ist; ein Schwarm Silbermöwen, eine erfolgreiche nördliche Art; und (vor der Klippe) der Braunpelikan aus Amerika.

Auf der Klippe (von oben nach unten) sitzen einige stattliche Weißrückenkormorane der südlichen Meere; der Prachtfregattvogel der Tropen, der beweglichste Flieger von allen Seevögeln; die seltene Kurzschnabel-Dreizehenmöwe, eine auf den Ozean hinausfliegende Möwe; mit dunklerem Mantel die Westliche Mantelmöwe aus dem Nordpazifik; und der Rotfußtölpel, ein tropischer Verwandter des Baßtölpels.

Schopflund

Papageitaucher

Inkaseeschwalbe

Magellanpinguin

Im ganzen haben sich rund 260 Arten, das sind 3 % aller lebenden Vogelarten, dem Leben auf See angepaßt, einige für dauernden, andere für zeitweisen Aufenthalt. Alle gehören zu der einen oder anderen der sieben folgenden systematischen Gruppen: Albatrosse, Sturmvögel und Sturmschwalben zu den Procellariiformes; Pinguine (sie teilen mit ersteren die Ehre, die am besten ausgerüsteten Seevögel zu sein) zu den Sphenisciformes; Pelikane, Tropikvögel, Tölpel und Kormorane zu den Pelecaniformes; Raubmöwen, Alken, Wassertreter, Möwen und Seeschwalben zu den Charadriiformes; Seetaucher zu den Gaviiformes; Lappentaucher zu den Podicipitiformes; und einige Entenvögel, die zeitweise auf dem Meer leben, zu den Anseriformes.

Die meisten Seevögel leben von Plankton, von Fischen oder von beidem. Einige Alken und kleine Sturmvögel sind ausgesprochene Planktonfresser; Tölpel leben in erster Linie von Fischen, einige sind auf fliegende Fische spezialisiert. Seevögel zweiter Linie (deren Familienmitglieder meist Süßwasser oder Meeresstrand bewohnen) haben verschiedene und häufiger wechselnde Speisezettel. Einige Lappentaucher und Seetaucher, die während der ganzen Brutzeit als Süßwasservögel leben, suchen im Winter das Meer auf, wo sie tauchend und schwimmend Meeresfischen nachstellen. Eiderenten lieben besonders Weichtiernahrung, nach der sie im relativ seichten Meer auf den Grund tauchen. Zwei Wassertreterarten verbringen den Sommer im Norden, brüten an den Ufern kleiner Sumpfseen und leben von Insekten und Krebstieren. Im Winter ziehen sie südwärts, oft über den Äquator hinaus, und verbringen ihre Zeit als Schwimmer auf hoher See, wobei sie sich von Plankton ernähren.

Viele rein ozeanische Vogelarten suchen ihre Nahrung in der weitesten für Tiere erreichbaren Entfernung vom Festland. Sie trinken ausschließlich oder fast ausschließlich Salzwasser. Kormorane, Baß- und andere Tölpel, Albatrosse und Sturmvögel werden den Salzüberschuß dadurch wieder los, daß sie das Salzwasser in besonderen Drüsen am Kopf zu einer noch stärkeren Lösung konzentrieren, die dann durch die Nasenlöcher ausgeschieden wird.

Einige große Albatrosse verbringen wahrscheinlich ihre ersten neun Lebensjahre, ohne sich je an Land auszuruhen. Im allgemeinen ist die Jugendzeit der Seevögel bis zur Erlangung der Brutreife sehr ausgedehnt. In dieser Zeit lernen sie die Probleme lösen, die die Orientierung auf dem pfadlosen Ozean mit sich bringt. Die meisten haben eine lange Brutdauer, und sie leben lange, obwohl wir bis jetzt nur schätzen können, wie lange. Fast alle Seevögel brüten gesellig in Brutkolonien, ein Verfahren, das die Partnersuche erleichtert und die Ordnung auf den für den Nestbau verfügbaren Klippensäumen und Steinblöcken fördert.

Gaukler

Indien-Zwergfalk

Wiesenweihe

Karakara

Gerfalk

Schreiseeadler

Rotschwanzbussard

Schwalbenweih

Schopfadler

Greifvögel und Eulen

Etwa 280 Arten der Weltvogelliste gehören zu den Falconiformes (am Tag fliegende Greifvögel), den sogenannten Greifvögeln.

Einige, wie die Geier der Alten und der Neuen Welt, ernähren sich von Aas, und nur sehr wenige, wie der Palmgeier und der Wespenbussard (der auf der Suche nach Larven, Vollinsekten und auch Honig Wespen- und Bienennester anfällt), sind von Fleischnahrung fast oder ganz unabhängig geworden. Die meisten Räuber aber töten ihre Beute, indem sie sie schlagen oder packen, mit ihren scharf bekrallten Zehen (Fängen) halten, und mit dem kräftigen, gekrümmten Schnabel zerreißen oder vollständig verschlingen.

Die großen, breitflügligen Greifvögel wie Kondore, Geier, Adler und Bussarde segeln am Tag Hunderte von Kilometern, brauchen dazu aber nur wenig Kraft. Die größten sind Aasfresser, mit nacktem Kopf und recht schwachen Krallen. Sie segeln suchend oft in großer Höhe und beobachten dabei nicht nur den Boden, sondern auch ihre spähenden Nachbarn. Wenn einer zu einem Funde absinkt, folgen andere sogleich.

Adler können schnell hinunterstoßen und mit einem einzigen Schlag ihrer mächtigen Fänge ein Tier, das fast so schwer ist wie sie selbst, packen, töten und wegtragen. Zu ihrer Anpassung an diese Lebensweise gehören riesige Brustbeine, Flugmuskeln, die über ein Viertel – manchmal fast ein Drittel – ihres Körpergewichtes ausmachen; sie haben im Verhältnis zu den übrigen Körpermaßen sehr große Flügel.

Große Falken können Beutevögel im Sturzflug schlagen und dabei Geschwindigkeiten fast wie kleine Flugzeuge erreichen. Die Habichte sind die wendigsten Verfolger von allen; der Gabar-Habicht Afrikas holt Webervögel mit Leichtigkeit ein, selbst wenn die Jagd durch enges, dorniges Dickicht geht.

Die Cathartidae oder Neuweltgeier, darunter die Kondore und der Truthahngeier (S. 52), sind mit den Altweltgeiern nicht verwandt; denn Schmutzgeier und Ohrengeier zählen zu den Accipitridae oder Habichtartigen. Zu diesen gehören auch Milane, Adler und Bussarde – für die der Rotschwanzbussard als Beispiel angeführt sei; ebenso Weihen und Schlangenadler, darunter der Gaukler. Zu den Falconidae oder Falken zählen außer den echten, spitzflügligen Falken die breitflügligen Geierfalken und die winzigen, insektenjagenden Zwergfalken, die nicht viel größer als Sperlinge sind. Der Sekretär, der im afrikanischen Grasland Schlangen fängt (S. 52), ist der einzige Überlebende einer Familie, die zwei ausgestorbene Arten enthält. Der Fische fangende Fischadler (S. 53) bildet eine eigene Familie.

Vom Raub zu leben, ist nicht leicht. Greifvögel sind oft auf eine bestimmte Beute spezialisiert, und es ist eher der Bestand an Beutetieren, der die Menge der Räuber bestimmt, als umgekehrt. Sperber und kleine Habichte jagen hauptsächlich kleine Vögel bis zu Taubengröße; größere Habichte und einige Adler jagen Hasen und Kaninchen; einige kleinere Falkenarten Nagetiere; der afrikanische Fledermausgleitaar Fledermäuse; der Fischadler und zu einem großen Teil die Seeadler jagen Fische, die ihre Nahrung an der Wasseroberfläche suchen. Einige Milane schließlich sind Schneckenspezialisten. Der Baumfalke zeigt eine große Vorliebe für die Familie der Schwalben, und sein Leben richtet sich nach dem seiner Beute. Er nistet zeitlich spät, erst dann, wenn er seine Jungen mit jungen Rauch- und Mehlschwalben füttern kann, die dann im Überfluß vorhanden und relativ leicht zu fangen sind.

Von Räubern bedrohte Arten reagieren instinktiv auf die Umrisse eines möglichen Feindes und verstecken sich sofort. Kleine Singvögel beenden oft im selben Augenblick ihren Gesang, wenn sie das Erscheinen eines Sperbers oder Falken oder einer bei Tag jagenden Eule entdecken.

Wo immer großes Wild in Herden lebte, war auch eine ökologische Nische für Tiere, die für Sauberkeit sorgten und sich von Aas ernährten. Außer der Hyäne besetzen diese Nische heutzutage nur die aasfressenden Vögel. Als noch Wisente, Riesenhirsche, Elefanten und Nashörner in Europa gut gediehen, waren Aasfresser und Geier häufig vorkommende Erscheinungen, eingeschlossen den Ohrengeier (der jetzt nicht mehr in Europa lebt) und den ausgestorbenen, riesigen Maltageier. Europa mag tatsächlich eine Urheimat der Geier gewesen sein. Die frühesten Fossilien der Habichtartigen, die bis in das Obere Eozän zurückreichen, wurden in Europa gefunden. Und sogar die Neuweltgeier, die jetzt auf Amerika beschränkt sind, stammen vielleicht aus Europa, denn das früheste bekannte Fossil, Lithornis, kommt aus England.

Gabar-Habicht
(schwarze Spielart)

Truthahngeier

Sekretär

Ohrengeier

Schmutzgeier

Da die glücklichen Zeiten der großen grasfressenden Säugetiere zu Ende gingen, erlitten die Aasfresser das gleiche Schicksal. Als die ersten menschlichen Eindringlinge vor 15 000 Jahren oder früher nach Nordamerika gelangten, begann ein deutlicher Niedergang der Säugetierwelt. Seit damals starben gut 60 Arten aus – über 50 bis etwa 5000 v. Chr. Wahrscheinlich wurden viele, wenn nicht die meisten, durch den jagenden Menschen ausgerottet.

Im selben Zeitraum erlitten wenigstens 25 Vogelarten ein ähnliches Schicksal, darunter fast zwei Drittel Greifvögel. Aller Wahrscheinlichkeit nach starben sie aus, weil ihre Nahrungsquellen spärlicher flossen und schließlich ganz versiegten. Zu den Ausgestorbenen gehörten eine Uhu-Art, einer der beiden Riesengeier (sehr große Neuweltgeier), der Brea-Kondor, die Brea-Eule, die Santa-Rosa-Eule, der Willett-Adler, der Westliche Rabengeier, der Loye-Miller-Bussard, der Woodward-Adler, der Amerika-Schmutzgeier (letzter Altweltgeier, der in der Neuen Welt wohnte), der Loye-Miller-Geier und der Brea-Karakara, ein Falke.

Die Ordnung der Eulen (Strigiformes) umfaßt rund 144 Arten. Diese Räuber der Abenddämmerung, der Nacht und der Morgendämmerung sind in keiner Weise mit den Greifvögeln verwandt. Sie töten mit mächtigen Fängen, erlangen aber fast alle ihre Beutetiere durch Heranschleichen. Mit ihrem langsamen Flügelschlag, weichen und dabei dauerhaften und stromlinienförmigen Schwungfedern, sehr weichen Körperdeckfedern und daunigen Fasern am Federgrund, die Fluggeräusche unterdrücken, können sie nahezu geräuschlos fliegen. Ihre Augen, deren Netzhaut keine Zapfen trägt, aber gut mit Stäbchen versehen ist, die bei düsterem Licht funktionieren, sind für das Nachtsehen sehr gut geeignet. Ihre großen Ohren (deren Lage nicht etwa durch Federohren angezeigt wird) sind asymmetrisch und so eingerichtet, daß Entfernung und Richtung von Geräuschen deutlich erkannt werden können.

Schleiereule

Brillenkauz

Waldohreule

Sumpfohreule

Fischadler beim Sturzflug auf Fische

Tropische Wälder sind sehr reich an Vögeln mit glänzendem Federkleid. Von links nach rechts: Schöne Flaumfußtaube, Papua; Braunohrarassari, Südamerika; Brillenparadiesvogel, Papua; Gelbkehlfeigenpirol, Australien.

Frucht- und Samenfresser

Über den tropischen Wäldern rufen Schwärme leuchtend gefärbter Vögel, schwingen sich lange Zeit durch die Luft und über breite braune Flüsse, drehen in weitem Bogen und unter noch lauterem Gekreisch, stoßen plötzlich herab und verschwinden unter dem Baldachin der Bäume.

Im Schatten scheint ihr grelles Gefiedermuster aus Purpur, Violett, Blau, Grün, Gelb, Orange, Rot, Weiß und Schwarz ganz zu verschwinden. Wir können sie vom Waldboden aus, fünfzig Meter tiefer, nur noch schreien hören. Dann erstirbt auch das Jauchzen, Heulen und Schreien, und man vernimmt nur noch das Rauschen von Flügeln und Blättern und gelegentlich ein Geräusch, wenn eine fallende oder verlorene Frucht durch die verschiedenen Laubwerkschichten raschelnd zur Erde herunterfällt.

Die Nomaden des Waldes gehören zu vielen Arten aus etwa 50 Vogelfamilien. Jeder Vogel auf unserem Bild gehört zu einer anderen Art. Alle streichen, zu Schwärmen (die manchmal aus verschiedenen Arten gemischt sind) vereint, das ganze Jahr lang auf der Suche nach gerade reifen Früchten umher. Ist die Fruchternte in einem Baumbestand erschöpft, fliegen sie zum nächsten; geht die Erntezeit einer Fruchtart zu Ende, finden sie eine andere, gerade reifende Sorte.

Kuba-Trogon; Kolumbien-Purpurtangare, Zentral- und Südamerika; Grünhelmvogel, Afrika; Pflaumenkopfsittich, Südasien; Doppelzahnbartvogel, Afrika. Unter dem Laubwerk vermischen sich die Farben mit Schatten und Sonnenflecken.

Der Erfolg der Fruchtfresser hängt von der Sicherheit in der Nahrungsversorgung ab. Die leuchtende Fruchtfresserfärbung ist nicht nur ein glücklicher Einfall der Natur; sie hat einen Zweck, ebenso wie die rauhe Sprache. Fruchtansammlungen sind Schätze, die mit anderen geteilt werden müssen und oft kilometerweit voneinander entfernt sind. Darum besteht bei Fruchtfressern der Brauch, daß die Entdeckung eines einzelnen zum Gewinn für alle wird. Das geschieht einmal, indem sie in Gruppen arbeiten, und zum anderen mit Hilfe ihrer lebhaften Farbmuster und der kräftigen Stimmen, die beide zum Erkennen ihrer eigenen Art (und vielleicht anderer Arten) auf weite Entfernung unter freiem Himmel befähigen.

Unter dem Blätterdach jedoch vermischt sich das kontrastreiche Federkleid mit den Schatten des Laubwerks und mit den Sonnenflecken, so daß die Fruchtfresser dort bei ruhigem Verhalten nur schwer zu entdecken sind. Das schützt sie vor einigen Feinden, wenn sie Nahrung gefunden haben und mit ihrer Aufnahme beschäftigt sind, oder wenn sie (oft in Baumhöhlen) brüten.

Nur in tropischen und subtropischen Gebieten ist die eine oder andere Fruchtart das ganze Jahr, oder fast so lange, verfügbar. Und nur in solchen Gebieten gibt es Vögel, die

Tannenhäher und Arvenzapfen. Dieser Rabenvogel pflegt Kiefernsamen zu vergraben oder zu verstecken, um sie im Winter zu verzehren.

an Fruchtnahrung gebunden und gleichzeitig seßhaft sind. In nördlichen Ländern sind nur wenige Familien außer den Seidenschwänzen in erster Linie Fruchtfresser, und sogar bei diesen stehen sowohl Insekten als auch Früchte wie Kirschen, Beeren und Cotoneaster auf dem Speisezettel. In Ländern mit gemäßigtem Klima fallen fast alle Vögel, die sich von Sommer- und Herbstfrüchten ernähren, in zwei Gruppen: in seßhafte, die jahreszeitlich Fruchtfresser sind, deren Futterspektrum (S. 59) sich jedoch außerhalb der Fruchtzeit ändert, und in Zugvögel, die nur so lange bleiben, wie es Früchte gibt.

Die ansässigen Stare Großbritanniens und der Vereinigten Staaten sind Gemischtköstler, wenden sich aber im Herbst hauptsächlich Früchten zu. Die Standvögel unter den Drosseln und den zahlreichen Hühnervögeln der klimatisch milden Länder haben ein breites, jahreszeitliches Band von Beeren in ihrem Nahrungsspektrum.

Die meisten der 28 Pirolarten der Alten Welt (heimisch in Afrika, dem tropischen Asien, in Ostindien und im tropischen Australien) suchen in Baumwipfeln nach Nahrung und nehmen auch Insekten. Im Sommer besucht der Pirol von Afrika aus Europa und West-Asien. Auf ähnliche Weise überwintert der China-Pirol in Malaysia und Indonesien und besucht im Sommer Ostasien bis zur Mandschurei nordwärts. Die sehr bunte Tangarenfamilie Amerikas besteht vorwiegend aus Fruchtfressern, obwohl ihr Futterspektrum auch Insekten- und Beerenbänder aufweist. Eine kleine Anzahl besucht das klimatisch milde Nordamerika während der Obstjahreszeit.

Im ganzen gesehen, sind die fruchtfressenden Vögel der klimatisch milden Länder nicht von Früchten abhängig und nicht speziell an die Fruchtnahrung angepaßt. Nur unter den sommerlichen Besuchern aus den Tropen findet man die leuchtenden Farben und heiseren Stimmen, die für die ganzjährigen Obstfresser typisch sind.

Klimatisch milde Länder bringen mehr Samen hervor als Früchte und beherbergen mit Sicherheit mehr Samen- als Obstfresser. Einige Getreide fressende Arten im Getreidegürtel Nordamerikas treten in sehr großen Bevölkerungen auf, besonders der Rotschulterstärling, an dessen Winterschlafplätzen in den südlichen USA sich bis zu Millionen von Vögeln versammeln. Der sich von Reis nährende Reisstärling, ein Zugvogel aus Argentinien und anderen Gebieten Südamerikas, fällt im Herbst in den Reisgürtel von Louisiana ein.

Wellenastrild

Dunkelblauer
Bischof

Stieglitz

Blutschnabelweber

Spornammer

Großkubafink

Alles Samenfresser

Die Anseriformes – Enten, Gänse und Schwäne – fressen Getreide, wenn sie es bekommen können. Die meisten Hühnervögel sind ausgesprochene Getreidefresser, obwohl einige auch Beeren verzehren. Der am weitesten verbreitete Vogel der Welt schließlich, das Haushuhn, ist ebenfalls in erster Linie ein Getreidefresser.

Obwohl die Samen von Weizen, Hirse und wilden Gräsern so klein sind, daß sie ohne Öffnen oder Aufbrechen geschluckt werden können, besitzen sie eine harte Schale, mit der der Verdauungstrakt irgendwo fertig werden muß. Vögel, die sich von ihnen ernähren, müssen sehr leistungsfähige Kröpfe oder Mägen oder beides haben. Viele grassamenfressende Vögel schlucken Steinchen, damit der Magen leichter die Körner zermalmen kann (so auch einige große grasfressende Vögel wie Strauß und Nandu, die auf diese Weise mithelfen, die harte Zellulose von Grashalmen, ihrer Nahrung, aufzubrechen).

In der artenreichen Ordnung der Sperlingsvögel sind Samenfresser ebenso häufig, wie Fruchtfresser. Einige Angehörige der Rabenfamilie sind nicht nur für das Fressen, sondern auch für das Speichern von Samen spezialisiert. Der Eichelhäher beispielsweise frißt viele Dinge; seine Lieblingsnahrung aber sind Eicheln – die großen Samen der Eiche. Er bringt es fertig, das ganze Jahr Eicheln fressen zu können, indem er sie an bestimmten Sammelplätzen im Boden seines Waldschlages vergräbt.

Tannenhäher sind ebenfalls große Vorratssammler der Samen von Nadel- und anderen Bäumen. Der Tannenhäher der Wälder Europas und Asiens, der auf S. 56 abgebildet ist, versteckt Kiefernsamen oder Nüsse in allen möglichen Spalten, beispielsweise in Baumrinden und zwischen Steinen. Die zahmen Stubenvögel unter ihnen verstecken ihr Futter zwischen Bücher, Kissen, in Pfeifenköpfen und sogar in Briefumschlägen!

Wer Samen nicht gerade kleinster Größe verzehrt, braucht einen scharfkantigen, starken Schnabel, um die harte Schale seiner Nahrung zu knacken; z. B. einen Schnabel wie den eines Finken. Dies ist einer der Gründe, warum die Anordnung der finkenähnlichen Vögel in einem System sehr schwierig ist. Wenn Mitglieder verschiedener Vogelgruppen, die nur sehr entfernt miteinander verwandt waren, im Lauf ihrer langen, nicht übereilten Entwicklung Samenfresser geworden sind, sehen sie sich ziemlich häufig am Ende in ihrem gesamten Körperbau sehr ähnlich, und das betrifft besonders die Struktur ihrer Schnäbel.

Der Finkenschnabel erscheint in mehr als zwei Dutzend Gruppen von Sperlingsvögeln, die zu mehr als einem Dutzend von Familien gehören. Fünf der sechs Samenfresser, die auf S. 57 abgebildet sind, gehören zu fünf verschiedenen Unterfamilien von vier verschiedenen Familien. Der sechste, der Großkubafink, könnte zur selben Unterfamilie gehören wie der Dunkelblaue Bischof; aber einige Fachleute zählen ihn zu den Ammern, wiederum andere zu den Echten Finken. Die stammesgeschichtliche Annäherung dieser Vögel, ihr Ähnlichwerden von verschiedener Wurzel aus (Konvergenz), geht manchmal so weit, daß selbst Experten in Verwirrung geraten.

Fast alle Papageien mit ihren charakteristischen breiten und enorm kräftigen Schnäbeln sind Samenfresser. Einige fressen Samen, die zu den größten und härtesten der Erde gehören, wie die Paranuß. Wenn Papageien Nüsse knacken, benutzen sie die Füße als Hände ebenso, als wenn sie fressen.

Im Regent's Park Zoo in London beobachtete J.F. mit Nußknackern ausgerüstete Kinder, die Zoologe spielten und mit einem großen Ara um die Wette Nüsse knackten, um zu sehen, wer eine Paranuß am schnellsten aufknacken könnte. Der Ara mit seinem eingebauten Nußknacker und seiner größeren Erfahrung ging ständig als Gewinner aus diesem Spiel hervor.

In der Welt der Vögel gibt es eine große Fülle von Fruchtfressern und Samenfressern und sogar einige Blütenfresser, obwohl (soviel wir wissen) kein Vogel allein auf Blumen spezialisiert ist. Einige Meisen und Finken fressen die Blüten von Obstbäumen, und Sperlinge sowie Stare zupfen Blumenblätter aus kleinwüchsigen Gartenblumen. Doch im allgemeinen wollen die Vögel, die ein besonders großes Interesse an Blüten zeigen, wie z.B. die Kolibris, nicht die Blüten selbst, sondern den in ihnen enthaltenen Nektar.

Wir können im wahrsten Sinne des Wortes behaupten, daß Blüten mehr an Vögeln interessiert sind als Vögel an Blüten; denn während verhältnismäßig wenig Vögel Blüten fressen, spielen viele Nektarfresser eine wichtige Rolle bei der Befruchtung der Blüten durch Pollenübertragung.

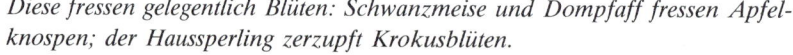

Diese fressen gelegentlich Blüten: Schwanzmeise und Dompfaff fressen Apfelknospen; der Haussperling zerzupft Krokusblüten.

Diese Vögel, vornehmlich Fruchtfresser, nehmen auch ohne weiteres Fleisch, wenn es erreichbar ist: Diademhaarbärtling (Ostafrika), frißt Ameisen und Termiten; Königsparadiesvogel (Papua), nimmt Eier und junge Vögel; Sonnenastrild (ein australischer Wachsschnabelastrild), bevorzugt Termiten; Zedernseidenschwanz (Nordamerika), schnappt Insekten.

Gemischtköstler

Obwohl viele Vögel eine bestimmte spezielle Nahrung vorziehen, fressen die meisten, einige ganz regelmäßig, auch noch anderes. Standvögel klimatisch gemäßigter Länder beispielsweise sind anders als die Minderheit, die nur von Tieren lebt, auf eine gemischte Ernährung angewiesen, weil sich die Vegetation von Jahreszeit zu Jahreszeit ändert.

Um herauszufinden, wovon sich die Vögel ernähren, müssen wir sie beobachten, das Futter sammeln, das sie ihren Jungen geben, ihren Mageninhalt untersuchen und die Nahrungsreste analysieren, die sich in ihrem Kot und in den Speiballen von Unverdautem befinden, die viele Arten auswürgen. Und dies alles müssen wir das ganze Jahr über tun.

Jede wildlebende Vogelart besitzt das, was wir ein »Nahrungsspektrum« nennen können. Dieses enthält breite Bänder, die Lieblingsnahrungssorten darstellen, und schmale, die weniger häufige oder weniger oft verfügbare Nahrungsmittel festhalten. Keine zwei eng verwandten Arten, die in der gleichen Gegend wohnen, scheinen das gleiche Nahrungsspektrum aufzuweisen, abgesehen von Zeiten eines gelegentlichen Überangebotes irgendeiner bestimmten Nahrung. Andererseits können verwandte Arten in verschiedenen Gebieten sehr ähnliche Spektren aufweisen, wie etwa die amerikanische Wanderdrossel und die europäische Amsel. Obwohl jeder Vogel seine charakteristische Nahrungszusammensetzung beibehält, kann sich dieser Speisezettel im Lauf der Jahreszeiten wesentlich ändern, besonders während der Fütterung der Jungen, und auch innerhalb des Artbereichs.

Das Nahrungsspektrum der Gemischtköstler ist komplizierter als das aller anderen Vögel. Mit Gemischtköstler bezeichnen wir die Arten, die verschiedenartige tierische und pflanzliche Nahrung aufnehmen. Viele Tierfresser gehen jahreszeitlich auf wilde Früchte über. Kleiber und Baumläufer fressen im Herbst Bucheckern und Samen. Der fleischfressende Gelbschnabelkuckuck Amerikas nimmt je nach der Jahreszeit Holunderbeeren,

Der Eichelspecht (westliches Nordamerika) findet oder hackt Löcher, um Eicheln hineinzustecken; sucht Insekten; saugt Saft aus den Löchern, die vorher von Saftleckern hergestellt wurden.

Diese Vögel sind vorwiegend Frucht- oder Samenfresser, aber zur Brutzeit nähren sie sich von Insekten und füttern damit ihre Jungen: Schneeammer der nördlichen Welt; Heckenbraunelle Eurasiens; Jamaica-Bekarde.

Diese Vögel sind in der Regel Insektenfresser. Aber im Herbst nimmt der nordamerikanische Myrtensänger (links) Lorbeeren; der altweltliche Pirol (unten) frißt Früchte; der afrikanische Zügeltrogon nimmt Beeren.

Einige Vögel fressen fast alles. Der australische Kragenlaubenvogel (links) kann eine Gartenplage sein; der nordamerikanische Kanada-Unglückshäher pflegt Ferien- und andere Lager zu berauben; die Rotbürzeltangare Zentralamerikas frißt Bananen, Beeren, Spinnen, Mäuse, Eier. Doch die meisten dieser Arten zeigen besondere Nahrungsspektren.

Maulbeeren und Weintrauben. Im tropischen Asien machen sich einige insektenfressende Stachelbürzler und Timalien an Früchte, wenn die Beeren fallen und die Guavas und Feigen reif sind. In Australien sind zwei insektenvertilgende Brillenvögel eine ganz bedeutende Plage für Obstgärten, wenn Feigen, Trauben und weiche Obstarten reif für den Markt sind. Die Waldsänger in Amerika und die Grasmücken der Alten Welt fressen reife Früchte.

Viele pflanzenfressende Vögel gehen auf Insekten über, wenn sie ihre Jungen aufziehen. Auf diese Weise erhält die Nachkommenschaft während des Wachstums eine Nahrung mit hohem Proteingehalt. Andere ernähren sich immer dann von Tieren, wenn diese schwärmen. Ameisen und andere Insekten werden von Pflanzenfressern geschnappt, von Bartvögeln bis zum Felsengebirgshuhn und von Astrilden bis zu Seidenschwänzen. Einige Vögel, wie der Kanada-Unglückshäher, ernähren sich so gemischt, daß es aussieht, als würden sie alles fressen, was sie bekommen können. Doch auch die meisten Vögel mit vielseitigem Geschmack zeigen ein ihnen eigentümliches Nahrungsspektrum, selbst wenn es sich von Monat zu Monat stark verändert. Vergleicht man die Nahrung der Spottdrossel im Laufe eines Jahres, dann vertilgt sie im Durchschnitt zur Hälfte tierische und zur Hälfte pflanzliche Nahrung. Ebenso verhält es sich bei der Feldlerche und dem Star. Aber im Mai besteht die Nahrung der Spottdrossel aus etwa 85% tierischen, im Dezember und Januar aus etwa 87% pflanzlichen Bestandteilen. Die Ernährung der anderen variiert ebenso stark, doch nicht auf die gleiche Art.

Ein Vogel, der im Laufe des Jahres vorwiegend tierische Nahrung zu sich nimmt (82% des Gesamtgewichts), ist die Elster in Amerika. Ihr pflanzlicher Speisezettel reicht von unwesentlichen Mengen im Mai bis zu mehr als der Hälfte pflanzlicher Nahrung für die Zeit von November bis Januar. Umgekehrt wies die Saatkrähe in England während des Krieges denselben Durchschnitt (82%) an pflanzlicher Nahrung auf.

Ein interessantes und veränderliches Nahrungsspektrum läßt sich am europäischen Buntspecht beobachten. In Finnland ernährt sich seine nördliche Rasse im Winter größtenteils von Kiefern- und Fichtensamen; nur im Sommer bilden Ameisen und die Larven von Insekten, die im Holz bohren, ihre Hauptnahrung. Die britische Rasse wiederum hat das ganze Jahr hindurch Larven und als schmaleres Band Eicheln in ihrem Spektrum. Einige (nicht alle) Buntspechte hacken ganze Ringe von Löchern in die Bäume, um an den Saft

Man hat angebliche Schädlinge aus der Vogelwelt untersucht, indem man den Prozentsatz unterschiedlichen Futters in ihren Mägen nach Volumprozenten bestimmt hat. In Großbritannien frißt die Feldlerche (Mitte) 46% tierische Nahrung, meist Insekten, und 54% Pflanzenkost, meist Unkrautsamen. Die Nahrung des Stars (links) ist ziemlich gleich in Großbritannien (51% tierisch, 49% pflanzlich) und in den USA (57% tierisch, 43% pflanzlich); über die Hälfte der Pflanzenkost besteht aus wilden Früchten. In England wurde während des zweiten Weltkrieges viel Getreide angebaut; zu der Zeit ernährte sich die Saatkrähe zu 18% tierisch, zu 82% pflanzlich. Der höchste Anteil tierischer Nahrung (54%) lag im Juni, der niedrigste (4%) im Januar und Februar.

Amsel

anderes
wild-
wachsende
Früchte
pflanzlich
Kulturfrüchte
Insekten
tierisch
Regenwürmer
usw.

Wanderdrossel

anderes
pflanzlich
wildwachsende
Früchte
Kulturfrüchte
Insekten
tierisch
Regenwürmer
usw.

Die europäische Amsel und die amerikanische Wanderdrossel nehmen nischen-ähnliche Lebensstätten ein. Auch die Speisekarten sind ähnlich, obwohl die Amsel mehr Kulturfrüchte frißt.

Der Brutzeitbeginn hängt bei der Kohlmeise in Europa eng mit den Launen des Frühlingswetters zusammen. Die Jungen, die während der 14 Tage, in denen die größte Raupenfülle herrscht, in ihrer Nisthöhle gefüttert werden, erhalten ein stark proteinhaltiges Futter.

zu gelangen. In Nordamerika ist dies eine Spezialität des Saftleckers und in zweiter Linie des Eichelspechts, der an den Löchern des Saftleckers Saft aufnimmt. Der Eichelspecht hackt natürlich selbst Löcher und kann tatsächlich Hunderte in eine Rinde schlagen, so daß sie wie ein Sieb aussieht, um darin Eicheln und andere größere Nüsse zu lagern. In seinem jährlichen Nahrungsspektrum nimmt das Nußband die Hälfte ein, das Insektenband weniger als ein Viertel.

Die typischen Anpassungen des Gemischtköstlers sind eher im Verhalten zu finden als in der Anatomie. Allgemein nimmt er jede günstige Gelegenheit wahr, macht eher Gebrauch von Versuch und Irrtum und ist neugieriger als der Vogel mit einem speziellen Speisezettel. Die meisten Häher in der ganzen Welt sind in ihren Freßgewohnheiten auffallend anpassungsfähig. Viele Meisen probieren so geschickt in Versuch und Irrtum aus, was genießbar ist, daß sie in England seit kurzem Milch aus den Flaschen stehlen, die vor den Haustüren stehen. Gelegentlich bedienen sie sich bereits der Flaschen, die sich noch auf dem Wagen des Milchmannes befinden.

Die Bestandsgröße der Nahrungsspezialisten wechselt mit der verfügbaren Menge des besonderen Futters, und die kann in Abhängigkeit vom Klima schwanken. Die Kopfstärke von Gemischtköstlern wird im ganzen eher konstant bleiben, weil diese Tiere schnell auf ein anderes Nahrungsmittel übergehen, wenn das eine knapp wird. Vier Vogelarten mit größten Beständen sind in England Amsel, Buchfink, Haussperling und Star, alles Gemischtköstler. Der Star, der in der Alten wie in der Neuen Welt sehr fortpflanzungsfreudig ist, kann mehr als ein nur kümmerliches Leben an jeder Lebensstätte außer dem Meer führen: in dicht besiedelter Stadt, auf unbewohnten nördlichen Inseln, auf Bergen, in Waldgebieten, im Moor, auf landwirtschaftlich genutztem Boden und in »nassen« Gebieten.

Insektenfresser

Die Zoologen haben fast genau eine Million Tierarten, abgesehen von Rassen, beschrieben, und davon sind nicht weniger als 700 000 Insekten. So gewaltig diese Summe erscheint, schätzen doch einige Fachleute, daß die Zahl der bisher benannten Insekten viel niedriger ist als die Zahl derer, denen noch ein Name gegeben werden muß.

Nur wenige Insekten leben im Meer; doch beherrschen sie die Landoberfläche der Erde nach Vielfalt und Zahl völlig. Insekten bilden die feste Grundlage der Lebenspyramide auf dem Land, denn sie sind die wichtigste Beute für Tierfresser unter den Tieren, einschließlich der Vögel. Große Insekten haben nicht weniger Feinde unter den Vögeln als kleine Insekten. Honiganzeiger sind Spezialisten für Bienen- und Wespennester; sie fressen das Wachs ebenso wie die Insekten. Einige Lieste nehmen Hundert- und Tausendfüßler und auch große Käfer. Nashornvögel fressen viele Arten großer Insekten, haben aber eine besondere Vorliebe für Heuschrecken. Die Vögel aller Gruppen bis hinauf zur Größe des Storchs folgen gern den Heuschreckenschwärmen!

Von den knapp 160 lebenden Vogelfamilien haben nicht weniger als 128 insektenfressende Angehörige. Von diesen nehmen 34 in der Hauptsache Insekten auf, und weitere 10 fressen nur Insekten und insektenähnliche Tiere.

Es ist daher keineswegs erstaunlich, daß fast 20 Vogelfamilien Insekten im Flug jagen. Die eigentlichen Nachtschwalben wie die Falkennachtschwalbe können in der Luft rütteln und urplötzlich davonschießen, wenn sie im Zwielicht oder nachts jagen. Die schnellsten

Vier Arten von den vielen, die Insekten von Blättern sammeln. Aus Nordamerika der Kappenwaldsänger (oben links), der Gelbkehlvireo (oben rechts) und die Scharlachtangare (unten rechts); aus Europa der Waldlaubsänger (Mitte).

Vögel, die Insekten im Flug fangen; fliegend von links nach rechts: Falkennachtschwalbe, Nordamerika; Rubinköpfchen, USA bis Argentinien; Mauersegler, Eurasien und Afrika; Flaggendrongo, Asien; Weißstirn-Rotkehlspint und Rotbrustschwalbe, Afrika; sitzend: Kuba-Todi und Trauerschnäpper, Eurasien.

aller Insektenfänger sind die schmalflügligen Segler und ihre Verwandten; von ihnen können viele an einem normalen Tag bei der Futtersuche mehr als 1500 Kilometer Weg zurücklegen. Segler und Schwalben unternehmen ihre weiten Zugbewegungen dann, wenn die Insekten nirgendwo unterwegs Mangelware sind. Und sie durchqueren tropische Gegenden im Frühling und im Herbst, wenn die Insekten zahlreich und sogar in den Oasen der Sahara mit Sicherheit zu erwarten sind.

Nachtschwalben und Schwalben machen nur selten Angriffsflüge aus dem Ansitz heraus, Segler und Schwalbenstare nie; doch tun dies alle übrigen fliegenden Insektenfresser. Die fremdartigen Tagschläfer im tropischen Amerika schießen von ihren Lieblingspfosten herab, auf denen sie fast unsichtbar sitzen, um vorbeifliegende Beute in ihren enorm weiten Rachen hineinzubefördern. Die Familie der Höhlenschwalme in Australien besitzt einen fast ebenso großen Schnabel. Diese Dämmerungsvögel tragen eine Tarnfärbung; Tagjäger dagegen besitzen eher leuchtende Farben. Die prächtigen Todis (eine kleine Familie, beschränkt auf die westindischen Inseln) und die fast ebenso farbenfreudig aussehenden Sägeracken im tropischen Amerika haben festgelegte Reviere und Jagdplätze. In der Alten Welt tragen die stattlichen Racken ihre Beute oft lebend an ihren Sitzplatz, um sie dort zu töten und zu verzehren. Viele Arten der lieblichen Bienenfresser, und auch die schlanken, glänzend leuchtenden Glanzvögel als langschnäblige Libellenfänger des tropischen Amerika, verhalten sich ebenso. Die mit den Glanzvögeln verwandten, aber weniger schön gefärbten und mit breiterem Schnabel versehenen Faulvögel aus demselben Gebiet stoßen nach ihrer fliegenden Beute vom Anstand aus und nehmen bisweilen Käfer vom Boden auf.

Insektenjäger am Boden: Neunfarbenpitta aus Ostasien und Australien, eine aus einer 25köpfigen Familie.

Drei weitere Arten von vielen, die Bodeninsekten fressen, alle aus nördlicheren Breiten und jede aus einer anderen Familie. Von links nach rechts: Bachstelze Eurasiens in der Form der Trauerstelze Großbritanniens; Fuchsammer, Kanada; Rotkehlnachtigall (japanisches Rotkehlchen).

Ameisenfresser (Südamerika): Schwarzkopfameisenvogel, Rotkehlhabia, Braunkopfmückenfresser.

Mehr als ein Sechstel aller Sperlingsvögel sind Luftjäger. Am meisten fröhnen Schwalben und Schwalbenstare der Luftjagd. Die Tyrannen Amerikas, eine riesige Familie mit 364 Arten, weisen ein Gegenstück in der übrigen Welt auf: die mit ihnen nicht verwandten 398 Fliegenschnäpper, Monarchen und Dickkopfschnäpper. Es sind Anstandsjäger von festen Plätzen aus, genau wie die angriffslustigen Drongos der tropischen Alten Welt.

In den Tropen sind die meisten Insektenfresser Standvögel oder örtlich begrenzte Wanderer. In gemäßigten Klimazonen können als einzige nur die Insektenfresser den Winter über bleiben, deren Nahrung aus überwinternden Insekten und Larven besteht, wie der Dunenspecht Neuenglands und der Buntspecht in England. Alle übrigen, wahrscheinlich mehr als die Hälfte, besuchen diese Zonen nur im Sommer und Herbst.

Darum erschallen in den Gärten der Verfasser dieses Buches besonders im Herbst die scharf klingenden Stimmfühlungsrufe gemischter Schwärme insektenfressender Vögel, die sich von Baum zu Baum bewegen und unter Blättern und Rinde nach Insekten und Spinnen suchen. Obwohl sich die Arten unterscheiden, besitzen in unserem Fall fast alle im Garten von R.T.P. in Connecticut lebenden Arten ihr Gegenstück (in Klammern angeführt) im Garten von J.F. in Northamptonshire. Zu den normalen Insektensammlern Connecticuts zählen: Amerikanische Weidenmeise (Kohlmeise oder Blaumeise – gelegentlich Tannenmeise oder Sumpfmeise), Weißbrustkleiber (Kleiber), Amerikanischer Waldbaumläufer (Waldbaumläufer, nahestehend), Goldkrönchen (Wintergoldhähnchen), Myrtensänger – ein amerikanischer Waldsänger (Mönchsgrasmücke, eine Grasmücke der Alten Welt aus einer anderen Familie), Dunenspecht (Buntspecht). Ein Insektenfresser, der Karolina-Zaunkönig, in R.T.P.s neuenglischem Garten besitzt kein sehr gutes Gegenstück in England. Europas einzige Zaunkönigart jagt nämlich ihre Insekten näher dem Boden, gewöhnlich im Unterholz; sie gehört zur selben Art wie ein nordamerikanischer Zaunkönig.

Ungefähr zwei Fünftel aller Sperlingsvogelarten sind Insekten- oder Kleintierjäger in Bäumen und Büschen oder am Boden. Einige Bodenvögel erweisen sich als Spezialisten: so folgen gemischte Vogelschwärme mit Angehörigen verschiedener Familien auf dem Waldboden des tropischen Amerika den großen Wanderameisen, die sie ebenso fressen, wie die anderen durch die Ameisen aufgescheuchten Insekten. Ameisenvögel, Mückenfresser und Ameisentangaren gehören zu solchen Trupps, ebenso einige Pipras und Waldsänger.

Gefährten des Rindviehs in Afrika. Schulter: Piapias; Hals: Rotschnabelmadenhacker; Horn: Scharlachspint; fliegend: Rotkappenschwalbe; unten: Kuhreiher, Schafstelze.

Einige Spezialisten

Die Verfolger der Wanderameisen sind nicht die einzigen Spezialisten, die sich darauf verlassen, daß andere Tiere ihnen ihre Nahrung aufscheuchen. Zum Beispiel halten sich überall, wo Rinder verbreitet sind, Vögel als Gesellschafter auf.

Die Madenhackerstare, die sehr viel Zeit auf den Rindern der afrikanischen Eingeborenen verbringen, suchen ihren Wirt nach Zecken ab. Der restliche afrikanische »Rinderklub« lauert auf die Insekten, die beim Weiden aufgescheucht werden, oder sucht im Dung der Rinder nach Käferlarven: die lärmende Piapia (eine Krähenverwandte) und der Scharlachspint sind Klubmitglieder. Anwesend sind oft auch Schwalben, Schafstelzen, Kuhreiher und manchmal Regenpfeifer. In weiteren Teilen der Welt gibt es andere Zeckenvögel, so den Streifentyrann und den Ani in Südamerika, ferner andere Schnäpper aufgestöberter Insekten wie den Star, den nordamerikanischen Kuhstärling, die europäische Dohle und den Asien-Trauerdrongo.

Die fünf lebenden Flamingoarten – einige Wissenschaftler erkennen sechs an – sind Spezialisten einer ganz anderen Art; denn sie leben alle von winzigen Pflanzen und Tieren, von denen es im Wasser und im Bodenschlamm warmer Süßwasser und warmer Salzseen wimmelt. Die meiste Nahrung nehmen sie auf, indem sie das Wasser oder den Schlamm durch Filterblätter in ihren Schnäbeln pumpen.

Den Flamingos – eine sehr altertümliche Erscheinung; der zweitälteste bekannte Vogel war ein Vor-Flamingo – gelang es einst, sich auf allen Festländern außer dem antarktischen niederzulassen, doch sind sie heute nur mit großen Lücken und in Rückzugsgebieten verbreitet. In Nordamerika und Australien sind sie ausgestorben. Man findet sie noch hier und da an algenreichen Gewässern in Westindien, Mexiko, auf den Galapagosinseln, in Südamerika, Afrika, im westlichen Zentralasien, in Indien, auf Ceylon, in Frankreich und Spanien. Insgesamt leben heute auf der Erde nicht mehr als etwa 60 bekannte Kolonien.

Flamingos, Vögel mit weit zurückreichendem Stammbaum, ernähren sich von winzigen Pflanzen und Tieren im Wasser und Schlamm warmer Seen. In afrikanischen Seen fischt der Afrika-Flamingo an der Oberfläche, unser Flamingo am Boden. Ihre Zungen pumpen Wasser voll Plankton durch Filter in den Schnäbeln. Rechts: Wenn sich der Flamingo vorwärtsbewegt, wird das über Filterplatten angesaugte Wasser aus dem Schlundspalt gedrückt.

In einigen tropischen Gebieten gibt es riesige Wasserschnecken im Überfluß. Zwei Storcharten, der asiatische und der afrikanische Klaffschnabel, besitzen einen in der Mitte klaffenden und mit Hornleisten versehenen Schnabel. Mit dieser klaffenden Stelle können sie die Schnecken packen und zermalmen oder sie zu einer harten Unterlage bringen, auf der sie mit der Schnabelspitze aufgeknackt werden. Auch der mit diesen Arten nicht verwandte Rallenkranich Amerikas (S. 70) hat für denselben Zweck eine gleichartige Klaffstelle am Schnabel. Wenigstens drei Arten Milane sind ausgesprochene Großschnecken-Spezialisten mit einer schmalen Hakenspitze an ihrem Schnabel. Andere Schneckenspezialisten benutzen Werkzeuge. Der Zahnkatzenvogel Australiens gebraucht Steine, um große Landschneckenschalen aufzubrechen. Die eurasiatische Singdrossel und der philippinensische Rotliest zerschmettern Landschnecken auf steinernen Ambossen, die sie gern längere Zeit benutzen.

Die Eisvogelfamilie enthält nicht nur Fischer (eine Art Neuguineas gräbt Erdwürmer aus), doch ihre typischen Angehörigen gehören zu den wenigen Landvögeln, die nach Fischen tauchen. Ein anderer ist der Bentevi, ein amerikanischer Tyrann, der zwar in erster Linie Insekten frißt, aber für Abwechslung sorgt, indem er in Mangrovesümpfe an Strommündungen und in ähnlichen Gegenden nach Fischen taucht. Die Angehörigen der Wasseramselfamilie jagen Tiere in klaren Bächen, wobei sie das Laufen unter Wasser durch Schrägstellung des Körpers gegen den Strom ermöglichen. Ihnen fallen alle Arten von Wasserinsekten zum Opfer, darunter, besonders auf dem Bachgrund, Larven von Köcher- und Eintagsfliegen. Wasseramseln fressen auch Krebstiere und Lurche (z. B. Kaulquappen) und kleine Fische, und auch die Brut von Forellen.

Bentevi und Wasseramseln sind weniger Spezialisten in ihrer Nahrungswahl als in ihrem Jagdverfahren. Dasselbe gilt für Scherenschnäbel und Steinwälzer. Der Unterschnabel ist beim Scherenschnabel, einem Verwandten der Seeschwalben, sehr verlängert. Mit offenem Schnabel zerteilt der Vogel das Wasser. Der Unterschnabel hängt gerade noch im Wasser. Wenn er unter kleine Fische oder schwimmende Krebstiere taucht, schließt sich der Oberschnabel darüber. Die Steinwälzer leben während des Aufenthaltes an ihren Brutplätzen in der hohen Arktis vor allem von Insekten. Im Winterquartier, das sich bis weit auf die Südhalbkugel erstreckt, jagen sie Krebschen und andere Kleintiere am Meeresstrand, indem sie Steine und Seetangbüschel umdrehen.

Eines der bemerkenswertesten Verfahren des Nahrungserwerbs wird von den Honiganzeigern auf der Suche nach Larven und Wachs aus Bienen- und Wespennestern angewendet. Sie führen den Afrikanischen Honigdachs zum Nest; der bricht es auf, frißt den Honig und überläßt dem Vogel das Wachs.

An der Spitze der Vögel, die auf Meeresboden-Weichtiere spezialisiert sind, und zwar weit ab von der Küste oder in Küstennähe, steht die Eiderente. Zu den am besten für die Jagd und die Aufnahme von Krebstieren des Strandes geeigneten Vögeln zählt der Meerrenner, eine seltene Vogelart, die auf den nördlichen Indischen Ozean und den Persischen Golf beschränkt ist. Aus der Reihe der Schlangenfresser, zu denen der Erdkuckuck der amerikanischen Wüsten zählt, außerdem der Sekretär, einige der größeren Eulen und einige Milan-Arten, ragt der Schlangenadler Europas und Westasiens hervor.

Jedoch der seltsamste Spezialist in der Nahrungsaufnahme scheint der Fettschwalm zu sein, der einzige Fruchtfresser in der sonst insektenfressenden Ordnung der Nachtschwalben. Er nistet auf Trinidad und im nördlichen Südamerika in dunklen Höhlen, nährt sich nur bei Nacht, findet den Weg zu seinem Nest mittels Echopeilung und lebt vor allem von öligen Palmfrüchten. Der Fettschwalm beweist die allgemein zutreffende Regel, daß, wo immer Nahrungsmittel irgendwelcher Art vorhanden sind, sich ein Tier dieser Nahrung anpaßt. Oft ist es ein Vogel und manchmal ein »Spezialist«!

Auch Pflanzen und Tiere können sich gegenseitig anpassen; gelegentlich mit ungeheuren Ergebnissen der stammesgeschichtlichen Entwicklung. Blühende Pflanzen

Der Eisvogel jagt in schmalen Gewässern der Alten Welt, indem er nach Fischen taucht, was für einen Landvogel ungewöhnlich ist. Die Wasseramsel (unten) jagt in klaren, strömenden Bächen, wobei sie unter Wasser schreitet.

erschienen auf unserem Planeten erst, nachdem die Insekten ihre Herrschaft auf dem Land begründet hatten. Während der Entwicklung produzierten viele dieser Pflanzen in ihren Blüten Organe zur Honigherstellung und lockten damit Insekten an. Beim Flug von Blüte zu Blüte, um Honig zu saugen, brachten die Insekten den Pollen mit und bestäubten die Blüten. Viele Blumen entwickelten daraufhin Lockfarben und Lockgerüche für Insekten, und viele Insekten entwickelten lange Saugzungen.

Etwa ein Fünftel aller Vogelarten ist nun ebenfalls mit der Bestäubung von Blüten beschäftigt. In den Tropen haben sich rote, duftlose Blüten in breitem Zusammenhang mit honigsaugenden Vögeln entwickelt; denn Vögel sehen Farben am roten Ende des Spektrums besser als die Insekten und besitzen kaum einen Geruchssinn.

Die Kolibris Amerikas saugen den Honig immer im Fluge. Sie haben lange, röhrenförmige Zungen. Der hübsche Chile-Kolibri wurde beobachtet, wie er sich in Feuerland aus roten Fuchsien ernährte, während ein Schneesturm tobte; der Fuchskolibri verbringt den Sommer regelmäßig in Alaska. Viele Kolibris saugen aus Blüten mit langer röhrenförmiger Krone. So hat als einziger Vogel der Schwertschnabel der Anden einen Schnabel (12,5 cm), der länger ist als die restliche Vogellänge.

Mehrere andere Blütenvogelfamilien haben röhrenförmige Zungen; die der Kleidervögel von Hawaii aber sind trogförmig und haben eine fransige Spitze. Am bedeutendsten sind die Honigfresser, die Nektarvögel und die Mistelfresser der Alten Welt und eine Gruppe neuweltlicher Vögel, die allgemein als Familie der Zuckervögel angeführt werden und außer dem Bananaquit auch die Hakenschnäbel umfassen. Auch zu vielen anderen Familien gehören Arten, die sich auf dem Weg zur Spezialisierung auf Nektar befinden. Beispielsweise saugen von den amerikanischen Stärlingen Stirnvögel und Schopfstärlinge Baumnektar.

Eine artenreiche Unterfamilie der Papageien, die bürstenzüngigen Loris, hat sich zu ziemlich rüpelhaften Nektarfressern entwickelt, denn sie packen die Blüte mit dem Schnabel und der spezialisierten Zunge, zerquetschen sie und lecken den Honig mit den Fransen am Zungenende heraus.

In Florida, Zentral- und Südamerika sind diese beiden Vögel – der Rallenkranich und der ihm verwandtschaftlich fernstehende Schneckenweih – auf die Schnecke Pomacea spezialisiert. Der Milan durchbohrt und lähmt mit dem spitzen Haken seines gebogenen Schnabels seine Beute.

Die Loris zerquetschen Blüten, lecken den Nektar mit ihrer gefransten Zunge (kleines Bild).

Die meisten Vögel, die sich von Nektar ernähren, bestäuben zugleich die Blüten. Blütenvögel sind, ganz oben, von links nach rechts: Schopftrupial, Mexiko; Topasrubinkolibri und Helmkolibri, Südamerika; ein ostafrikanischer Nektarvogel; darunter, von links nach rechts: Bananaquit, Zentral- und Südamerika; Scharlachhonigschmecker, Australien; Iiwi, Hawaii; Blauwangenlori, Australien.

3 Vögel der Vergangenheit

Der Vorfahr der Vögel

Der Felsuntergrund eines Teils von Bayern besteht aus reinem Schiefer, der im späten Jura vor etwa 140 Millionen Jahren am Grunde eines Süßwassersees durch sehr schnell erfolgende Schlammablagerungen gebildet wurde: der Solnhofener Kalkstein.

Im Jahre 1861 fand ein Steinmetz eine versteinerte Feder auf einer Platte und ihren Abdruck auf der gegenüberliegenden Platte. Im selben Jahr wurde das unvollständige Skelett eines befiederten Tieres in einem Solnhofener Steinbruch in Langenaltbach gefunden. Es kam in den Besitz des Kreisarztes Dr. Karl Häberlein, der es im nächsten Jahr (mit einer schönen Sammlung anderer Fossilien) an das Britische Museum in London verkaufte und dafür soviel erhielt, daß er seiner Tochter eine gute Mitgift geben konnte. Das Skelett bekam noch im Fundjahr den Namen Archaeopteryx lithographica – »das altertümliche geflügelte Geschöpf aus zum Zeichnen geeignetem Stein«.

Im Jahre 1877 kam noch ein Exemplar in einem Solnhofener Steinbruch am 16 Kilometer entfernten Blumenberg ans Tageslicht. Einige Forscher meinten, es gehöre zu einer anderen Art als das Exemplar in London, das stimmt aber nicht. Ebenso verhält es sich beim dritten, das 1956 in Langenaltheim keine 250 m von der Fundstelle des ersten entdeckt wurde. Im September 1970 stieß man auf ein viertes Exemplar in der Sammlung des Teyler-Museums in Haarlem, das man übersehen hatte. Es war schon vor den anderen im Jahre 1857 gesammelt worden.

Der Urvogel Archaeopteryx ist bis heute der älteste bekannte Vogel. Er ist rund 10 Millionen Jahre älter als der nächstältere gesicherte fossile Vogel, der gans- oder flamingoartig war und Gallornis straeleni heißt. Man fand ihn 1931 in Schichten der Unteren Kreide in Frankreich. Es scheint, daß der Archaeopteryx längere Zeit in den Palmfarnwäldern der späteren Jurazeit gelebt hat. Möglicherweise war er wirklich einer der ersten Vögel, wie es die zahlreichen rein reptilienhaften Merkmale nahelegen, die er mit keinem sonst bekannten Vogel teilt.

Zu diesen Reptilien-Merkmalen des Urvogels gehören der lange Schwanz mit zwanzig Wirbeln, eine einfache Wirbelsäule, deren Wirbel nicht verwachsen sind, drei Finger mit Krallen, das Fehlen einer Verwachsung bestimmter Handknochen, einfache Rippen und ein einfaches Gehirn mit wenig entwickeltem Kleinhirn (dem Teil, der die Tätigkeit der Muskeln koordiniert).

Aber – nie wurde ein Reptil mit Federn gefunden, und die Struktur der Federn des Urvogels ist identisch mit dem Federbau moderner Vögel. Der Flügel des Fossils mit (acht)

Skelett von Archaeopteryx, eine Mischung aus Reptilien- und Vogelmerkmalen.

Handschwingen, die an Hand und Handwurzel befestigt sind, mit Armschwingen am Unterarm und mit Deckfedern entspricht genau dem Flügel vieler moderner Vögel. Bei den Vögeln vereinigen sich die Schlüsselbeine zum Gabelbein; das tun sie auch beim Urvogel; und einige Knochen in der Hüfte des Fossils sind wie sonst nur bei Vögeln angeordnet.

Archaeopteryx war also ein Vogel, ein dem Sitzen auf Ästen angepaßter Waldvogel, wie man aus der Lage der »großen« Zehe gegenüber den drei anderen schließen kann. Der Urvogel besaß einige hohle Knochen, was sein Gewicht verminderte. Doch war seine Flugfähigkeit vermutlich begrenzt. Er hatte keinen Kiel am Brustbein und kann deshalb keine sehr starken Flugmuskeln gehabt haben. Außerdem kann er mit seinem unterentwickelten Kleinhirn kein großer Akrobat gewesen sein. Er war ein kraftvoller Gleiter, der wahrscheinlich im Steigflug von Ast zu Ast oder von Fels zu Fels gelangen konnte, aber unfähig war, in der Luft zu wenden oder auch nur schnell die Richtung zu ändern. Er hatte Zähne, doch auch einige spätere fossile Vögel hatten solche.

Von welcher Reptilart stammte dieser frühe, krähengroße Vogel ab? Er ist zweifellos ganz getrennt von den erfolgreichen Flugtieren unter den Reptilien, den Angehörigen der Ordnung Pterosaurier, entstanden. Die ältesten Pterosaurier gehören der rhamphorhynchoiden Unterordnung an, und der erste von ihnen war Dimorphodon macronyx aus den Sinemurischen Ablagerungen des Unteren Jura von Dorset, England. Dean Buckland, der englische Pionier unter den Paläontologen, beschrieb ihn im Jahre 1829. Diese über 180 Millionen Jahre alten Ablagerungen sind weit älter als die des Archaeopteryx.

Die letzten bekannten Flugsaurier gehörten zur Unterordnung der Pterodactylen. Sie wurden in den 1950er Jahren aus Ablagerungen wahrscheinlich der Maastricht-Zeit der Obersten Kreide in Brasilien und Jordanien beschrieben. Diese Schichten sind über 60, aber unter 70 Millionen Jahre alt, also viel jünger als die des Archaeopteryx.

Eine Ordnung langschwänziger, echsenähnlicher Reptilien, mit Schuppen und etwa so groß wie Vögel, lebte in der Zeit vom Obersten Perm bis zum Ende der Trias, also vor über 220 bis wenig unter 200 Millionen Jahren. Sie sind als Thecodonten bekannt und gebrauchten ihren Schwanz beim Rennen zur Stabilisierung des Gleichgewichts. Die Ausgangsformen dieser Gruppe entwickelten sich zu zweibeinigen Läufern mit kleinen Armen; aber (so sagt die Theorie) es gab Arten auf Bäumen, die ihre Arme zu Werkzeugen entwickelten, die Klettern und Hängen erleichterten. Diese baumbewohnenden Arten mit ihren starken Beinen und ihren Balancierschwänzen sprangen von Ast zu Ast. Mit den starken Armen kletterten sie, griffen sie zu und stützten sie sich ab. Allmählich entwickelten ihre Arme größere Schuppen an den Hinterkanten, zuerst einfache Lappen, später Lappen mit verbindenden Haken, so daß die Lappen bei auseinandergefaltetem Arm im Zusammenhalt arbeiten konnten. Tatsächlich stammt die Feder von der Reptilienschuppe eines Thecodonten ab. Sie entwickelte sich zur Vergrößerung seiner Armfläche und ermöglichte es, die tragenden Kräfte der Luft zu benutzen und bei weiten Sprüngen die Stabilität zu sichern.

Feine Federn machen feine Vögel. Es ist sicher, daß die ersten Vögel mit den ersten Federn entstanden. Die Feder war der große stammesgeschichtliche Durchbruch; durch ihn nahm eine Tierklasse ihren Aufstieg, die jetzt nach Art und Zahl alle anderen Wirbeltierklassen übertrifft, ausgenommen die Fische. Die Vögel verdanken ihren Erfolg als Klasse ihrer Luftüberlegenheit. Diese errangen sie durch die Federn und durch einen Bauplan, der besser als bei den Flugsauriern und den Fledermäusen die Beine frei läßt.

Seevögel aus dem Niobrarakalk der Mittleren Oberkreide von West-Kansas, das vor rund 85 Millionen Jahren Meeresboden war: links Ichthyornis victor; *auf dem Felsen im Mittelgrund* Hesperornis regalis; *schwimmend (links)* Baptornis advenus; *(rechts)* Hesperornis gracilis; *in der Ferne eine weitere* Ichthyornis-*Art.*

Die Kreidezeit

Nach einer groben Schätzung von Professor Pierce Brodkorb haben in den 140 Millionen oder mehr Jahren seit Erscheinen des ersten Vogels etwas über 1,5 Millionen Vogelarten existiert. Laut James Fisher sind es unter 0,5 Millionen gewesen. Trotz ihrer großen Vielfalt haben sich jedoch die Vögel in ihrer Frühzeit anscheinend nur langsam entwickelt. Bis jetzt sind aus der ganzen milden und ausgedehnten Kreidezeit vor etwa 136 bis 65 Millionen Jahren nur 36 oder 37 Arten bekannt. Der einzige bis jetzt bekannte Vogel aus dem unteren Teil der Unteren Kreide ist Gallornis, der zweitälteste nach Archaeopteryx; und nur zwei Arten sind aus dem oberen Teil bekannt. Diese beiden, etwas über 100 Millionen Jahre alt und nur aus Albien-Ablagerungen in Cambridgeshire in England nachgewiesen, gehörten zur Gattung Enaliornis und bilden eine urtümliche Familie, die möglicherweise Vorfahr der Seetaucher ist.

Alle Vögel, die der Kreidezeit zugerechnet werden, sind Wasservögel, schwimmende oder watende Wasservögel. Es muß damals auch Landvögel gegeben haben, aber bisher ist keiner in den Fossillisten aufgetaucht, in denen das Übergewicht meist den Ablagerungen in Meeren und weiten Strommündungen zukommt. Die klassischen urtümlichen Seevögel kommen aus dem berühmten Niobrara-Kalk der Mittleren Oberkreide in Kansas, das vor ungefähr 85 Millionen Jahren der Grund eines Meeres war und Hunderte Kilometer von der Küste entfernt lag. Über diesem Meer herrschten die großen fliegenden Reptilien wie Pteranodon, das größte bekannte Flugtier (Flügelspanne siehe Zeichnung auf Seite 36). Bevor die Flugsaurier am Ende der Kreidezeit ausstarben, gab es aber sicher auch schon Seevögel.

Alle Niobraravögel wurden zwischen 1872 und 1880 von dem großen amerikanischen Paläontologen Marsh beschrieben. Eine Art war Baptornis, der erste Nachweis aus einer

Parascaniornis Obere Kreide

Enaliornis Untere Kreide

Elopteryx Obere Kreide

Gallornis
Untere Kreide

Palaeotringa Obere Kreide

Familie, die vielleicht der Vorfahr der Lappentaucher gewesen ist. Drei Arten waren große, flugunfähige Zahntaucher der Gattung Hesperornis, die als einzige seit dem Urvogel Archaeopteryx nachweislich richtige Zähne hatten. Die Zahntaucher wiesen Besonderheiten im Zusammenhang mit ihrer Flugunfähigkeit auf: ihre Flügel waren verkümmert, und sie schwammen mit ihren mächtigen Beinen und Füßen. Die übrigen Niobraravögel bestehen aus sechs fliegenden Seevogelarten der Gattung Kreidemöwen, Ichthyornis, und einer weiteren Gattung aus derselben Ordnung, der Gattung Apatornis. Ichthyornis und Apatornis bildeten zwei Familien, die den Möwen ziemlich ähnlich sahen, und Professor Pierce Brodkorb ordnet sie am unteren Zweig des Stammbaums ein, der zur modernen Ordnung der Möwen-Watvögel führt.

Der letzte Ichthyornis-Fund ist aus einer texanischen Ablagerung bekannt, die etwas jünger ist als die von Niobrara. Aus einer nur wenig späteren Ablagerung in Alabama stammt Plegadornis, Angehöriger einer Familie, die Vorfahr der Ibisse ist. Noch später datieren ein weiterer Hesperornithide (Coniornis) aus Montana und eine Parascaniornis-Art aus Schweden, ein Torotigide aus derselben Familie wie Gallornis. Diese beiden ruhten in Ablagerungen des Campanien, die um 73 Millionen Jahre alt sind.

Die übrigen Vögel aus der Kreidezeit entstammen den obersten (Maastricht-) Ablagerungen aus der Zeit vor 70 bis 65 Millionen Jahren. Die Schichten des Oberen Lance in Wyoming weisen eine stattliche Anzahl Vögel auf, die von Marsh und Brodkorb entdeckt wurden: Den letzten Apatornis-Vertreter, zwei Arten von Lonchodytes, Vorläufer der Seetaucher und zur selben Ordnung wie diese gehörig, ferner den letzten Torotigiden (Torotix) und die ersten Vertreter der Unterordnung Watvögel, nämlich drei Arten von Cimolopteryx und Ceramornis, die einzig bekannt gewordenen der Familie Cimolopterygidae.

Kürzlich wurde festgestellt, daß vogelhaltige Ablagerungen in New Jersey, die man ursprünglich für solche des Paleozän hielt, aus der Zeit der Maastricht-Kreide vor 68 bis 66 Millionen Jahren stammen. Aus der Navesink-Formation des Mittleren Maastrichtien kommt der erste Angehörige der heutigen Schnepfenfamilie, Palaeotringa. Auch die Rallen treten mit Telmatornis auf. Aus der Hornerstown-Formation des Späten Maastrichtien stammen die ersten Vertreter der modernen Kormoranfamilie (zwei Arten von Graculavus), eine weitere Telmatornis-Art und zwei zusätzliche von Palaeotringa sowie der geheimnisvolle Vogel Laornis, dessen Familie ungewiß bleibt, obwohl wir wissen, daß er watete oder schwamm. An der Schwelle zwischen Kreide und unterstem Paleozän (vor etwa 65 Millionen Jahren) erscheint Elopteryx aus dem Kalkstein des rumänischen Transsylvanien, der erste Vertreter einer ausgestorbenen Familie, die zwischen denen der Tölpel und der Kormorane steht.

Paleozän und Eozän

Vor 65 Millionen Jahren entstanden der Atlantische und der Indische Ozean. Ein großer Teil des kreidehaltigen Meeresbodens der Kreidezeit wurde gehoben und damit zu Land. Große Teile Europas und Nordamerikas gehörten zu den Tropen. Die großen Reptilien starben aus; Säugetiere und Vögel begannen ihre Herrschaft.

Das Eozän (nach der alten Einteilung) dauerte bis vor 37 oder 38 Millionen Jahren. Heute trennt man seine frühe Zeitspanne bis vor 53 oder 54 Millionen Jahren als Paleozän ab, das bisher nur acht Vogelfossilien geliefert hat. Dazu zählen frühe Angehörige moderner Familien und Landvögel. Aus etwa 58 Millionen Jahre alten Ablagerungen in Frankreich, Deutschland, Belgien und England stammen die ersten Vertreter einer ausgestorbenen Ordnung großer flugunfähiger Landvögel, der Diatrymiformes: Gastornis und Remiornis, die zur Familie Gastornithidae gehören, und Diatryma aus der Familie Diatrymidae. Auch die moderne Seetaucherfamilie Gaviidae war schon mit einer Art vertreten. Die Entdeckung von Diatryma in Ablagerungen von Wyoming, die ungefähr 55 Millionen Jahre alt sind, zeigt, daß Nordamerika um diese Zeit wenigstens eine Gattung mit Europa teilte.

Während des eigentlichen Eozän, das dem Paleozän folgte, gediehen die Vögel in zunehmendem Maße. In neuseeländischen Ablagerungen des Unteren Eozän finden wir den ersten Pinguin, in ebenso altertümlichen argentinischen Ablagerungen den ersten Nandu, der Opisthodactylus heißt, und Telmabates, den einzigen Angehörigen einer einzigartigen Familie der Ordnung Flamingos. Aus westamerikanischen Ablagerungen, die ungefähr 53 Millionen Jahre alt sind, holte man in Colorado eine Ralle und in Wyoming den ersten Eozänkauz, der zu einer ausgestorbenen Urfamilie der Eulen gehörte. Ebenfalls aus Nordamerika und aus etwa der gleichen Zeit kommen der erste Rallenkranich, Palaeophasianus genannt, und die ersten echten Kraniche, Geranoides und Paragrus genannt.

Zu den in den Faunen von Wasatch, Lower Green River und Colton des Unteren Eozän von Wyoming und Utah gefundenen versteinerten Vögeln gehören (von links nach rechts) Paragrus prentici, *ältester Echter Kranich;* Palaeorallus troxelli, *eine frühe Ralle; fliegend* Coltonia recurvirostra, *ältester Stelzenläufer; die riesige, flugunfähige* Diatryma steini; Protostrix mimica, *älteste Eule;* Gallinuloides wyomingensis, *Vorläufer der Guans.*

Eocathartes Mittleres Eozän

Sekretärgeier Oberes Eozän

Palaeotis Mittleres Eozän

Um dieselbe Zeit bringt in Europa der Londoner Lehm jeweils die älteste Art der Tropikvögel, Reiher und Möwen hervor, ferner einen Mini-Kondor der noch lebenden Familie Neuweltgeier und Odontopteryx, einen großen Seevogel mit zahnartigen Auswüchsen an seinen Kiefern, der zu einer besonderen Familie einer in die Nähe der Pelikane gestellten Ordnung gehört. Aus den Ypresien-Schichten Frankreichs stammen eine Diatryma-, eine Gastornis- und eine Remiornis-Art.

In späteren, rund 50 Millionen Jahre alten Ablagerungen des unteren Eozän in Utah wurden die ersten Alken gefunden, nämlich zwei Arten von Nautilornis, und eine Presbyornis-Art, die zur Familie der Presbyornithidae zählt und zwischen Säbelschnäblern und Wassertretern steht. Der einzige bekannte weitere Vertreter dieser ausgestorbenen Familie ist wahrscheinlich Coltonia, ebenfalls aus etwa gleich alten Felsen Utahs. Der erste bekannte Vogel der Ordnung Passeriformes, Neanis, der zur heutigen Familie der Rallenschlüpfer gerechnet wird, kommt aus der Green-River-Formation in Wyoming.

Gesteine aus dem Frühen Mittel-Eozän liefern uns auf Sumatra den ersten Schlangenhalsvogel und in Nigeria Gigantornis, den ersten Albatros. Eine rund 48 Millionen Jahre alte Formation in Wyoming bringt Gallinuloides ans Tageslicht, den ersten Vertreter einer ausgestorbenen, den heutigen Hokkos verwandten Familie. In gleichaltrigen Ablagerungen finden wir weiterhin in Rumänien und Belgien die letzten Elopterygiden, in der Schweiz den einzigen Vertreter der ausgestorbenen straußenähnlichen Familie Eleutheronithidae und in Deutschland den letzten Diatrymiden, einen Neuweltgeier, Palaeotis als erste Trappe, die erste Goldschnepfe und den ersten Nashornvogel. Aus der etwa 46 Millionen Jahre alten Bridger-Formation von Wyoming kommen drei Eozänkäuze, drei Kraniche, zwei Arten der Schnepfenvogel-Gattung Palaeotringa und die erste bekannte Sägeracke.

Zu den Vögeln des Oberen Eozän, die wir zeitlich nicht einordnen können, gehören ein Alk aus Oregon, aus Wyoming der Sekretärgeier Neocathartes, ein langbeiniger Greifvogel und einziger Vertreter einer mit den Neuweltgeiern verwandten Familie, aus der Schweiz die ersten Eisvögel und aus Ägypten der früheste Madagaskar-Strauß, der Eremopezus heißt.

Nur einen Vogel des frühen Ober-Eozän können wir als etwa 44 Millionen Jahre alt datieren, den in Utah gefundenen ersten Vertreter der Entenfamilie. Nach Vögeln aus dem mittleren Obereozän müssen wir in die Montmartre-Schichten Frankreichs reisen. Dort wurde der erste Habichtartige als Palaecircus gefunden, ferner die Limose Limosa gypsorum als vielleicht frühest lebender Vogel aus einer heute noch vertretenen Gattung, und Palaegithalus als älteste Meise, sowie die ersten Stare. die Upper-Headon-Schichten in Hampshire, England, sind reich an Vogelfossilien aus dem Ende des Ober-Eozän. Hier lebten vor rund 39 Millionen Jahren ein Seetaucher, ein Kormoran, Ibidopsis als erster Ibis und Elornis, der erste moderne Flamingo.

Einige der 48 Eozän-Oligozän-Vögel des Quercy, Frankreich. Von oben nach unten: Cypselavus, *echter Segler;* Archaeotrogon, *ein Trogon;* Propelargus, *ein großer Storch;* Plesiocathartes, *Neuweltgeier;* Geranopterus, *eine Racke;* Amphiserpentarius, *ein Sekretär; Flughühner aus der heute lebenden Gattung* Pterocles.

Oligozän

Die Periode des Oligozän, die 37 oder 38 bis rund 26 Millionen Jahre zurückliegt, war eine warme, trockene Zeit, in der sich Gebirge bildeten, die Grasländer weiter ausdehnten und die Wälder verkleinerten.

Aus dieser Zeit sind 120 Vogelarten bekannt. Von der Schwelle des Oligozän bis vor ungefähr 31 Millionen Jahren wurden Phosphorite im französischen Quercy abgelagert. Zu den 48 Vogelarten, die man darin fand, gehören ein Reiher, die ältesten Störche, Neuweltgeier, der älteste Sekretär, Hühnervögel der ausgestorbenen Familie Gallinuloididae, ein Kranich, der letzte der ausgestorbenen und mit den Rallen verwandten Familie Idiornithidae, echte Rallen, ein Watvogel und das älteste Flughuhn (diese beiden aus heute noch lebenden Gattungen), der älteste Kuckuck, die ältesten Echten Eulen, der erste Segler, die ersten Trogons sowie die ersten Racken.

In Argentinien besitzt das Unter-Oligozän Cladornis aus einer besonderen Unterordnung der Pelecaniformes und die ersten Seriemas aus der in der Kranich-Rallen-Ordnung stehenden Unterordnung Seriemas, die vom Oligozän an großköpfige, flugunfähige Räuber hervorbrachte. Aus Nordamerika stammen die ersten Wachteln und die ersten Neuweltgeier, die nicht altweltlich waren. Aus Frankreich (nicht aus dem Quercy) kommen der erste Tölpel und der erste Regenpfeifer.

Die ersten Ergilornithiden, eine mit den Kranichen verwandte Familie der Mongolei, gehören zum Unter- oder zum Mittel-Oligozän. Das Mittel-Oligozän dauerte von vor 32 oder 31 Millionen bis vielleicht vor 29 Millionen Jahren. Es lieferte aus Nordamerika die Palaeospiza, die zu einer ausgestorbenen, nahe bei den Lerchen stehenden Familie gehört, und aus Belgien den ersten Sturmvogel. Die australische Etadunna-Formation aus dem Ober-Oligozän oder Unter-Miozän verschafft uns den ersten Pelikan sowie Genyornis, den ersten Vertreter einer ausgestorbenen Familie derselben Ordnung wie die Emus.

Im frühen Miozän war Süddakota trockenes Busch-land mit einem Klima wie im heutigen Südtexas. Unten sind Rekonstruktionen einiger Vogelarten, die in den Rosebud-Schichten gefunden wurden. Von oben nach unten: Palaeoborus, Altweltgeier; Dendrochen, eine Pfeifgans; Strix dakota*, eine Eule; Megapaloelodus, ein Vor-Flamingo; Ortalis pollicaris*, ein Guan; Anas integra*, zwischen Pfeif- und Krickente; Tympan-uchus stirtoni*, ein Präriehuhn. Vier der Vögel gehö-ren heutigen Gattungen an (mit Sternchen versehen).

Miozän

Während des Miozän, das 26 bis 7 Millionen Jahre zurückliegt, bildeten sich die Alpen und der Himalaja. Es war eine warme Zeit. Etwa 277 Vögel sind bisher aus dem Miozän benannt, wenigstens 40 noch zu benennen. Von den identifizierten Gattungen haben sich 36% bis heute gehalten. Bekannte ausgestorbene Familien, die aus dem Unter-Miozän vorliegen, sind Cyphornithiden (verwandt den Pelikanen), Pelagornithiden (den Tölpeln nahe), Pseudodontornithiden (Seevögel mit falschen Zähnen aus der Ordnung des Eozänvogels Odontopteryx), die ersten Palaelodiden (eine flamingoartige Familie), die letzten Gallinuloididen (urtümliche Hühnervögel) sowie der einzige Rhegminornithide (ein primitiver Watvogel). Als Vertreter noch lebender Familien fanden sich die ersten Lappentaucher sowie je ein Vertreter folgender Familien: Austernfischer, Triele, Tauben, Papageien, Schleiereulen, Baumhopfe, Spechte, Breitrachen, Bachstelzen, Würger, Rabenvögel, Grasmücken und (wahrscheinlich) Webervögel.

Bemerkenswerte Familien des Mittleren Miozän sind die ersten Falken und Hoatzins, der letzte Brontornithide, der einzige Palaeoscinide (der eine Sperlingsvogelfamilie aus der Nähe der Wasseramseln bildet) und vielleicht der erste echte Fink. Das Obere Miozän gibt uns die erste Sturmschwalbe, den letzten Ergilornithiden, den einzigen Gryzajiden (nahe den Trappen) und wahrscheinlich in Neuseeland die ersten Moas. Das Miozän zeigt eine dauernd sich steigernde Modernisierung der Vogelwelt. Im Unter-Miozän (vor 26 bis 18 oder 19 Mio. Jahren) gehört knapp ein Viertel der identifizierten Vögel zu noch lebenden Gattungen. Im Mittel-Miozän (vor 18 oder 19 bis 12 Mio. Jahren) erhöht sich das Verhältnis auf knapp die Hälfte; im Ober-Miozän beträgt es knapp zwei Drittel.

Zu den Vogelarten des Unter-Miozän gehören viele Pinguine in der Antarktis und in Patagonien. In Patagonien erreichten die flugunfähigen Seriema-Verwandten in Brontornis eine Größe von etwa 215 cm. Die letzten Cyphornithiden erscheinen in Süd-Karolina, der erste Rhegminornis in Florida. Die vielfältigste Vogelwelt dieser Zeit, die europäische, war (noch) äthiopisch (S. 105) geprägt; zu ihr gehörten ein Sekretär, der älteste Papagei, ein Trogon, der erste Breitrachen.

Im Mittel-Miozän waren die Seevögel im allgemeinen schon moderne Vögel, doch gab es in Kalifornien auch noch den letzten der falschzähnigen Pseudodontornithiden. Die Helvetische Fauna Europas bestand aus den modernen paläarktischen Familien (S. 108), ausgenommen die flamingoartige Gattung Palaelodus; die spätere Tortonische Fauna, abgesehen von dem letzten Pelagornithiden, ganz aus modernen paläarktischen Familien, darunter einigen ausgestorbenen Fasanenvogelgattungen.

Die Vogelwelt Europas im Ober-Miozän ähnelt der gegenwärtigen paläarktischen Fauna. Hinzuzufügen sind nur wenige: der einzige Gryzajide, der letzte kranichartige Ergilornithide.

Pliozän

In der Zeit vor 7 bis 3 1/2 Millionen Jahren hörte die Gebirgsfaltung auf, und die Oberfläche des Planeten wurde weniger verändert als vorher. Das Pliozän war kühler als das Miozän, aber wärmer als die Gegenwart. Die Zonen gemäßigten Klimas dehnten sich weit polwärts aus.

Von den mehr als 110 bekannten fossilen Pliozän-Vögeln gehören drei Fünftel zu modernen Gattungen, wahrscheinlich aber keine zu modernen Arten. Wir bilden hier eine frühe Pliozänfauna von Florida ab, das damals eine felsige Küste hatte. Die Arten aus dem Bone Valley (im ganzen 14) wurden zuerst von Professor Pierce Brodkorb beschrieben.

In Südamerika war das Pliozän eine Zeit der Änderung und des Eindringens aus dem Norden. Die Seriema-Verwandten überlebten und erreichten ihren Höhepunkt im Unteren Pliozän Argentiniens. Dort lebte der etwa 150 cm große Andalgalornis sowie der König all dieser flugunfähigen Räuber, Onactornis pozzii, der nicht weniger als etwa 240 cm groß wurde.

Im Unter-Pliozän erschienen die ersten bekannten Ammern in Florida und Kansas, in Italien die erste bekannte Lerche der modernen Gattung Alauda und der erste Kleiber, die ersten Strauße aber in Griechenland, Rußland, China, der Mongolei und Indien und der erste bekannte Emu in Australien. In Oregon lebte der letzte bekannte Palaelolide aus der Flamingo-Verwandtschaft.

Im Mittel-Pliozän war die Zahl der Vertreter moderner Gattungen von knapp drei Fünfteln auf zwei Drittel gestiegen, wenn wir aus der spärlichen Fauna Argentiniens und den reichhaltigeren in Mexiko, dem nordamerikanischen Westen und Italien einen Schluß ziehen dürfen. In Mexiko gefundene Knochen aus dieser Zeit gehören wahrscheinlich den ersten bekannten Spottdrosseln.

Zur Zeit des Ober-Pliozän war die Fauna der Welt im wesentlichen modern, wenn man die Liste der Familien und Gattungen meint. Das Auftreten des ersten bekannten Nandus der modernen Unterfamilie und des ersten bekannten Steißhuhns in Argentinien beweist nicht, daß diese Vögel nicht urtümlich sind. Sehr wahrscheinlich werden eines Tages ältere Fossilien von ihnen gefunden. In Europa glaubte man, die früheste Versteinerung einer Drossel aus den Ablagerungen von Asti, Frankreich, gehöre einer ausgestorbenen Art, als man entdeckte, daß es die heute noch lebende Blaumerle war. Zweifellos sind die Drosseln viel älter und gehörte diese Blaumerle doch zu einer ausgestorbenen Art. Eine Nachprüfung aller dieser »modernen Arten« (gut über ein Dutzend), die bis jetzt aus dem Pliozän bekannt sind, hat bewiesen, daß es sich um ausgestorbene Arten handelte. So gehört ein »Kanada«-Kranich aus dem unteren Pliozän Nebraskas, der dieser lebenden Art zugeschrieben wurde, wahrscheinlich zur Art Grus conferta des unteren Pliozän von Kalifornien, der seinerseits zweifellos ein Vorfahr des Kanada-Kranichs ist.

Zur frühen Pliozänzeit hatte Florida eine wüste Felsenküste wie das heutige Peru. Die Phosphate aus dem Bone Valley zeigen, daß es auch Kalksteinklippen gab und riesige Seevogelkolonien, die große Guanolager produzierten. Zu Professor Pierce Brodkorbs Vögeln aus dem Bone Valley gehören (von oben nach unten): Australca, *wahrscheinlich ein direkter Vorfahr des Riesenalks;* Wetmore-Kormoran; Florida-Tölpel; Larus elmorei, *wahrscheinlich Vorfahr der Ringsturmmöwe;* Bonetal-Schellente; Florida-Flamingo *und eine Art Pfuhlschnepfe. Diese Formen sind jetzt ausgestorben. Im Kreis ist ein Vogel, der nicht aus dem Pliozän, sondern aus dem späten Pleistozän stammt,* Titanis walleri, *kürzlich in Florida von Brodkorb entdeckt.*

Ein großer Teil Kaliforniens, der in der letzten Eiszeit nicht vereist war, hatte damals ein wärmeres und trockeneres Klima als heute. Oben einige ausgestorbene Tiere, die im Asphalt von Rancho La Brea vor 14 000 oder 15 000 Jahren festgehalten wurden. Von oben: Riesenmammut; Brea-Kondor; Brea-Karakara; Maltastorch; Brea-Truthuhn; Brea-Stärling

Pleistozän

Vor etwa 3 1/2 Millionen Jahren geschah etwas Ungewöhnliches mit unserem Planeten: Schwankungen der Sonneneinstrahlung führten bei niedrigster Strahlung zu Eisbildung, zuerst nur in den polaren Gebieten. Um die Zeit vor einer halben Million Jahren besaß die Erde ständig polares und alpines Eis, und in ausgedehnte Festlandsgebiete, die jetzt ein gemäßigtes Klima aufweisen, begann unheilbringendes Eis zu fließen.

Bis vor nicht langer Zeit nannte man die ersten drei Millionen Jahre des Pleistozän noch Pliozän, jetzt heißen sie Villafranca-Pleistozän für die Alte und Blancan für die Neue Welt. Eine Herrschaft des Waldes in Europa und Nordamerika traf zusammen mit ersten Zeichen einer antarktischen Vergletscherung vor rund 3,3 Millionen Jahren. Als nächstes trafen zusammen eine Vorherrschaft der Steppe und die erste Invasion antarktischen Eises in den Indischen Ozean, das Vordringen der Gletscher nach Island und in das kalifornische Hochland sowie das Auftreten des ersten bekannten Menschen, der wahrscheinlich zur Gattung Homo gehörte, in Kenia (vor rund 2,6 Millionen Jahren). Anschließend wechselten immer wieder Wald- und Steppenzeiten miteinander ab; die letzte der Steppenzeiten fiel mit fünf kleineren Eisvorstößen zusammen, die vor rund 0,9 Millionen Jahren in Europa festzustellen sind. Etwa 400 000 Jahre später begannen die großen Eisvorstöße; von den vier größten endete die letzte vor rund 10 000 Jahren. Jetzt befinden wir uns in der Flandrischen Zwischeneiszeit, wie sie die Europäer nennen; denn die Meteorologen sind davon überzeugt, daß die Eiszeiten noch nicht vorüber sind und wir uns noch im Pleistozän befinden.

Es ist klar, daß die Vogelwelt der Villafranca-Zeit vor der ersten der vier großen Eisvorstöße im wesentlichen aus modernen Gattungen bestand; allerdings gab es unter deren Arten doppelt so viele (jetzt ausgestorbene), wie heute noch lebende. Die gesamte fossile Vogelwelt dieser Zeit bestand aus 64 Arten, davon sind wenigstens 44 verschwunden. Daraus folgt, daß vor rund 2 Millionen Jahren die Lebenserwartung einer Vogelart nahe an drei Millionen Jahre betrug. Diese Lebenserwartung sank deutlich während der letzten eiszeitlichen halben Million Jahre und betrug gegen Ende der letzten Vereisung nur noch 53 000 Jahre. Was sich jedoch als Hauptsache in der Zwischenzeit geändert hat, ist die Geschwindigkeit der stammesgeschichtlichen Entwicklung. Durch die großen Klimaänderungen sind manche Vögel nicht nur schneller ausgestorben, sie wurden auch schneller durch Formen ersetzt, die den Umweltänderungen besser angepaßt waren.

Über tausend fossile Vogelarten sind aus Ablagerungen der letzten halben Million Jahre bekannt. Ein Viertel davon ist heute ausgestorben. Im späten Abschnitt dieser Zeit starben aus: Titanis, der letzte flugunfähige Seriema-Verwandte, die flugunfähigen Dromornithiden Australiens und die Riesengeier Nordamerikas. Zu historischer Zeit verschwanden die letzten Madagaskar-Strauße auf Madagaskar, die letzten Moas (2 Familien) in Neuseeland und die Dronten der Maskarenen. Das Aussterben all dieser Vogelarten verschuldete der jagende Mensch, der nachweislich überall dort im Übermaß zu töten begann, wo er spitzfindige Werkzeuge und Jagdmethoden entwickelt hat.

Dennoch lebte in einigen Gebieten während der letzten Vereisung noch eine reiche Vogelwelt. In Kalifornien bestand die vielfältige fossile Tierwelt von Rancho La Brea aus einer erstaunlichen Gemeinschaft riesiger Säugetiere, und viele jetzt ausgestorbene Angehörige ihrer Vogelwelt waren ebenfalls Riesen.

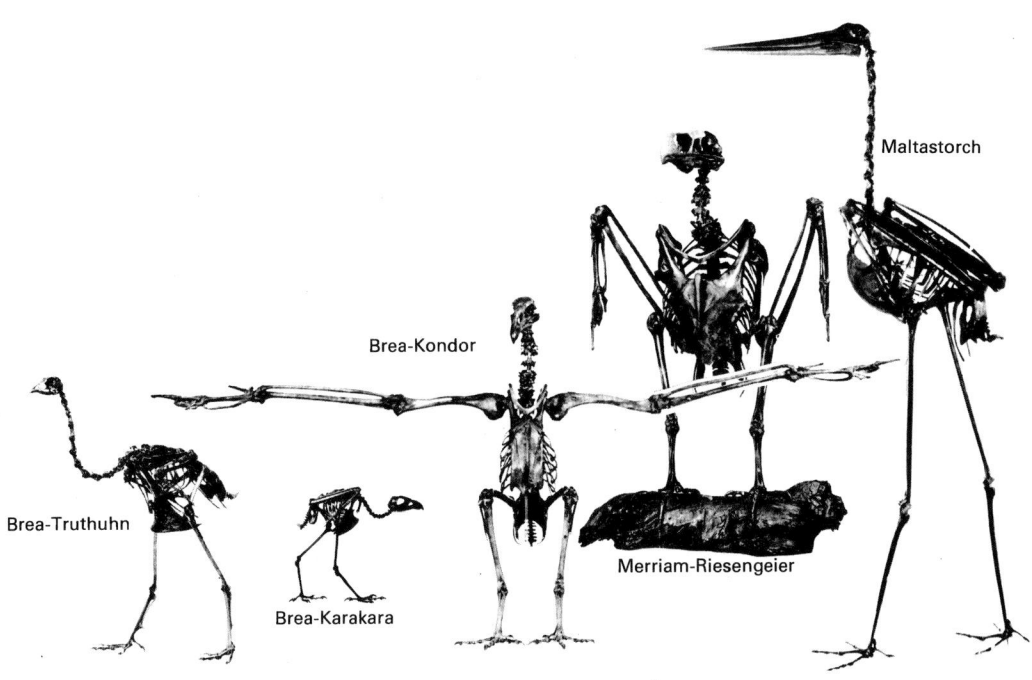

Brea-Truthuhn

Brea-Karakara

Brea-Kondor

Merriam-Riesengeier

Maltastorch

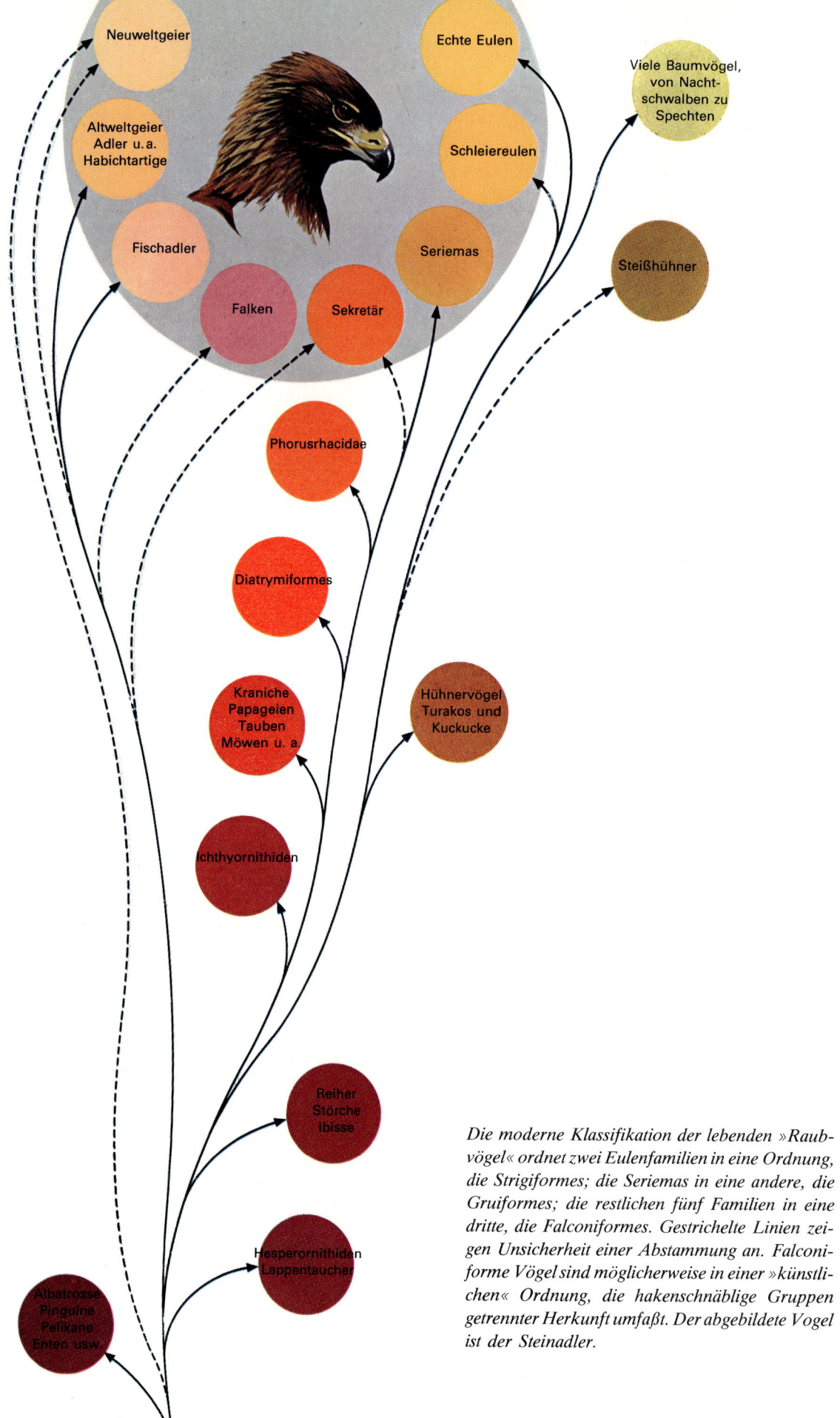

Neuweltgeier

Echte Eulen

Viele Baumvögel, von Nacht- schwalben zu Spechten

Altweltgeier Adler u. a. Habichtartige

Schleiereulen

Fischadler

Seriemas

Steißhühner

Falken

Sekretär

Phorusrhacidae

Diatrymiformes

Kraniche Papageien Tauben Möwen u. a.

Hühnervögel Turakos und Kuckucke

Ichthyornithiden

Reiher Störche Ibisse

Hesperornithiden Lappentaucher

Albatrosse Pinguine Pelikane Enten usw.

Die moderne Klassifikation der lebenden »Raub- vögel« ordnet zwei Eulenfamilien in eine Ordnung, die Strigiformes; die Seriemas in eine andere, die Gruiformes; die restlichen fünf Familien in eine dritte, die Falconiformes. Gestrichelte Linien zei- gen Unsicherheit einer Abstammung an. Falconi- forme Vögel sind möglicherweise in einer »künstli- chen« Ordnung, die hakenschnäblige Gruppen getrennter Herkunft umfaßt. Der abgebildete Vogel ist der Steinadler.

4 Die Vögel auf dem Baum des Lebens

Stammesentwicklung

Nirgendwo auf der Welt gibt es eine so vielfältige fossile Tierwelt wie in den Asphalt-Teergruben von Rancho La Brea. Während der letzten Eiszeit (die diesen Teil Kaliforniens nicht bedeckt hat) wurden viele Tierarten zu Tausenden in blasenwerfenden Pechteichen gefangen, verschlungen und versteinert. Das Alter dieser Gruben beträgt nach dem C^{14}-Verfahren über 40000 bis 14450 Jahre.

Die Fauna von Brea lebte in einem warmen Klima, das deutlich trockener war als die heutige kalifornische Küste, auf ebenem Grasland mit Dickichten aus Eichen, Zypressen und Kiefern. Einige der ausgestorbenen Tiere waren sehr groß: mächtige, auf dem Boden lebende Faultiere, ein riesiger kurzschnauziger Bär, ein Mastodon, zwei gewaltige Mammuts, ein hochgewachsenes Superkamel, ein Superbison mit über 2,10 m Schulterhöhe, der schreckliche Wolf und mehrere große Katzen. Die meisten kleinen Säugetiere und Vögel gibt es heute noch. Auch unter den Vögeln waren Riesen: der Vorfahr des Kalifornien-Kondors, ein mächtiger Riesengeier und der große (1,30 m) Maltastorch. Aus dem späten kalifornischen Pleistozän sind 120 Vogelarten bekannt. Von den meisten der 22 ausgestorbenen Arten sind so viele Knochen vorhanden, daß sich Skelette rekonstruieren ließen.

Wie wir noch sehen werden, gibt es viele Wege, Stammesentwicklung und Verwandtschaftsverhältnisse der Vögel zu untersuchen und gedanklich abzuleiten. Die erste Forschung gilt natürlich der Anatomie. Der Anatom kann aus der Lage der Organe, der Anordnung des Federkleides, dem Muskelansatz und Unterschieden im Knochenbau Gemeinsamkeiten und Unterschiede entdecken. Das macht es ihm dann möglich, Familien aufzustellen und diese zu den richtigen Oberfamilien, Unterordnungen und Ordnungen zu vereinen. Versteinerte Knochen zeigen den Systematikern, die sich um eine auf echter stammesgeschichtlicher Verwandtschaft beruhende Klassifikation bemühen, die in der Vergangenheit verborgenen Zweige des Stammbaums. Insgesamt lassen sich rund 9500 beschriebene Vogelarten anerkennen; davon sind 850 nur als Fossilien bekannt. Von den 200 Vogelfamilien ist ein Fünftel nur versteinert nachgewiesen.

Seit im Jahre 1838 der erste versteinerte Vogel bekannt wurde, ist die Liste der Fossilien stetig umfangreicher geworden. Doch wurde die Arbeit an Vogelfossilien in Afrika, Asien und Europa in der letzten Zeit vernachlässigt. Das ist bedauerlich, denn Fossilien sind bedeutende Hilfsmittel bei der Rekonstruktion des wahren Stammbaums. Obwohl unser Stammbaum auf den Seiten 88–89 nur einen Versuch darstellt, wäre er ohne das Werk der Paläontologen nicht möglich gewesen.

Es bleibt noch viel zu enträtseln, entweder durch neue vergleichende Forschungen im Sezierraum oder durch den glücklichen Fund eines Fossils. Ein einschlägiges Beispiel ist die Verwandtschaft der Greifvögel. Wir können annehmen, daß die primitivsten Greifvögel die Cathartidae sind, die sogenannten Neuweltgeier, deren älteste Fossilien aus der Alten Welt stammen. Die meisten Systematiker glauben, daß sie zum selben Hauptast am Stammbaum gehören (Ordnung Falconiformes) wie die anderen Greifvögel und halten sie für eine Unterordnung (Cathartae). Alle übrigen Greifvögel werden zu einer zweiten Unterordnung gerechnet (Falcones).

Meistens wird die Unterordnung Falcones weiter unterteilt durch zwei Oberfamilien. Eine wird durch eine einzige lebende Art vertreten, den Sekretär, und geht zurück auf das Obere Eozän oder Untere Oligozän des Quercy (siehe S. 79). Die andere Oberfamilie umfaßt drei lebende Familien: die Accipitridae (Geier der Alten Welt, Adler, Habichte und viele andere), die auf das Obere Eozän in Europa zurückgehen; die Falconidae, die auf das Mittlere Miozän in Amerika zurückzuverfolgen sind; und die Pandionidae, deren einziger Vertreter der lebende Fischadler ist. Keine Versteinerung dieser Art ist wohl älter als 100 000 Jahre.

Wann sich aber die Zweige an diesem Teil des Stammbaums abzweigten, kann zur Zeit nur vermutet werden. Wir meinen, daß sich beide Unterordnungen erst gegen Ende der Kreidezeit trennten; daß die Oberfamilie der Sekretäre sich im Frühen Eozän abzweigte; daß sich die Accipitriden von den Falconiden wahrscheinlich im Mittleren Eozän trennten, und daß der Fischadler-Zweig erst später von den Accipitriden abging. Doch können die Abstammungslinien nur gestrichelt angedeutet werden, weil es einen erheblichen Unsicherheitsfaktor gibt.

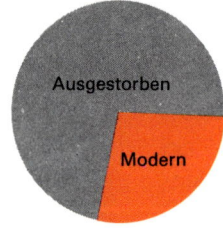

27% Blancanfauna von Idaho, Kansas, Arizona vor ungefähr 2 Millionen Jahren

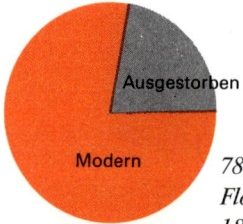

78% Illinois-Florida, vor 184 000 Jahren

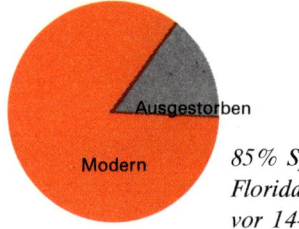

85% Spätes Wisconsin Florida, Kalifornien vor 14–25 000 Jahren

Riesengeier landet bei Resten eines Superbisons, wird in einer Brea-Teergrube gefangen.

Links: Rote Felder zeigen den wahrscheinlichen Prozentsatz der heutigen Vogelarten, die in drei Pleistozänfaunen gefunden wurden.

Einige bedeutende Autoritäten sind fest überzeugt, daß der Sekretär mit den Seriemas verwandt ist, die in der Reihenfolge (beispielsweise) den Papageien näher stehen als den Greifvögeln. Andere Forscher vermuten, daß die gemeinsame Abstammung der Habichtartigen und Falken weiter zurückreicht, als wir annehmen. Eulen sind näher verwandt mit (z. B.) den Nachtschwalben als mit irgendeinem anderen Greifvogel; und die gemeinsamen Vorfahren von Habichtartigen und Eulen sind möglicherweise nicht jünger als die Untere Kreidezeit.

Nicht alle Gruppen, die, oberflächlich gesehen, gleich erscheinen, sind miteinander verwandt. Im Laufe der Evolution kamen Vögel verschiedener Herkunft in verschiedenen Teilen der Welt in eine gleichartige Umgebung; sie wurden durch gleichlaufende Anpassung einander ziemlich ähnlich. Ein Anatom kann solche Konvergenzen schnell aufdecken, obwohl sie rein äußerlich erstaunlich sein können. Außer den bemerkenswerten Beispielen auf dieser Seite gibt es einige Angehörige der Töpfervogelfamilie, die an Bergbächen der Anden leben und aussehen wie die an ähnlichen Lebensstätten weiter nördlich wohnenden, nicht mit ihnen verwandten Wasseramseln. Und die Höhenläufer im südamerikanischen Süden besetzen dieselbe ökologische Nische, wie die ihnen stark ähnelnden Flughühner der Alten Welt.

Da die systematische Gruppierung voller Schwierigkeiten steckt, konnte bis heute niemand einen wirklich zuverlässigen Stammbaum der Vögel aufstellen. Der Baum auf den nächsten Seiten soll nicht mehr sein als der Versuch einer Skizze eines möglichen Stammbaums. Während der Materialsammlung waren wir dankbar für jeden Hinweis. Wir haben Hunderte von Abhandlungen über die Anatomie fossiler und lebender Vögel gelesen, über Physiologie und über die Verhaltensweisen der Vögel. Aber die endgültige Entscheidung trafen wir allein, und sicher stimmen zahlreiche hervorragende Ornithologen nicht in allen Punkten mit uns überein.

Unten: Ein bemerkenswertes Beispiel von Ähnlichkeit aus verschiedener Wurzel. Der Lerchenstärling (oben) ist ein amerikanischer Stärling; der Safrangroßspornpieper daneben ist eine afrikanische Stelze, überhaupt nicht mit dem Stärling verwandt.

Ein weiteres Beispiel großer Ähnlichkeit, die keine Verwandtschaft bedeutet. Der Krabbentaucher, oben, gehört zur Ordnung Watvögel-Möwen-Alken, während der Magellan-Sturmtaucher zur Albatros-Sturmvogel-Ordnung zählt.

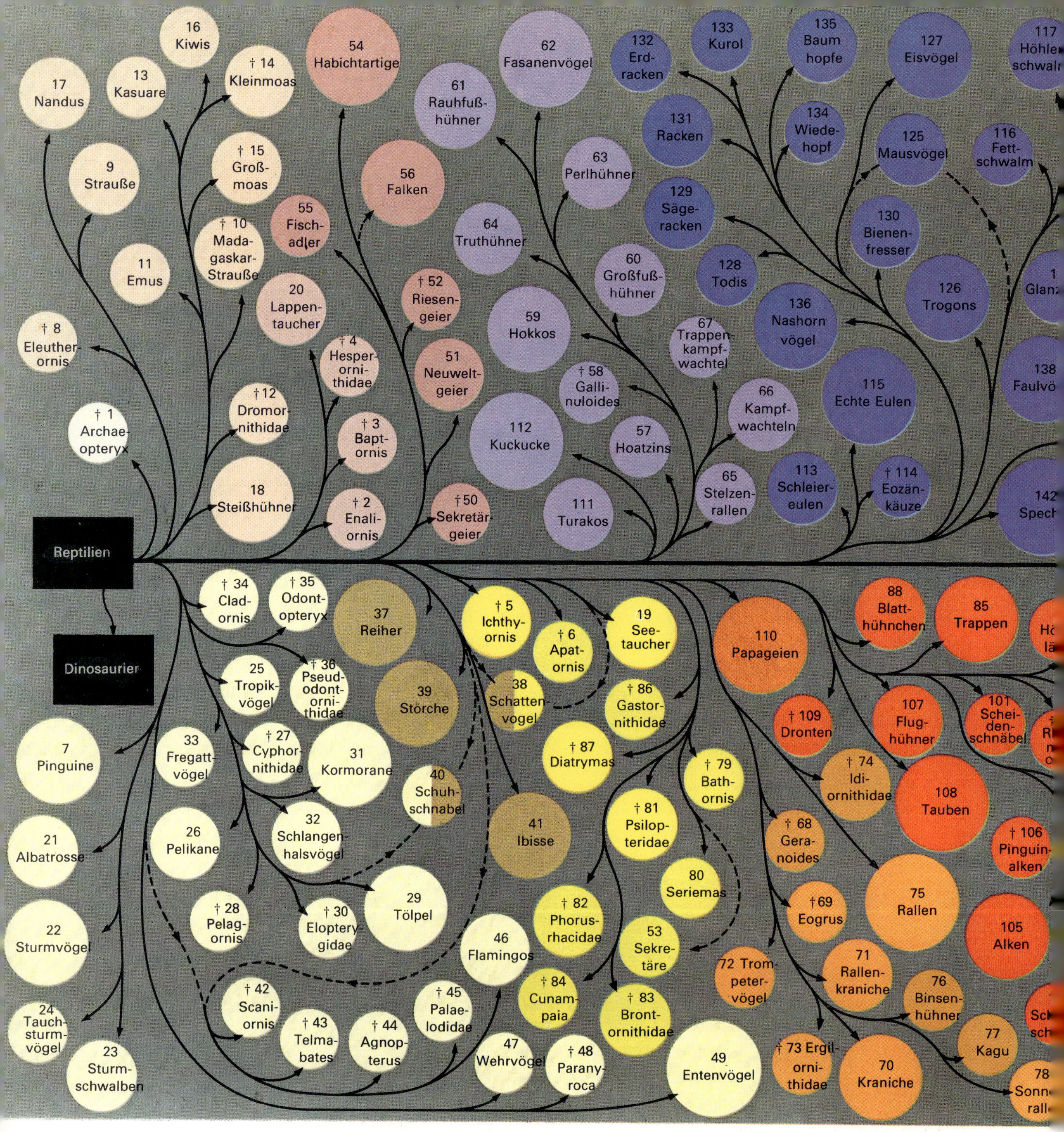

The Stammbaum diagram (phylogenetic tree) with numbered circles:

17 Nandus · 16 Kiwis · 13 Kasuare · † 14 Kleinmoas · 54 Habichtartige · 62 Fasanenvögel · 132 Erdracken · 133 Kurol · 135 Baumhopfe · 127 Eisvögel · 117 Höhlenschwalb

9 Strauße · † 15 Großmoas · 61 Rauhfußhühner · 131 Racken · 134 Wiedehopf · 125 Mausvögel · 116 Fettschwalm

† 10 Madagaskar-Strauße · 56 Falken · 63 Perlhühner · 129 Sägeracken · 130 Bienenfresser · 1 Glanz

11 Emus · 55 Fischadler · 20 Lappentaucher · 64 Truthühner · 60 Großfußhühner · 128 Todis · 136 Nashornvögel · 126 Trogons

† 8 Eleutherornis · † 4 Hesperornithidae · † 52 Riesengeier · 59 Hokkos · 67 Trappenkampfwachtel · 115 Echte Eulen · 138 Faulvö

† 1 Archaeopteryx · † 12 Dromornithidae · 51 Neuweltgeier · 66 Kampfwachteln · 113 Schleiereulen · † 114 Eozänkäuze · 1

18 Steißhühner · † 3 Baptornis · 112 Kuckucke · † 58 Gallinuloides · 57 Hoatzins · 142 Spech

Reptilien · † 2 Enaliornis · † 50 Sekretärgeier · 111 Turakos · 65 Stelzenrallen

† 34 Cladornis · † 35 Odontopteryx · 37 Reiher · † 5 Ichthyornis · 19 Seetaucher · 110 Papageien · 88 Blatthühnchen · 85 Trappen · Hö lä

Dinosaurier · 25 Tropikvögel · † 36 Pseudodontornithidae · 39 Störche · † 6 Apatornis · 38 Schattenvogel · † 86 Gastornithidae · † 109 Dronten · 107 Flughühner · 101 Scheidenschnäbel · R n

7 Pinguine · 33 Fregattvögel · † 27 Cyphornithidae · 31 Kormorane · † 87 Diatrymas · † 74 Idiornithidae · 108 Tauben

21 Albatrosse · 26 Pelikane · 32 Schlangenhalsvögel · 40 Schuhschnabel · 41 Ibisse · † 79 Bathornis · † 68 Geranoides · † 106 Pinguinalken

22 Sturmvögel · † 28 Pelagornis · † 30 Elopterygidae · 29 Tölpel · † 81 Psilopteridae · † 69 Eogrus · 75 Rallen · 105 Alken

24 Tauchsturmvögel · † 42 Scaniornis · 46 Flamingos · † 82 Phorusrhacidae · 80 Seriemas · 72 Trompetervögel · 71 Rallenkraniche · 76 Binsenhühner

23 Sturmschwalben · † 43 Telmabates · † 44 Agnopterus · † 45 Palaelodidae · 53 Sekretäre · 77 Kagu

47 Wehrvögel · † 84 Cunampaia · † 83 Brontornithidae · † 73 Ergilornithidae · 70 Kraniche · 78 Sonnerall

† 48 Paranyroca · 49 Entenvögel

Der Stammbaum

1–5 Arten

6–25 Arten

Auf den Seiten 168 ff. haben wir eine Liste aller Ordnungen und Familien der Vögel wiedergegeben. Die fossilen (†) und lebenden Familien sind von 1 bis 199 numeriert. Drei unterteilen wir in Unterfamilien mit der Bezeichnung a, b, c usw. Das sind die Furnariidae, wozu die Baumsteiger und die Töpfervögel gehören; die Muscicapidae mit nahezu 1400 Arten, eingeschlossen die Drosseln, die Grasmücken und die Fliegenschnäpper; sowie die Emberizidae mit gut über 500 Arten, zu denen die Kardinäle und die Tangaren gehören.

Wir haben für diese Familien und Unterfamilien je einen Kreis gezeichnet, dessen Fläche ihrer Artenzahl entspricht. Sie sind als Blüten auf einem Baum des Lebens dargestellt, weil

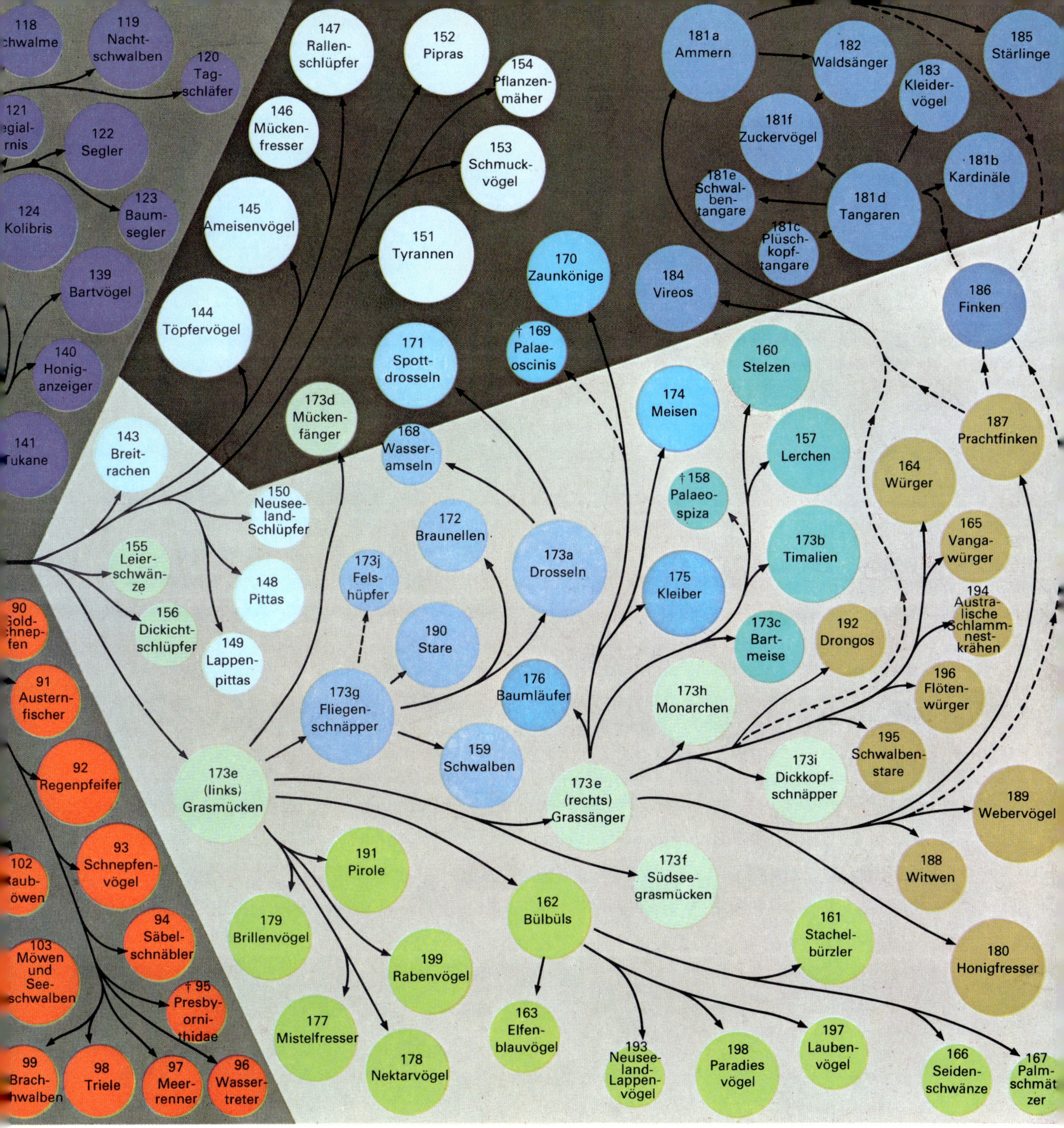

118 chwalme
119 Nachtschwalben
120 Tagschläfer
121 egialrnis
122 Segler
123 Baumsegler
124 Kolibris
139 Bartvögel
140 Honiganzeiger
141 ukane
143 Breitrachen
155 Leierschwänze
156 Dickichtschlüpfer
148 Pittas
149 Lappenpittas
150 Neuseeland-Schlüpfer
173e (links) Grasmücken

90 Goldschnepfen
91 Austernfischer
92 Regenpfeifer
93 Schnepfenvögel
94 Säbelschnäbler
† 95 Presbyornithidae
96 Wassertreter
97 Meerrenner
98 Triele
99 Brachhwalben
102 tauböwen
103 Möwen und Seeschwalben

144 Töpfervögel
145 Ameisenvögel
146 Mückenfresser
147 Rallenschlüpfer
152 Pipras
154 Pflanzenmäher
153 Schmuckvögel
151 Tyrannen
171 Spottdrosseln
173d Mückenfänger
168 Wasseramseln
172 Braunellen
173j Felshüpfer
190 Stare
173g Fliegenschnäpper
159 Schwalben
176 Baumläufer
173a Drosseln
170 Zaunkönige
† 169 Palaeoscinis
184 Vireos

174 Meisen
† 158 Palaeospiza
175 Kleiber
173b Timalien
173c Bartmeise
160 Stelzen
157 Lerchen
192 Drongos
173h Monarchen
173i Dickkopfschnäpper
173e (rechts) Grassänger
173f Südseegrasmücken

181a Ammern
182 Waldsänger
183 Kleidervögel
185 Stärlinge
181f Zuckervögel
181e Schwalbentangare
181d Tangaren
181b Kardinäle
181c Plüschkopftangare
186 Finken
187 Prachtfinken
164 Würger
165 Vangawürger
194 Australische Schlammnestkrähen
196 Flötenwürger
195 Schwalbenstare
189 Webervögel
188 Witwen
180 Honigfresser

191 Pirole
179 Brillenvögel
199 Rabenvögel
177 Mistelfresser
178 Nektarvögel
162 Bülbüls
163 Elfenblauvögel
193 Neuseeland-Lappenvögel
198 Paradiesvögel
197 Laubenvögel
161 Stachelbürzler
166 Seidenschwänze
167 Palmschmätzer

wir zeigen wollen, was wir augenblicklich über ihre Verwandtschaft und Herkunft vermuten. An den Farben der Kreise lassen sich leicht die Äste erkennen. Bei der riesigen Ordnung Passeriformes haben wir die Familien oder Unterfamilien, die ihre Hauptentwicklung in der Alten bzw. in der Neuen Welt durchmachten, auf Hellgrau bzw. Braun gesetzt. Gestrichelte Äste (einige werden als Alternativen gezeigt) stellen Verwandtschaften dar, die ganz unsicher sind.

Unser Baum steht natürlich nicht für die Ewigkeit. Tatsächlich wurden in den wenigen Jahren seit seinem Entwurf bereits sechs ganz neue Fossilienfamilien gefunden: † 18 A, † 40 A, † 41 A, † 82 A, † 85 A und † 87 A (s.S. 168 ff.).

26–125 Arten

über 125 Arten

Verwandtschaft

Eine Fülle von Forschungen sind der Lösung der schwierigen Verwandtschaftsprobleme gewidmet worden. Eine neuartige biochemische Untersuchung gründet sich auf die offensichtliche Tatsache, daß keine zwei Vogelarten die gleiche molekulare Proteinstruktur besitzen. Wenn man Proteine vergleicht, weisen sie graduelle Unterschiede auf, die den Grad der Verwandtschaft anzeigen könnten. Professor Charles Sibley von der Yale-Universität hat auf diese Weise gezeigt, daß die Geier und Adler der Alten und der Neuen Welt nach ihren Eiweißproteinen nahe miteinander verwandt sind, nicht aber mit den Falken (s. S. 85–86); weiter, daß Pinguine mit den Röhrennasen verwandt sind; Möwen mit Regenpfeifern und Alken; daß die Ordnung Pelecaniformes nahe verwandte Familien besitzt; daß die Würger in der Nähe der Krähen stehen; daß die Grasmücken, Fliegenschnäpper und Braunellen der Alten Welt enger miteinander verwandt sind als mit den Drosseln; und schließlich, daß die Kleidervögel von Hawaii wahrscheinlich von den Finken abstammen.

Die Ergebnisse von Sibley lassen vermuten, daß Flamingos ähnliche Proteine aufweisen wie Störche und Reiher, aber auch andere als Enten und Gänse. Doch bleibt diese Frage umstritten, denn die Flamingos ähneln in ihrem Verhalten den Gänsen in vielerlei Beziehung, und ihre Schmarotzer sind denen der Anatiden weit ähnlicher als denen der Störche. Theresa Clay vom Britischen Museum (Natural History) entdeckte, daß die Flamingos drei Gattungen von Federlingen mit den Anatiden gemeinsam haben (die bei keiner anderen Ordnung gefunden wurden) und nur eine (die auch bei vier anderen Ordnungen zu finden ist) mit den Störchen und Reihern; Störche und Enten haben nur eine gemeinsam.

Über die Evolution innerhalb einer Familie kann man viel erfahren, wenn man das Verhalten der Vögel beobachtet, ein Forschungsgebiet, auf dem in den USA viel Pionierarbeit geleistet wurde. Beispielsweise wies das Ehepaar Dr. Nicholas Collias eine stetige Entwicklung des Nestbaues in der Familie der Webervögel nach, vom einfachen Napfnest zu den großen Nistkolonien des südafrikanischen Siedelsperlings und zu den zierlichen Gewölben und vergitterten, schlangensicheren Röhren der auf Bäumen nistenden Waldweber (s. S. 92).

Ein weiteres, gutes Beispiel bietet die Fuchsdrossel. Sie ist die typische Vertreterin einer Gattung (Hylocichla), zu der man jahrelang die anderen gefleckten Drosseln Nordamerikas

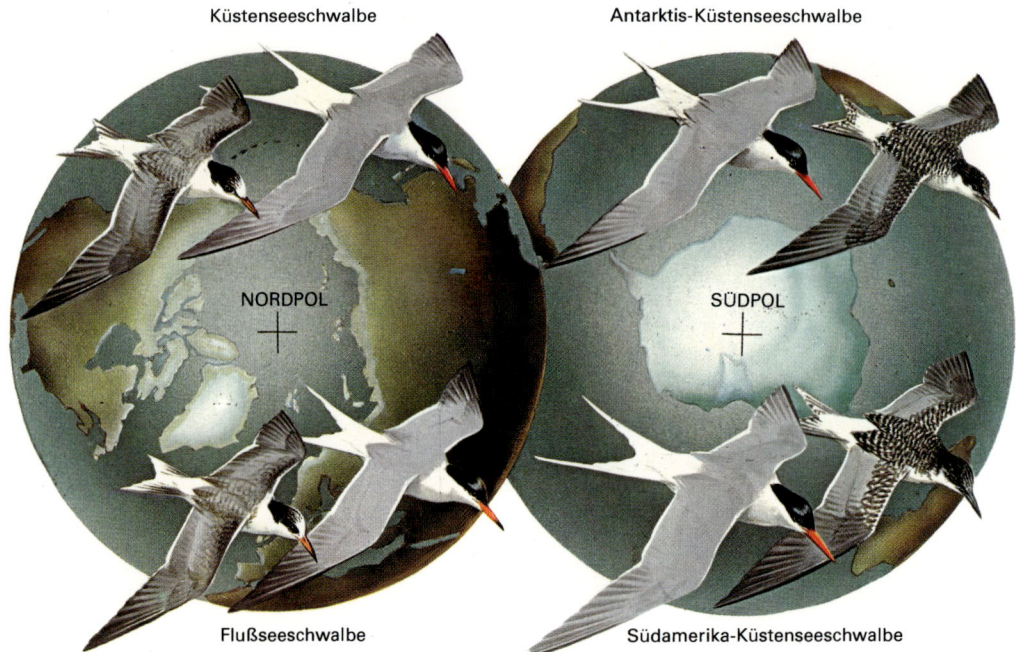

Küstenseeschwalbe

Antarktis-Küstenseeschwalbe

NORDPOL

SÜDPOL

Flußseeschwalbe

Südamerika-Küstenseeschwalbe

Fuchsdrossel Einsiedlerdrossel Wiesendrossel

Wanderdrossel

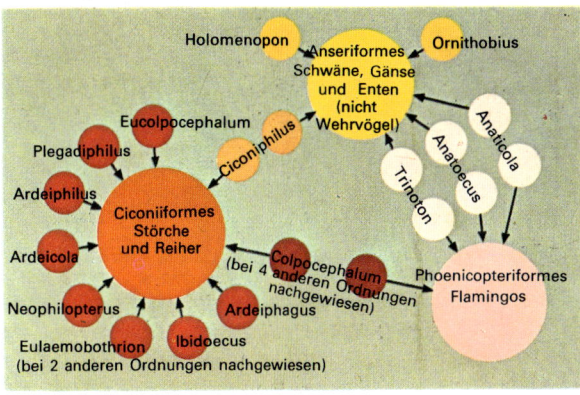

Kennzeichnende, gemeinsame Gattungen von Federlingen bei drei Wasservogelordnungen:

zählte – Einsiedler- und Wiesendrossel. Sicher sieht die Fuchsdrossel diesen ähnlicher als der Wanderdrossel. Aber zur umfangreichen Gattung der Wanderdrossel (Turdus) gehören auch viele gefleckte Drosseln in anderen Teilen der Welt. Dr. William C. Dilger fand nun heraus, daß die Fuchsdrossel bei ihrem Imponiergehabe meist charakteristische Züge der Gattung Turdus aufweist, im Gegensatz zu den übrigen gefleckten Drosseln Nordamerikas. Nach den schönen Zeichnungen von Dr. Dilger selbst werden hier feindselige Haltungen mittlerer Heftigkeit gezeigt. Die Stellung der Fuchsdrossel findet sich nicht nur bei der amerikanischen Wanderdrossel in großer Ähnlichkeit wieder, sondern auch bei altweltlichen gefleckten Drosseln, z. B. der Singdrossel. Die meisten Systematiker stellen die Fuchsdrossel jetzt in die Gattung Turdus und die übrigen vier gefleckten Drosseln in die Gattung Catharus, die auch Vögel aus dem übrigen Amerika enthält.

Manchmal erhält man einen brauchbaren Hinweis zur Systematik durch Untersuchung der frühen Stufen von sich entwickelnden Vögeln – der Eier, Daunenjungen, Jungvögel und Nichtausgefärbten. Man nehme den Fall der an beiden Polen brütenden Seeschwalben. Die Küstenseeschwalbe nistet im Norden und zieht zur Antarktis, wo ihr die eingeborene Antarktis-Küstenseeschwalbe sehr ähnlich sieht. Die Flußseeschwalbe brütet im Norden und wandert nach dem südlichen Südamerika, wo die Südamerika-Küstenseeschwalbe ihr sehr ähnlich sieht. Es wäre vernünftig, anzunehmen, daß die südlichen Arten sich getrennt aus je einer nördlichen entwickelt haben oder umgekehrt. Ein Blick auf das nicht ausgefärbte Gefieder aller vier jedoch zeigt eine große Ähnlichkeit der beiden südlichen Arten untereinander und der beiden nördlichen. Dr. R. C. Murphy vom American Museum of Natural History glaubt, das Jugendkleid und das darauffolgende der beiden südlichen Arten stellen vielleicht ein urtümlicheres Entwicklungsstadium dar, das im Norden verlorengegangen ist. Wahrscheinlich sind die südlichen Arten einschließlich der Kerguelen-Seeschwalbe vom selben Stamm, die beiden nördlichen von einem anderen; und die Trennung des nördlichen und des südlichen Stammes erfolgte früher, als uns die Ähnlichkeit der Altvögel annehmen läßt.

Ohne Berücksichtigung anderer Merkmale kann äußerliche Ähnlichkeit oder Unähnlichkeit oft in die Irre führen. Beispielsweise sehen sich der Amerikanische und der Europäische Waldbaumläufer so ähnlich, daß sie bis vor ganz kurzer Zeit als gleichartig angesehen wurden. Als man sie im Flugkäfig zusammenbrachte, erwies sich jedoch, daß beide in Stimme, Imponiergehabe und anderen Verhaltensweisen so wenig miteinander übereinstimmen, daß sie sich in der Freiheit höchstwahrscheinlich nicht kreuzen würden. Die Amerikanische und die ganz gleich aussehende Eurasiatische Weidenmeise verwirrten die Forscher ebenso. Umgekehrt haben viele gute Arten in verschiedenen geographischen Gebieten so abweichend aussehende Rassen, daß diese oft (und entschuldbar) bei ihrer ersten wissenschaftlichen Benennung als verschiedene Arten eingestuft wurden.

Sumpfprachtweber

Hausweber

Die fortgeschrittensten
Weber bauen
komplizierte Nester,
wobei sie gewöhnlich
Knoten knüpfen

Dickschnabelweber

*Riesiges Kolonienest des Siedelsperlings. Unter
einem groben Strohdach haben bis zu 300 Paare
eigene Nestkammern, die vom oberen Ende des
senkrechten Tunnels seitwärts abgehen.*

Steppenspätzling;
halbgewebtes Nest,
zwei Eingänge

Büffelweber; großes, dorniges,
fest gefügtes Nest (nicht abgebildet)

Mahaliweber;
Kugelnest,
zwei Eingänge

*Rechts: Die walisische Insel Skomer liegt im
Überschneidungsgebiet von Silbermöwe und
Heringsmöwe. Die Lage der Nester unterscheidet
sich ökologisch: Die Silbermöwe bevorzugt den
Rand von Felsenklippen, die Heringsmöwe die
obere Fläche.*

Haussperling; das normale
Kugelnest kann in Höhle oder
Nistkasten offen sein.

Halb geschlossenes Nest

Napfnester der Vorfahren

Wahrscheinliche Entwicklung der Nesttypen
in der Familie der Webervögel

Artbildung

Man kann die Arten, den eigentlichen Baustein der Stammesentwicklung, als eine Gruppe von sich kreuzenden Bevölkerungen definieren. Das bedeutet natürlich nicht, daß zwei Vögel zur selben Art gehören müssen, weil sie sich bastardieren
können; denn eine echte Art kann zwar mit anderen fruchtbar
sein, aber durch Erkennungszeichen im Aussehen, durch
Stimme und Verhaltenszüge und sogar durch Lage der Brutzeit wirksam vom gemeinsamen Brüten abgehalten werden.
Außerdem ist eine Art ökologisch so spezialisiert, daß sie nicht
mit ihrer Zwillings- (Bruder- oder Schwester-)Art in Konkurrenz gerät.

Wie beginnt eine Teilung? Die meisten Ornithologen sind
von einer rein geographischen Entstehung der Arten überzeugt. Vogelarten stammen tatsächlich von Unterarten oder
geographischen Rassen ab; und alle haben eine Zeit hinter sich,
in der sie als Rassen isoliert waren. In der Isolation haben sie
sich in verschiedenen Umwelten getrennt entwickelt und sich
nach einigem Erfolg oft in den Bereich ihres Zwillings ausgebreitet, womit sie sich einer natürlichen Probezeit unterwarfen.
Es wird in solchen Fällen ausprobiert, ob die Zwillinge in der
Fortpflanzung und in der Wahl ihrer Umwelt verschieden genug sind. In beiden Beziehungen erfolgt die Isolation durch
Mechanismen, die jetzt zu wirken beginnen. Wirken sie mit Erfolg, so verstärken sich die unterscheidenden Merkmale der
beiden Zwillinge, die ihre Stellung als gute Arten festigen. Wirken sie nicht, so folgt eine Zeit vieler Kreuzungen und großer
Vielfalt im Aussehen, bis sich wieder eine einzige Art heraus-
bildet.

Die Natur liefert uns Beispiele vor unseren eigenen Augen.
Die Möwen der Silbermöwengruppe waren wahrscheinlich bis
vor zehn- bis fünfzehntausend Jahren durch nur eine Art vertreten. Seitdem entwickelten sich fünf volle Geschwisterarten.
Einige stehen so dicht bei der Artenschwelle, daß mehrere Ex-
peditionen ausgezogen sind, um zu erforschen, ob die Isola-
tionsmechanismen funktionieren: sie tun es.

Offensichtlich hat sich der Vorfahr der Silbermöwe von der
Beringsee westwärts und ostwärts ausgebreitet. In beiden
Richtungen besiedelten die Vögel schnell neue Gebiete und
wurden in verschiedenen Zonen gute Rassen. Einige erfolg-

Karte des nördlichen Zirkumpolargebietes mit »Möwenkette« – Verbreitung von Arten und Rassen:
1. Beringsmöwe; 2. Thayer-Möwe; 3. Polarmöwe; 4. Silbermöwe; 5. Gelbfüßige Silbermöwe (Rassen-
gruppe von 4 oder 6); 6. Heringsmöwe.

reiche Rassen breiteten sich aus. Es kam zu Bereichsüberschneidungen; am auffälligsten
bei der Silbermöwe mit dem hellen Mantel, die sich von Nordamerika über den Atlantik
nach Osten ausbreitete, und bei der dunkelmanteligen Heringsmöwe, die von Sibirien westwärts in Europa eindrang. Die Endglieder ein und derselben Rassenkette, die beiden in
Nordwesteuropa, verhalten sich wie (und sind) verschiedene Arten mit deutlichen Unterschieden in Färbung, Nahrung, Stimme, Vorliebe für Nistplätze und Zuggewohnheiten.
Mischlinge sind sehr selten.

Die einzige erhebliche Schwierigkeit liegt darin, ob man die gelbfüßigen, hellmanteligen
Vögel des Mittelmeerraumes und Südrußlands als Rassenkette der Silbermöwe oder der
Heringsmöwe ansehen soll. Obwohl sie keinen schwarzen Mantel haben, wurden sie von
manchen Forschern in die zweite Art gestellt.

Die wissenschaftlichen Namen der Arten und Rassen der Larus-Kette auf diesen Seiten sind: 1. *Larus*
glaucescens; 2. *L. thayeri;* 3. *L. glaucoides,* Rassen a) *kumlieni,* b) *glaucoides;* 4. *L. argentatus, argenta-*
tus-Gruppe a) *omissus,* b) *argentatus,* c) *smithsonianus,* d) *vegae,* e) *birulai;* 5. *L. argentatus* (oder
L. fuscus), *cachinnans*-Gruppe a) *mongolicus,* b) *cachinnans,* c) *armenicus,* d) *michahelles,* e) *atlantis;*
6. *L. fuscus,* Rassen a) *heuglini,* b) *antelius,* c) *fuscus,* d) *graellsii*

Obige Nummern und farbige Kreise entsprechen den Nummern und Farblinien auf der gegenüberliegenden Karte. In Gebieten, wo sich Arten überschneiden, dienen die Farben des Mantels, der Handschwingen, der Augen oder der Füße als Isolierungsmechanismen.

Die anderen Überschneidungen bewirkten viel mehr Absonderungen. Erst 1961 wurde die Thayer-Möwe als eigene Art bestätigt, als endgültig bewiesen wurde, daß sie, eine Rasse der Polarmöwe und eine der Silbermöwe im selben (kleinen) Gebiet, sich wie volle Arten verhielten, also sympatrisch sind.

Die meisten Standardwerke halten den gelbschäftigen Goldspecht im nördlichen und östlichen Nordamerika sowie den rotschäftigen Kupferspecht des Westens für verschiedene Arten. Sicher sieht der Kupferspecht mit seinen roten Flügel- und Schwanzsäumen, dem braunen Scheitel und der roten (nicht schwarzen) Bartstrichzeichnung an jeder Seite ganz anders aus als der im Osten vorkommende Vogel, obwohl die Unterschiede auf nicht mehr als einigen Erbmerkmalen beruhen mögen.

Trotzdem gibt es Gründe dafür, die Gold- und Kupferspechte als sehr gut gekennzeichnete Rassen anzusehen. Sicher haben sie ihre unterschiedlichen Merkmale in der Isolation entwickelt; ebenso sicher breiteten sie sich wieder aus und trafen dabei zusammen. Heute verläuft ihre Überschneidungszone in breiter Front fast 3200 km am Rande der Great Plains entlang. In dieser Zone vermischen sie sich: Ein typischer Bastard sieht wie ein Goldspecht

*Goldspecht (nördliches und östliches N.-Amerika) ver-
mischt sich innerhalb einer langen Zone (orange) mit dem
Kupferspecht des Westens. Oben: Typischer Mischling.
Unten: Rotbärtiger Goldspecht, eine Zwillingsart aus dem
wüsten Südwesten.*

*Der Kanaren-Buchfink (1), ein Ergebnis der
frühen Besiedlung durch Buchfinken aus
Afrika, hat sich auf den Kanarischen Inseln zu
einer guten Art entwickelt; sie unterscheidet
sich von späteren Ankömmlingen (2), die den
Eltern auf dem Festlande noch sehr ähnlich
sind.*

mit rotem Bart aus. Die Mischzone hat während einiger Menschengenerationen die gleiche
Ausdehnung behalten; sie ist dauerhaft, und trotz ihrer Größe scheinen die Erbanlagen
(oder Gene), die die Erkennungsmerkmale der beiden Formen steuern, nicht oft über ihre
Grenzen zu dringen. Damit liegt hier ein Fall vor, in dem die Artbildung nicht abgeschlossen
ist und wir das tatsächlich beobachten können.

Es ist interessant, daß im Südwesten Nordamerikas die Grenze zwischen dem Kupferspecht und einer nahe verwandten Zwillingsart, dem Rotbärtigen Goldspecht, scharf
ist. Betrachtet man den letzteren, dann sieht er beinahe wie ein Kupferspecht mit Gold-
spechtsäumen aus. Gelegentlich trägt er eine rote Säumung, aber das ist kein sicherer
Beweis für eine Kreuzung. Man muß ihn als eigene Art ansehen.

Viele weit abgelegene Inseln und einige isolierte Gebirge erhielten ihre Vogelwelt nicht
durch allmähliche, sondern durch plötzlich erfolgende Besiedlung, oft als Folge von Winden
und Stürmen. Eine kleine Bevölkerung kann zufällig eintreffen und eine unbesetzte Nische
besetzen. In der Isolierung kann sie sich dann recht schnell zu einer von ihrer Elternart
verschiedenen Form entwickeln. Überlebt die Elternart, kann nach einiger Zeit eine zweite
Invasion stattfinden, worauf sich beide Gruppen wie vollwertige, verschiedene Arten benehmen werden und solche tatsächlich sind. Zwillingspaare aus zweifachen Invasionen kann
man an vielen Stellen finden, beispielsweise auf Samoa, Hawaii, Galapagos und den Kanarischen Inseln; auf ziemlich großen Inseln wie Luzon, Celebes, Ceylon und Tasmanien; auf

Auf der Insel Norfolk gibt es drei Brillenvögel. Zosterops albogularis (1) war der erste Eindringling; Zosterops tenuirostris (2) war der zweite; die Rasse der australischen Elternart, des Neuseeland-Brillenvogels (3), war der dritte.

Stammbaum der Kleidervögel auf Hawaii. Da sie viele Nischen besetzen, zeigen die Vögel erstaunliche, strahlenförmig auseinandergehende Anpassungsformen des Schnabels. (Vier ausgestorbene Arten weggelassen.)

Bergen wie dem Kinabalu Borneos und in mehreren Gebirgen Afrikas. Die Insel Norfolk verfügt sogar über ein Geschwistertrio.

Die Inseln besiedelnden Arten, die wir hier behandelt und abgebildet haben, zeigen Entwicklungen auf der Artbildungsebene. Einflüge auf Inseln können aber auch zu höherer Evolution führen; denn eine abgelegene Inselgruppe kann schon früh durch einen Stammbestand besiedelt worden sein, der Zeit hatte, sich weiterzuentwickeln und strahlenförmig mehr als eine oder zwei Nischen zu besetzen. Auf den Galapagos-Inseln und auf der Cocos-Insel stammt eine ganze Gattungsgruppe von 14 höchst verschiedenen Arten wahrscheinlich von einem einzigen ammernartigen Vorfahren ab. Darwin, der sie als erster untersuchte, erkannte dies in ähnlicher Fassung schon viele Jahre vorher, ehe er sein Werk über den Ursprung der Arten veröffentlichte. Das beste Beispiel bietet die Inselgruppe von Hawaii. In unbekannter Zeit wurden diese abgelegenen Inseln von finkenartigen amerikanischen Vögeln besiedelt. Die Eindringlinge entwickelten eine eigene ganze Familie, die Kleidervögel, von denen zur Zeit acht ausgestorben sind und vierzehn überleben.

Die Kleidervögel Hawaiis erfuhren eine bemerkenswerte strahlenförmige Anpassung. Sie haben sich zu nektarsaugenden, sondierenden, samenfressenden, nüsseknackenden und sogar papageischnäbligen Arten entwickelt. Einer, der seltene Akiapolaau, hat einen starken, geraden Unterschnabel, mit dem er Holz anpickt; seinen gekrümmten Oberschnabel benutzt er zum Herausholen von Beute. Er besetzt die Nische eines Spechtes.

1. Laysan-Ralle,
   ausgestorben (†)
   Midway-Insel 1944
2. Karolinasittich,
   † in Gefangenschaft 1914
3. Rodriguez-Star,
   † Rodriguez, ca. 1832
4. Wandertaube,
   † in Gefangenschaft 1914

5. Kuba-Ara, † ca. 1885
6. Seychellen-Zwergohreule,
   angeblich † 1906, wieder
   entdeckt 1959
7. Weißspitzenkrausschwanz,
   † Hawaii ca. 1934
8. Mamo, † Hawaii 1898

9. Große Salomonen-Erdtaube,
   † Choiseul 1904
10. Lappenhopf, † Nordinsel,
    Neuseeland ca. 1907
11. Gesellschaftsläufer,
    † Tahiti 1777
12. Dronte, † Mauritius
    ca. 1681

13. Korea-Brandente,
    † Korea ca. 1943
14. Labradorente, † Long
    Island, New York, 1875
15. Riesenalk,
    † Eldey, Island, 1844
16. Riu-Kiu-Liest,
    † 1887

5 Die Verbreitung der Vögel

Ausgestorbene und seltene Vögel

Die auf der linken Seite abgebildeten Vögel sind – außer einem – aller Wahrscheinlichkeit nach ebenso sicher ausgestorben wie die Dronte, die man seit dem Jahre 1681 nicht mehr gesehen hat. Nach dieser Zeit sind weitere 85 ganze Vogelarten nicht mehr feststellbar. Von dieser Zahl gehen wenigstens 13 auf das Konto des jagenden Menschen. Etwa 11 Arten wurden durch Verfolgung oder möglicherweise auch durch die Konkurrenz von Katzen, Ratten und anderen Tieren ausgerottet, die in ihren Lebensraum eindrangen. Erwiesen ist, daß weitere 14 Arten nach der Zerstörung ihrer natürlichen Lebensstätte durch Entwässerung, Rodung, Feuer und Ackerbau ausstarben.

Von den übrigen Vögeln endeten einige wahrscheinlich auf natürliche Weise, andere hingegen (wie die 14 auf Hawaii verschwundenen Arten) sollte man vielleicht zu jenen rechnen, die durch den Konkurrenzkampf besser angepaßter Arten, die in ihre Lebensstätte von anderswo her eindrangen, zum Aussterben verurteilt wurden.

Wenn wir das Alter einer fossilen Ablagerung bestimmen können, dann läßt sich daraus die durchschnittliche Lebenserwartung der zu jener Zeit lebenden Arten ableiten, indem man das Alter der Ablagerung mit der Zahl der darin gefundenen Arten multipliziert und das Ergebnis durch die Zahl der Arten teilt, die seitdem ausgestorben sind. Auf dieser Grundlage hat J.F. ausgerechnet, daß die durchschnittliche Lebenswerwartung einer Art vor 390 000 Jahren noch 2,03 Millionen Jahre betrug; vor rund 200 000 Jahren waren es noch 820 000 Jahre. Im oberen Pleistozän vor rund 70 000 Jahren war die Zahl auf 328 000 Jahre gesunken, und am Ende der letzten Eiszeit vor rund 10 300 Jahren betrug sie nur noch 52 000 Jahre.

Ein noch drastischerer Niedergang begann mit dem missionarischen Aufbruch des Menschen zur Zivilisierung der ganzen Welt. Von den 8663 Arten, von denen man glaubt, sie hätten vor 350 Jahren gelebt, sind inzwischen 95 ausgestorben. Das bedeutet für die historische Neuzeit eine durchschnittliche Lebenserwartung von nur 32 000 Jahren.

Wenn festgestellte Vögel nach der ersten Entdeckung durch Sammler oder nach ihrer Beschreibung nie wieder gesichtet wurden, dann ist das ein sicheres Zeichen, daß sie auf natürliche Weise ausgestorben sind. Dazu können wir rechnen: die Tanna-Erdtaube, die Ulietai-Drossel und den Ulietai-Laufsittich, von denen im Jahre 1774 berichtet wurde; den Gesellschaftsläufer (1777), das Samoateichhuhn (1873) und die Große Salomonen-Erdtaube, die 1904 auf der Insel Choiseul lebte. Cooper-Strandläufer und Townsend-Dickzisselammer (beide 1833) waren möglicherweise anomale Individuen.

1. *Bermuda-Schwarzkappen-*
   sturmtaucher,
   über 24 Paare, 1966
2. *Glanzsittich, geringe Zahl*
   in S.- und W.-Australien
3. *Mikadofasan, ein paar*
   hundert, Berge von Taiwan
4. *Schneekranich, Nord-*
   amerika, 68 im Jahre 1968

5. *Bonin-Albatros,*
   23 auf Torischima 1966
6. *Kauai-Krausschwanz,*
   Hawaii-Inseln,
   überlebt gerade noch
7. *Elfenbeinspecht,*
   vielleicht 6 auf Kuba;
   überlebt gerade noch
   in den USA

8. *Großer Dickichtschlüpfer,*
   50–80 in W.-Australien
   1966
9. *Kleinhawaiidrossel,*
   vielleicht 30, Kauai
10. *Kalifornien-Kondor,*
    um die 50 i. J. 1969
11. *Nippon-Ibis, Hokkaido,*
    Japan 11 i. J. 1969

12. *Weißwangenkauz,*
    Südinsel, Neuseeland 1956
13. *Nene, Sandwichgans, Hawai*
    über 500 i. J. 1970
14. *Weißbrustsichelspötter,*
    vielleicht ausgestorben,
    St. Lucia und Martinique
15. *Takahe, Neuseeland,*
    kürzlich um 200–300

Zu denen, die durch eingeführte Räuber oder Rivalen ausgerottet wurden, gehören ein flugunfähiger Wachtelkönig von der Insel Ascension (1656), die Trichocichla der Fidschi-Inseln (1890), der Stephenschlüpfer (im Jahre 1894 von einer Katze des Leuchtturmwärters ausgerottet) und die Neukaledonien-Waldralle (1904).

Obwohl es schwerfällt, die Zerstörung der Lebensstätte als Ursache des Aussterbens anzusehen, spielte sie mit Sicherheit eine große Rolle beim Untergang der Vögel, z. B. beim Thomas-Dickschnabelweber (São Tomé, Westafrika, 1888), dem Vierfarbenmistelfresser (Cebu, Philippinen, 1906), dem Laysan-Rohrsänger (Laysan, 1923) und dem Karolinasittich, dessen letzter Vertreter möglicherweise 1914 im Zoo von Cincinnati einging.

Zu den Vögeln, die der Mensch in den letzten dreieinhalb Jahrhunderten seiner Zivilisation durch die Jagd vernichtet hat, gehören der Mauritius-Breitschnabelpapagei (Mauritius, 1638), der Madagaskar-Strauß (1649), die Dronte (Mauritius, 1681), die Leguat-Ralle (Rodriguez, 1730), die Rotrückenfodie (Réunion, 1776), der Dominika-Ara (1791), der Brillenkormoran (Bering-Insel, 1852), die Labradorente (Long Island bei New York, 1875) und die Wandertaube. Sie existierte um 1914 nur noch in einem Exemplar, das in der Gefangenschaft einging.

Der nachweislich zuletzt ausgestorbene Vogel war die Wake-Ralle, die zweifellos durch die japanische Besatzung (wahrscheinlich zum Verzehr) ausgerottet wurde und seit 1945 nicht mehr gesehen worden ist. Die Laysan-Ralle verschwand 1944.

Von einem der Vögel auf Seite 98 (Seychellen-Zwergohreule) dachte man lange, er sei ausgestorben; aber das ist nicht der Fall. Auch andere Vögel, von denen man dasselbe annahm, sind inzwischen wieder gesichtet worden, z. B. als berühmtester die flugunfähige Takahe von Neuseeland, die zuletzt 1898 gesammelt wurde, 1910 zum »letzten« Mal, aber nicht sicher, gesehen und schließlich 1948 wiederentdeckt wurde. Auf Puerto Rico fand man 1961 eine Nachtschwalbe wieder, die man bis dahin nur nach Knochen und einem alten Balg kannte. Im selben Jahr wurde der Große Dickichtschlüpfer Westaustraliens wiederentdeckt, von dem man vermutete, er sei seit 1920 ausgestorben.

Wahrscheinlich 11 der 15 auf der nebenstehenden Tafel abgebildeten Vogelarten haben einen Gesamtbestand von je unter 100 Individuen. Etwa 8 weitere Arten könnte man nennen, für die dasselbe gilt. Einer der seltensten Vögel ist der Elfenbeinspecht im Südosten der USA, der heute in geringer Anzahl zu den Überlebenden gehört. Seine kubanische Rasse bestand im Jahre 1970 wohl nur noch aus 6 Exemplaren! Zu den anderen Vögeln, deren Bestand gegenwärtig unter 50 liegt, gehören der Östliche Weißstorch, der Nippon-Ibis, der Kalifornien-Kondor, der Mauritius-Turmfalke, der Réunion-Raupenfänger, die Seychellen-Dajaldrossel, die Kleinhawaiidrossel, der Rodriguez-Grassänger und der Kauai-Krausschwanz. Insgesamt kennen die Ornithologen rund 80 Vogelarten von jeweils nur einem oder wenigen Exemplaren, und in einigen Fällen bleibt ein Geheimnis, was es mit ihnen auf sich hat. Über 140 andere Arten haben Bevölkerungen von je unter 2000 Köpfen. Alles zusammengerechnet, sind etwa zwei Prozent der Vogelarten unseres Planeten wirklich sehr selten. Von ihnen ist wohl nicht mehr als ein Drittel wegen natürlicher Ursachen dem Ende seiner Existenz nahe. Die übrigen könnten sich beim Menschen für ihre kritische Lage bedanken!

Wenn die Survival Service-Kommission der International Union for Conservation of Nature (IUCN) einen Vogel für gefährdet hält, läßt sie eine Mitteilung an alle Abonnenten von Band 2 des Red Data Book gehen. Die Mitteilung enthält eine Schätzung des zahlenmäßigen Bestandes jener Vogelart, ihre Fortpflanzungsziffer in der freien Natur, und führt Gründe des Niedergangs an; sie gibt Zahl und Vermehrungsmöglichkeit in Gefangenschaft befindlicher Artangehöriger an und macht mit den ergriffenen und vorgeschlagenen Schutzmaßnahmen bekannt, um seltene Arten zu erneutem Gedeihen zu bringen. Auf besonderen grünen Einlegeblättern gibt es Informationen über Vögel, von denen man früher geglaubt hatte, sie seien gefährdet, die man aber gegenwärtig für außer Gefahr hält.

Nyctibiidae, Tagschläfer, Urutau

Momotidae, Sägeracken, Türkisbrauen-sägeracke

Dulidae, Palmschmätzer

Todidae, Todis, Puerto-Rico-Todi

Pipridae, Pipras, Gelbhosenpipra

Galbulidae, Glanzvögel, Breitmaulglanz-vogel

Steatornithi Fettschwalm

Cotingidae, Schmuckvögel, Hämmerling

Cracidae, Hokkos, Tuberkelhokko

Ramphastidae, Tukane, Riesentukan

Phytotomidae, Pflanzenmäher, Rarita

Die große neotropische Vogelfauna

Philip Lutley Sclater, Sekretär der Zoologischen Gesellschaft in London, ein bekannter Erforscher der geographischen Ornithologie und enger Freund des anderen großen Tier-geographen, Alfred Russel Wallace, teilte die Oberfläche der Erde vorwiegend auf der Grundlage von Vogelstudien in zoogeographische Regionen ein.

Die modernen Tiergeographen teilen unter Berücksichtigung der letzten Fortschritte un-serer Erkenntnisse die Erde in sechs große Zonen ein, von denen jede eine besondere Fauna oder Tiergemeinschaft aufweist, d. h. eine Fauna, die sich deutlich von der nächsten unter-scheidet. Die gegenwärtige Verbreitung der großen Vogelfaunen ist auf S. 109 dargestellt. Seit es Vögel gibt, haben sich die Grenzen dieser Faunen beträchtlich verändert, und auch in unserer Zeit verändern sich einige immer noch, wenn auch langsam.

Die reichste, merkwürdigste und mannigfaltigste Vogelgemeinschaft ist die neotropische Vogelfauna, die vom tropischen Teil Mexikos aus südwärts ganz Amerika umfaßt, ein-schließlich Westindiens. Sie erreicht ihre zahlenmäßig größte Vielfalt in Kolumbien und

Opisthocomidae, Hoatzin

Psophiidae, Trompetervögel,
Weißflügeltrompetervogel

Eurypygidae, Sonnenralle

Aramidae,
Rallenkranich

Cariamidae, Seriemas,
Seriema

Anhimidae, Wehrvögel,
Tschaja

Rheidae, Nandus,
Darwin-Nandu

Bucconidae, Faulvögel,
Schwalbenfaulvogel

Thinocoridae, Höhenläufer,
Zwerghöhenläufer

Rhinocryptidae,
Rallenschlüpfer,
Gallito

Furnariidae,
Unterfamilie
Töpfervögel,
Töpfervogel

Tinamidae, Steißhühner,
Perlsteißhuhn

nimmt erst weit südlich des Äquators an Mannigfaltigkeit ab. Etwa die Hälfte aller Vogelarten der Welt brüten in dieser Gemeinschaft oder besuchen ihr Reich im Winter.

Wenn man fünf ausgestorbene Familien hinzunimmt, dann sind nicht weniger als 30 aller bekannten Vogelfamilien dem Neotropischen Reich eigen. Beispiele aus allen neotropischen Familien sind oben und auf S. 104 abgebildet. Mit »dem Neotropischen Reich« meinen wir den Standort jener Vogelfamilien, die normalerweise nicht außerhalb dieser Zone verbreitet sind, obwohl die Bereiche von Guans, Rallenkranich und Schmuckvögeln ein wenig in die benachbarte holarktische (nearktische) Fauna hineinragen. Außer allen diesen müssen ungefähr ein Dutzend anderer lebender Familien (wie Kolibris, Tyrannen, Stärlinge und die Ammern, Kardinäle und Tangaren enthaltende Familie), die in die holarktische Zone und oft darüber hinaus gelangten, ihr Entstehungsgebiet und ihren Entwicklungsschauplatz im Neotropischen Reich gehabt haben.

Das Wort »neotropisch« stammt von Sclater. Obwohl es im strengen Sinne »Tropen der Neuen Welt« bedeutet, umfaßt es auch Feuerland und die Falkland-Inseln und könnte sogar

Oben: Bänderbaumhacker, Furnariidae (Unter-familie Baumsteiger). Unten links: Rotkehl-mückenfresser, Conopophagidae. Unten rechts: Weißbauch-Ameisenstelzer, Formicariidae.

bis nach dem weit entfernten Tristan da Cunha reichen, dessen Landvögel vorwiegend süd-amerikanischen Ursprungs zu sein scheinen.

Die Mischzone zwischen der Neotropischen und der Holarktischen Fauna, im Gebiet des Rio Grande, ist nur 320 Kilometer breit. Als wir im Mai 1933 unsere erste gemeinsame Exkursion nach Mexiko als Teil unserer 24 000 Kilometer langen Vorbereitungsreise zum Beobachten und Photographieren für das Buch »Wild America« (Wildes Amerika) unter-nahmen, brauchten wir nur einen halben Tag, um tief in die neotropische Region vorzudrin-gen. Mit uns reiste unser guter Freund Bob Newman von der Universität Louisiana. Dieser Ornithologe kannte die Gegend und vermochte uns sehr beim Ansprechen von Vögeln zu helfen, die keiner von uns zuvor gesehen hatte. Im Lauf von 10 Tagen sah J. F. 76 solcher Vögel und R. T. P. 60. Während dieser Reise nach Mexiko brach zwar keiner von uns seinen persönlichen Rekord in der Zahl der an einem Tag beobachteten Arten (obwohl dies J. F. im selben Jahr in Texas schaffte), aber selten oder nie zuvor hatte jeder von uns in so kurzer Zeit so viele völlig neue Arten gesehen.

In einer anderen Welt angekommen, sahen und hörten wir unsere ersten wildlebenden Papageien, Tagschläfer, Schmuckvögel, Steißhühner, Guans, Sägeracken, Zuckervögel, Baumsteiger, Trogons und Tukane. Zum ersten Mal verstanden wir, was es heißt, eine neue Fauna zu sehen, warum das Wort exotisch (»aus fernen, besonders tropischen Ländern«) so sehr für Tiere und Pflanzen unbekannter und überwältigend bunter Schönheit in Brauch gekommen ist, und warum so viele Ornithologen aus aller Welt die besten Jahre ihres Lebens damit verbrachten, diese größte strahlende Ansammlung der Vögel unserer Erde zu erforschen.

Andere große Vogelfaunen

Der großen Neotropischen Fauna kommt an Vielfalt die Äthiopische am nächsten, die die Südwestecke Arabiens und ganz Afrika südlich der Sahara umfaßt. Doch nicht einmal im Kongobecken, wo sie die meisten verschiedenen Formen enthält, kann sie mit dem Reichtum der neotropischen Fauna von Kolumbien konkurrieren. Und nirgends wird sie so arm, wie die neotropische in Patagonien und Feuerland.

Die Äthiopische Fauna ist der Entwicklungsschauplatz vieler bemerkenswerter Vogelfamilien. Außer den neun oben abgebildeten einheimischen, bot das Festland Afrika wahrscheinlich den ersten Trappen, Brachschwalben, Flughühnern, Bienenfressern und den ersten Vertretern einiger anderer Gruppen von Wüstenvögeln Nahrung; vermutlich auch Nashornvögeln, Bülbüls und Webervögeln, sowie ziemlich sicher Honiganzeigern und vielleicht der ersten Lerche. Die Äthiopische Fauna darf sich überdies rühmen, den größten noch existierenden flugunfähigen Vogel, den Strauß, zu besitzen, den größten lebenden Greifvogel, den Mönchsgeier, und einen der größten fliegenden Vögel der Welt, den Marabu, dessen Flügelspannweite die des Wanderalbatros übertrifft.

Herrscht im Norden der Winter, ist das Afrika südlich des Äquators Anziehungspunkt zahlreicher Zugvögel der nördlichen Halbkugel, die aus so weit entfernt liegenden Ländern wie Sibirien, Grönland und Nordostkanada kommen können.

Die Insel Madagaskar ist von Afrika mindestens seit dem Oligozän getrennt. Ihre Fauna hatte also genügend Zeit (sie ist im Ursprung hauptsächlich afrikanisch), sich auf eigenen, besonderen Wegen zu entwickeln. Man hat mit Recht angenommen, daß Madagaskar und seine Nebeninseln eine kenntliche Unterfauna ernähren; denn nicht weniger als fünf der dort lebenden Vogelfamilien (s. Bild oben) sind eingeboren. Noch in jüngster Vergangen heit – in historischer Zeit – lebten dort die großen Madagaskar-Strauße oder Aepyornithiden und ließen die Sage vom Vogel Rock entstehen. Auf den merkwürdigen, benachbarten Maskarenen starben die Raphiden – die Dronte und zwei Einsiedler – zwischen 1681 und 1791 aus.

Die Fauna Australasiens ist fast so formenreich wie die Äthiopische; Vertreter von 12 australasiatischen Vogelfamilien sind unten abgebildet. Mehrere haben nur ein beschränktes Verbreitungsgebiet. Dazu gehören die Leierschwänze, deren Verbreitung auf einen Küstenstreifen von Victoria, Neusüdwales und Süd-Queensland beschränkt ist, und die Dickichtschlüpfer, die ausschließlich in einem Küstenstreifen von Neusüdwales und an der Südspitze Westaustraliens vorkommen. Beide Dickichtschlüpfer-Arten sind so selten, daß die Gefahr des Aussterbens besteht.

Von Neuseeland und seinen Trabanteninseln, wo die beiden Familien der Moas bis in historische Zeiten gut gediehen, heißt es oft, dort lebe eine besondere Subfauna, und es stimmt, daß es auch heute noch ein paar nur Neuseeland eigene Vogelfamilien gibt. Eine Subfauna schreibt man auch der Antarktischen und Subantarktischen Region zu, die wahrscheinlich sowohl das Entstehungszentrum der am besten angepaßten Seevögel ist – der Pinguine, Albatrosse und Sturmvögel – und der seltsamen Familie der Scheidenschnäbel.

Die Honigfresser, die einen Vorposten in Südafrika haben, sind eindeutig australasiatischen Ursprungs. Wahrscheinlich trifft das auch auf die überall in den Tropen angesiedelten

Vertreter besonderer australasiatischer Familien: 1. Kasuar, Casuariidae; 2. Emu, Dromiceiidae; 3. Kagu, Rhynochetidae; 4. Leierschwanz, Menuridae; 5. Drosselstelze, Grallinidae; 6. Kleiner Dickichtschlüpfer, Atrichornithidae; 7. Grünkatzenvogel, Ptilonorhynchidae; 8. Australien-Höhlenschwalm, Aegothelidae; 9. Weißrückenflötenvogel, Cracticidae; 10. Nacktkopfparadiesvogel, Paradisaeidae; 11. Trappenkampfwachtel, Pedionomidae; 12. Buschhuhn, Megapodiidae. Familien von Neuseeland (im Kasten): 13. Streifenkiwi, Apterygidae; 14. Lappenstar, Callaeidae; 15. Neuseeland-Schlüpfer, Acanthisittidae.

*Auch die Familie dieser Papageien ist wahrscheinlich australasiatischen Ursprungs. Oben: Galahs –
die Rosenkakadus Australiens.*

Papageien zu, zu deren 317 heutigen Arten der hübsche Rosenkakadu Australiens (im Bild
oben) gehört, und vielleicht auch die jetzt über die ganze Erde verbreiteten Tauben. Die
natürliche Vogelwelt von Hawaii ist australasiatisch mit einigen holarktischen Elementen
und einer einheimischen Familie, den Kleidervögeln, die wahrscheinlich von amerikanischen Finken abstammt.

Die Orientalische Fauna ist weniger reich als die Australasiatische. Wahrscheinlich lebt
in ihr wegen ihrer zentralen Lage zwischen zwei anderen großen Faunen nur eine sonst
nirgends vorkommende Familie, die der Elfenblauvögel, deren 14 lebende Arten zusam-
mengenommen fast über den ganzen indischen Subkontinent verbreitet sind, ferner über
das gesamte südostasiatische Festland, Sumatra, Java, Borneo und die Philippinen. Doch
die meisten, wenn nicht alle folgenden Familien, die sich in der Orientalischen Zone entwikkelt haben, sind auch in benachbarten Faunen mit dem Erfolg der Bereicherung an Formen
heimisch geworden: Schwalben, Schwalme, Baumsegler, Pittas, Schwalbenstare, Brillenvögel und Mistelfresser.

In der Holarktischen Fauna, die, grob gesagt, die klimatisch gemäßigte und arktische nördliche Welt einnimmt, hat die Mehrzahl der Ornithologen unserer Erde ihre Ausbildung erfahren. Dennoch ist sie die am wenigsten formenreiche Fauna der Welt. (Vergleiche die Faunenkarte auf S. 109 mit der Karte auf S. 14, die die Verbreitung der Vögel nach ihrer Vielfalt zeigt.)

Die Holarktische Fauna, die das flächengrößte tiergeographische Gebiet bewohnt, teilt sich an der Beringsee und mitten durch Grönland in eine Nördliche Subfauna der Alten Welt (Paläarktis) und in eine Nördliche Subfauna der Neuen Welt (Nearktis). Von den fünf nur ihr eigenen Familien entwickelten sich die Alken wahrscheinlich in der Beringsee, die Wassertreter, die Rauhfußhühner und die Seetaucher dagegen wohl in Nordamerika und die Braunellen in Eurasien. Es gibt viele Familien wahrscheinlich holarktischen Ursprungs, die sich in Gebieten anderer Faunen ausgebreitet haben. Aus der Paläarktis sind wahrscheinlich in die Neue Welt gekommen: Neuweltgeier, Fasanen, Kraniche, Eulen, Schleiereulen, Fliegenschnäpper, Würger, Echte Finken, Meisen, Kleiber, Baumläufer und Krähen. Truthühner, Seidenschwänze und Wasseramseln stammen wohl aus der Nearktis. Die Strandläufer, Raubmöwen und Möwen kamen irgendwoher aus der nördlichen Welt.

Wir müssen wiederholen, daß die gegenwärtige Verbreitung der großen Vogelfaunen, wie sie auf der Karte gegenüber dargestellt ist, sich von der vor 2 Millionen Jahren unterscheidet und sehr von der Verbreitung während verschiedener Zeitabschnitte in den 140 Millionen Jahren des Vogellebens auf der Erde abweicht. Im Laufe der Geschichte haben nicht nur die Vogelgemeinschaften ihre Bereiche geändert, sondern auch die Lage der Landmassen hat sich verschoben. Tatsächlich sind die Festländer selbst und höchst wahrscheinlich auch die Pole weithin verdriftet worden. Die Stammesentwicklung der Vögel ist auf einer Erdrinde erfolgt, die sich ebenfalls entwickelte und veränderte. Wer heute die Verbreitung der Vögel (oder irgendeiner anderen Klasse von Tieren oder Pflanzen) erforscht, muß sich in der geologischen Geographie – der Physiographie – so gut wie in der Ornithologie auskennen.

Die fünf speziell holarktischen Familien vertreten 1. Odinshühnchen, Phalaropodidae; 2. Dickschnabellumme, Alcidae; 3. Eistaucher, Gaviidae; 4. Kanada-Waldhuhn, Tetraonidae; 5. Alpenbraunelle, Prunellidae. Der Elfenblauvogel (6, Kasten) vertritt die Elfenblauvögel, Irenidae, die einzige Familie, die ausschließlich in der Orientalischen Fauna zu finden ist.

Der Weißgesichtsscheidenschnabel gehört den Chionididae an, der einzigen nur der Antarktis-Subantarktis eigenen Familie.

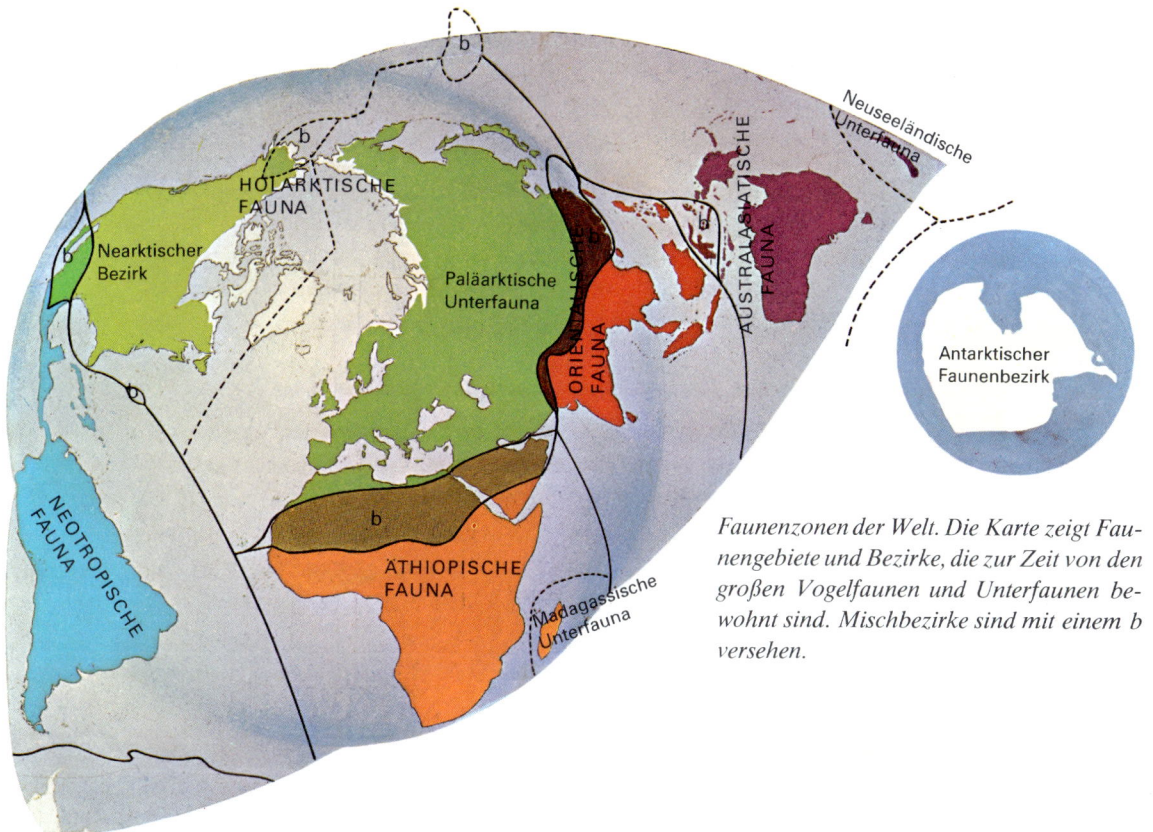

Im Bild enthaltene Beschriftungen:

HOLARKTISCHE FAUNA

Nearktischer Bezirk

Paläarktische Unterfauna

ORIENTALISCHE FAUNA

AUSTRALASIATISCHE FAUNA

Neuseeländische Unterfauna

NEOTROPISCHE FAUNA

ÄTHIOPISCHE FAUNA

Madagassische Unterfauna

Antarktischer Faunenbezirk

Faunenzonen der Welt. Die Karte zeigt Faunengebiete und Bezirke, die zur Zeit von den großen Vogelfaunen und Unterfaunen bewohnt sind. Mischbezirke sind mit einem b versehen.

Die Faunenkarte

Die Mischzonen auf der Karte oben sind verhältnismäßig klein. Außerhalb dieser Zonen hat jede große Fauna ihre echte und ausgeprägte Eigenständigkeit, ihre besondere Gemeinschaft von Familien und erfolgreichen Arten. Die Mischzonen sind der Beweis dafür, daß es klüger ist, den Ausdruck »Fauna« statt »Region« zu benutzen. Jede Fauna hat ihr eigenes bezeichnendes Spektrum an Familien, von denen ihr allein einige eigen sind, viele aber zu verschiedenen Zeiten der Erdentwicklung verschiedene Bereiche der Erdoberfläche besetzt gehalten haben. Wie die Fossilien beweisen, war vom späteren Eozän bis wenigstens ins Miozän hinein die Äthiopische Fauna bis Südfrankreich verbreitet.

Die Mischzonen der Gegenwart zeigen, daß Glieder benachbarter Faunen oft gegenseitig in ihre Gebiete eindringen und sich dort ansiedeln. So enden in Mexiko die südlichen Zipfel der Bereiche zahlreicher Vögel, die im Grunde nearktisch sind, und zugleich die Bereiche von noch mehr Arten, die im wesentlichen neotropisch sind.

In der Tat ist die Mischzone zwischen Neotropischer und Nearktischer Fauna ganz klein. Vielleicht verschiebt sie sich langsam nach Norden. Die Bermudas sieht man in einer solchen Zone liegen, da sie hauptsächlich nearktisch sind, mit einem geringen neotropischen Element. Tristan da Cunha und Gough sind anscheinend im wesentlichen neotropisch mit einem äthiopischen Element.

Nordafrika und Arabien haben in einem breiten und hauptsächlich aus Wüste bestehenden Landstreifen paläarktische und äthiopische Vögel gemeinsam, und das südliche asiatische Hochland sowie Süd-China paläarktische und orientalische Vögel. Östlich einer Linie zwischen Bali und Lombok sowie zwischen Borneo und Celebes sind eine Anzahl orientalischer Vögel in die Australasiatische Fauna vorgestoßen.

Die Kleidervögel, die einzige besondere Vogelfamilie Hawaiis, ist amerikanischen Ursprungs. Diese Inselgruppe wurde auf natürlichem Wege auch von Angehörigen einer beträchtlichen Anzahl über die ganze Erde verbreiteter Familien besiedelt, und auch von Honigfressern, die zweifellos australasiatischen Ursprungs sind. Die ziemlich wenigen Vogelarten Westalaskas sind vorwiegend nearktisch mit einem paläarktischen Element.

Zonenbildung nach der Höhenlage

Innerhalb jeder großen Vogelfauna gibt es kleinere Gemeinschaften, die nach bestimmten Regeln über Lebensstätten oder ökologische Zonen verteilt sind. Nirgendwo auf der Welt sind solche Zonen besser gekennzeichnet als im nordamerikanischen Westen, wo sich Bergketten von der Wüste aus bis zu etwa 3000 m erheben. Hier fuhren und kletterten die Autoren an einem Tage aus subtropisch mexikanischer Umwelt in die der Hudson-Bucht, 3200 km horizontaler Strecke gerafft in 1,6 km vertikal gemessener Steigung. Roger Peterson zeichnete einige der für jede Zone typischen Vögel. Diese Vögel ziehen ihre jeweilige Zone so sehr den benachbarten vor, daß sie nur selten aus ihr verstreichen.

Wir begannen in der Unteren Südlichen Zone der Wüste von Arizona. Um 900 m fanden wir ein Gebiet mit Mesquite und Chaparall-Dickichten, Kakteen und anderen echten Wüstenpflanzen, sowie in den Flußbetten Weiden und Cylindropuntia-Pappeln.

In der Oberen Südlichen Zone, ungefähr 1500 m hoch, gab es Sykomorenhaine und heiße Schluchten mit immergrünen Eichen, ferner Yukkas, Agaven und Halbwüstenpflanzen; und alle mit ihren typischen Vögeln.

Weiter oben, in der Übergangszone bei 2200 m, verdrängte die Arizona-Kiefer die immergrünen Eichen und brachte neue Vögel mit sich. In der Kanadischen Zone bei 2500 m war der Wald mehr Tannen- als Kiefernwald, und in ihm gab es feuchte, blumenreiche Lichtungen.

Bei über 2800 m befanden wir uns in einer abermals anderen, der Hudson-Zone, in der die Engelmann-Fichte vorherrscht. Wären wir weiter nördlich, in Kalifornien, geklettert, hätten wir über dieser Hudson- die Arktisch-Alpine Zone angetroffen.

Gliederung nach Höhenzonen, wie sie in Nordamerika am klarsten ausgeprägt ist, gibt es deutlich auch in den Anden, in afrikanischen Gebirgssystemen, im Himalaja, in den zentralasiatischen Gebirgen und in den Gebirgen tropischer Inseln wie Borneo. In den klimatisch gemäßigten Gebirgen Neuseelands und Europas sind die Zonen weniger gut abgegrenzt. Tatsächlich leben in Europa verhältnismäßig wenig Vögel, die man Gebirgsspezialisten nennen könnte.

Nirgends in Europa ist es möglich, wie in Amerika sechs deutlich gekennzeichnete Höhenzonen festzulegen. Beispielsweise können wir in den Alpen im besten Falle eine Laubwald-Zone, nicht aber, wie in der amerikanischen Oberen Südlichen Zone, eine Wüstenzone auf den Talsohlen finden. Darüber liegt in den Alpen eine Nadelholzzone auf den Berghängen, die der Kanadischen und der Hudson-Zone entspricht. Über der Baumgrenze folgt die Arktisch-Alpine Zone mit Alpendohlen und Schneefinken (die keine Finken, sondern Angehörige der Familie Webervögel sind).

Lebenszonen in den Gebirgen Arizonas und einige für sie typische Vögel.

Schwarzkehlgrausänger

Lucia-Waldsänger

Weißflügelturteltaube

ARKTISCH-ALPINE ZONE

Rosenfink

HUDSON-ZONE

Goldkrönchen

KANADISCHE ZONE

Kiefernhäher

Weiter nördlich fügen die
Rocky Mountains noch weitere
Vögel und eine weitere
Zone hinzu.

Abendkernbeißer   Fichtenkreuzschnabel   Mexiko-Meise

ÜBERGANGSZONE

Zwergkleiber   Blaukehlhüttensänger   Breitschwanzkolibri   Groß-Piwih   Rotgesichtswaldsänge

OBERE SÜDLICHE ZONE

Schwarzgelbtrupial   Bergsatrap   Mexikanischer Blauhäher   Eichelspecht   Virginia-Waldsänger

UNTERE SÜDLICHE ZONE

Bauchredner-
waldsänger   Rubinköpfchen   Kaktuszaunkönig

Violettkehl-
kolibri   Schwarz-Phoebe

Zonenbildung im Tropenwald

Für seine große Forschungsarbeit über die »Vögel des Belgischen Kongo« arbeitete Dr. James P. Chapin viele Jahre lang im Herzen des tropischen Afrika, wobei er den Trampelpfaden, die Elefanten und Büffel in einem der üppigsten Urwälder der Erde gestampft hatten, folgte. In einem ziemlich kleinen Gebiet konnte er die stattliche Zahl von 70 verschiedenen Großbaumarten zählen. Auf ihren Stämmen wuchsen in allen Etagen und in verschwenderischer Fülle Orchideen, Farne, Moose, Lebermoose und die bärtige Usnea-Flechte.

Dr. Chapin fand heraus, daß die Vögel der Ituri-Wälder drei Etagen bewohnten. Eine besondere Gemeinschaft lebte auf oder dicht über dem Boden. Eine davon verschiedene fand er ungefähr in der Höhe der Baummitte, weit genug unten, um im tiefen Schatten zu sein. Eine dritte Gruppe bewohnte die Baumwipfel. In anderen tropischen Ländern finden wir ziemlich dasselbe, obwohl natürlich die Mitglieder der drei Gemeinschaften ganz verschieden sind. Die singenden Vögel, die auf dem Boden Ameisen fressen, gehören beispielsweise in amerikanischen Wäldern zu besonderen neotropischen Familien wie den Ameisenvögeln und Mückenfressern. Die Ameisenvögel Afrikas zählen vorwiegend zu den Familien der Bülbüls und der Drosseln-Fliegenschnäpper. Außer dem Paar Kongopfauen (auf dem kleinen Bild) sind alle auf der Seite gegenüber abgebildeten Vögel solche des Ituri-Waldes.

Typische Baumkronenbewohner sind die Grüntauben; eine von vieren hat sich gerade auf einen oberen Zweig gesetzt, um Früchte zu suchen. Der Smaragdnektarvogel darunter ernährt sich nicht nur vom Nektar, sondern auch von roten Früchten und Insekten. Am höchsten sitzt der Riesenturako, ein weiterer Fruchtfresser, wogegen der Rotbauchprachtweber darunter ein insektenfressender Weber ist. Ein Blaubrustliest schnappt im Flug nach fliegenden Termiten. Ein anderer Insektenfresser, der Goldkappenspecht, hackt nach Larven, und ein männlicher Smaragdkuckuck sitzt dort mit einer Raupe im Schnabel. Ein kleiner Papagei, ein Grünköpfchen, sieht sich nach reifen Feigen um. Zwei seltene Segler – Ituri-Stachelschwanzsegler – jagen geflügelte Ameisen, und über allen segelt als wahrlich großer Vogel der Kronenadler, der nach Affen Ausschau hält.

Viele Vögel der mittleren Waldetage jagen im Schatten und in gemischten Gesellschaften; alle abgebildeten sind Insektenfresser. Von links nach rechts sehen wir den Graubrustparadiesschnäpper, der sich gewöhnlich ziemlich unruhig in einer Höhe von etwa 9 m umherbewegt; den sehr häufig anzutreffenden Termitenspecht – er lebt von kleinen schwarzen Ameisen, die erdige Nester in Bäume bauen –; den Guinea-Drongo als Angehörigen einer kühnen, fliegende Insekten fangenden Familie, der selten die 6 bis 9 m-Zone des Urwaldes verläßt; den Ameisenpicker – diese Wachsschnäbel-Astrilde suchen fortwährend Ameisen und andere Insekten zwischen den Blättern und sind noch nie am Boden gesehen worden; den sehr häufigen Großnicator, einen Bülbül, der sich auf Heuschrecken und ähnliches spezialisiert hat; den Haubenwaldweber, einen Liebhaber für Käfer- und Zikadennahrung.

Auf dem Waldboden im tropischen Amerika begegneten wir verschiedenen Vögeln, die sich bei Wanderameisen sammeln und ihnen folgen (S. 66). Ihre afrikanischen Gegenstücke folgen Ameisenzügen auf die gleiche Art und fressen die Ameisen oder die Insekten, die von den Ameisen aufgescheucht oder halbgefressen liegengelassen werden. Vier der Vögel, die auf der Seite gegenüber abgebildet sind, ernähren sich so: der Bülbül links – die Grünschwanzbleda; daneben die Orangescheitel-Alethe, eine Drosselverwandte; auf dem Boden die Weißschwanz-Guineadrossel und die rebhuhnartigen Schwarzkehlfrankoline. Die Guinea-Stahlflecktauben suchen nach Samen oder Schnecken, der rüttelnde Zweifarbenschwärzling nach Raupen.

Vogelzonen im Ituriwald (Kongo). Kasten: Im Ituri-Bezirk nicht anzutreffen. Doch lebt der Kongopfau (Paar) in anderen Wäldern vom Ober-Kongo. Er ist der einzige bekannte Pfau Afrikas.

Präriebussard
von Südamerika bis USA

Rauchschwalbe
von Argentinien nach Kanada

Schornsteinsegler
von Peru nach USA, Kanada

Kranich
von N.-Afrika nach N.-Europa

Kuckuck
von Südafrika nach Europa

Einige hervorragende Weitstreckenwanderer aus verschiedenen Erdteilen; ihr Aussehen während des Frühlingszuges.

Die Zugvögel

In der Arktis macht der Winter allen Vögeln das Überleben unmöglich, ausgenommen einigen sehr zähen und spezialisierten. Doch der kurze Sommer ist eine Zeit der Schneeschmelze, des schnellen Pflanzenwachstums und des Insektenlebens: Nahrung gibt es dann verhältnismäßig reichlich.

In Ländern mit gemäßigtem Klima bieten Sommer und Herbst immer mehr Nahrung als Winter und Frühling an.

In vielen tropischen Gebieten gibt es Regen- und Trockenzeiten, gewöhnlich mit starkem Nahrungsangebot nach der Regenzeit.

Dieser jahreszeitliche Wechsel in der Nahrungsmenge regiert das Leben der Vögel. Bei fast allen fällt die Brutzeit mit dem größten Nahrungsmittelangebot zusammen. Aber viele können eben in der härtesten Jahreszeit an ihrem Brutplatz nicht überleben.

Es stimmt zwar, daß eine ganze Anzahl von Tieren das Winterproblem durch einen Winterschlaf löst – durch Versinken in einen langen Schlaf mit herabgesetzter Körpertemperatur und niedriger Atmungsgeschwindigkeit, und darum geringem Energieverbrauch während der Zeit der Nahrungsknappheit. Aber man kennt (bis heute) nur einen Vogel, der wirklich der Winterruhe verfällt, den Poorwill im nordamerikanischen Westen, dessen normale Körpertemperatur von 42°C während seines langen Winterschlafes bis auf 13,3°C absinken kann. Der Poorwill ist eine große Ausnahme. Normalerweise lösen die Vögel das jahreszeitliche Problem der Nahrungsversorgung auf ganz andere Weise: durch den Vogelzug. Fast die Hälfte aller Vogelarten – über 4000 Arten – sind Tiere mit zwei Adressen, einem Heimatsitz und einem Winterquartier.

Zum Verständnis dafür, in welchem Ausmaß die Vögel ziehen, wollen wir ein arktisches Land, ein klimatisch gemäßigtes Land der Alten Welt und ein vorwiegend tropisches Land der Neuen Welt betrachten.

Von den 64 Vogelarten, die normalerweise in Grönland angetroffen werden, verlassen 36 Arten die große Insel im Winter. Die meisten der verbleibenden 28 ziehen nach Südgrönland oder auf das Meer vor seiner Küste. Vielleicht sind nur Schneehühner, Gryllteiste, Schnee-Eulen, Wacholderdrosseln und Raben reine Standvögel, d.h. Vögel mit (beinahe) fester Anschrift, die in der Nähe ihrer Brutplätze überwintern.

Tannenwaldsänger
aus Südamerika nach Kanada

Spießente
aus Mexiko nach Alaska

Nordischer Laubsänger
aus Südasien nach Sibirien
Alaska

Grauwangendrossel
aus Brasilien nach Kanada

Grauschnäpper
aus Afrika nach Europa

Reisstärling
aus Argentinien
in die nördlichen USA
Kanada

Weißstorch
aus Südafrika
nach Eurasien

Falkennachtschwalbe
aus Südamerika in die USA
Kanada

Fuchskolibri, aus Mexiko
ins westliche Kanada, Alaska

Präriemöwe, aus Peru
in die nördlichen Zentral-USA
Kanada

Graukopfalbatros
aus Südozeanen
in die Antarktis

Schmarotzerraubmöwe
aus Südozeanen
in die Arktis

Braunachselgoldregenpfeifer
aus Argentinien in die Arktis

Rußsturmtaucher
aus Nordozeanen
in Südozeane

Thorshühnchen
aus Südozeanen
in die Arktis

Buntfußsturmschwalbe
aus dem Nordatlantik
in die Antarktis

Weißbürzelstrandläufer
aus Argentinien in die Arktis

Pinguine zerstreuen sich nach dem Brüten weithin. Der Felsenpinguin nistet auf Inseln im fernen Süden und schwimmt Tausende von Kilometern im Ozean von seiner Heimat fort.

Regulär leben etwa 240 Vogelarten in Großbritannien und Irland. Rund 55 (23 %) sind dort nur Sommergäste, 27 (11 %) nur Wintergäste, 20 (8 %) Zugvögel, die weiter nördlich brüten und weiter südlich überwintern, also nur als Durchzügler anzusehen sind. Viele andre streichen innerhalb des Landes vom Brutplatz fort.

Ungefähr 950 Vogelarten sind in Mexiko nachgewiesen worden. Von diesen sind 750 (79 %) Standvögel, die übrigen 200 (21 %) sind entweder Wintergäste oder Durchzügler.

Demnach besteht sogar in den Tropen eine starke Minderheit der Vogelgemeinschaft aus Zugvögeln. In anderen Gebieten übertrifft die Zahl der Zugvögel die der Standvögel. In mehr als 60 % aller Vogelfamilien gibt es ziehende Arten. Die 22 Vogelarten auf S. 114 bis 115, ebenso wie der oben gezeigte Felsenpinguin, stammen aus verschiedenen Familien und sind das, was Abel Chapman einmal »Erdballumspanner« nannte.

Die Angehörigen vieler heutiger Vogelgattungen sind sehr ausgeprägte Zugvögel. Wir dürfen mit einiger Sicherheit annehmen, daß diese Gattungen schon damals, als sie zum ersten Mal auftraten, Ortsveränderungen über weite Strecken vornehmen konnten.

Die heutigen Gattungen erschienen zuerst gegen Ende des Eozäns. Einen Numenius, also wohl einen Brachvogel (Schnepfenvogel), kennt man aus den Ablagerungen des Obersten Eozän in Frankreich, die etwa 43 Millionen Jahre alt sind. Zu den Vögeln Frankreichs an der Schwelle vom Eozän zum Oligozän (vor 37 oder 38 Millionen Jahren) gehören vier moderne Gattungen, von denen der Watvogel Tringa und das Flughuhn Pterocles gute Wanderer sind.

Ein weiterer guter Zugvogel, die Bussardgattung Buteo, ist zuerst im Mittel-Oligozän Süd-Dakotas (vor rund 32 Millionen Jahren) aufgetreten. Wenn man die große Ansammlung moderner Gattungen im Ober-Oligozän Frankreichs (vor etwa 28 Millionen Jahren) betrachtet, so findet man viele ausgezeichnete Zugvögel unter ihnen: Sturmtaucher, Gänse, Enten, Milane, Watvögel, Möwen, Segler, Stelzen und Grasmücken.

Milliarden von Vögeln, die fast der Hälfte aller Vogelarten der Welt angehören, fliegen jeden Herbst über die Zugwege der Erde, und ziemlich viele Milliarden weniger fliegen in jedem Frühjahr zurück. Die Vogelzüge vollziehen sich oft in breiter Front, doch häufiger auf bevorzugten Zugwegen: an Küsten entlang, über Bergpässe, an Bergkämmen hin, wo vorherrschende Winde Auftrieb liefern, über Wüsten, von denen tagsüber heiße Luft aufsteigt und den Zugvögeln hilft, Energie zu sparen – denn bei ausgedehnten Flügen ist das Einsparen von Energie überaus wichtig.

Das Leben und Überleben der Zugvögel äußert sich schon seit 10 oder mehr Millionen von Jahren im Gleichmaß dieses Geschehens. Die Kraniche zogen dahin, und die Schwalben sammelten sich zu zwitschernden Schwärmen lange, lange, bevor es Menschen gab, die sie beobachten konnten, – oder Ornithologen mit Ferngläsern und Beringungsstationen, um die großen Vogeltrecks zahlenmäßig zu erfassen.

Afrika ist ein äußerst gastfreundliches Land für Zugvögel. Nahezu ein Drittel aller kleinen Vögel, die in Großbritannien brüten, überwintern südlich der Wüste Sahara. Fast so viele Vögel wie aus Europa, ziehen aus Zentralasien nach Afrika. Einige kleine Landvögel reisen sogar aus dem Fernen Osten nach Afrika, und der Steinschmätzer erreicht es aus dem 11 000 Kilometer entfernten Alaska.

Winzige Vögel, wie der Nordische Laubsänger und die Schafstelze, fliegen den langen Weg von Alaska ins tropische Südostasien und zurück. Zwischen Nord- und Südamerika, sowie zwischen Europa und Südafrika kann die Rauchschwalbe mindestens 11 000 Kilometer hin und 11 000 Kilometer zurück bewältigen.

Der größte Erdballumspanner, nach der zurückgelegten Entfernung beurteilt, ist die Küstenseeschwalbe. Brutvögel aus arktischen und nordatlantischen Gegenden überwintern am Rande des vereisten antarktischen Kontinents oder an den Küsten des Indischen Ozeans. Eine Küstenseeschwalbe wurde als Nestling am 8. Juli 1951 in Westgrönland beringt. Am 30. Oktober desselben Jahres wurde sie bei Durban an der Ostküste Südafrikas tot aufgefunden, nachdem sie in den ersten drei Monaten ihres Lebens über 17 600 Kilometer fliegend zurückgelegt hatte!

Ein anderer Vogel reist vielleicht noch weiter, wenn auch nicht regelmäßig: Vor kurzem wurde ein Schwarzschnabelsturmtaucher aus Wales in Südaustralien aufgefunden. Das ist der fernste Wiederfund bisher beringter Vögel – rund 19 000 Kilometer auf dem nächsten Seeweg vom Beringungsort entfernt.

Albatrosse unternehmen gewaltige Reisen, obwohl sie gewöhnlich auf ihrer eigenen Erdhalbkugel bleiben. Der Große und der Rußsturmtaucher, die weit unten im Süden brüten, bewegen sich außerhalb ihrer Nistzeit – während unseres nördlichen Sommers – 8000 Kilometer und mehr vom Ausgangspunkt entfernt, in einem Kreisbogen durch den nördlichen Atlantik. Und ebenso macht es die Buntfußsturmschwalbe.

Die drei zuletzt erwähnten Vögel sind Beispiele für Vögel, die auf der südlichen Halbkugel der Erde brüten und nach Norden ziehen. Es sind Seevögel. Der Hauptgrund, warum so wenig Landvögel im Süden brüten und nordwärts ziehen, sind die Raumverhältnisse. Wenn man die Antarktis ausschließt, in der es keine Landvögel gibt, dann liegt auf der

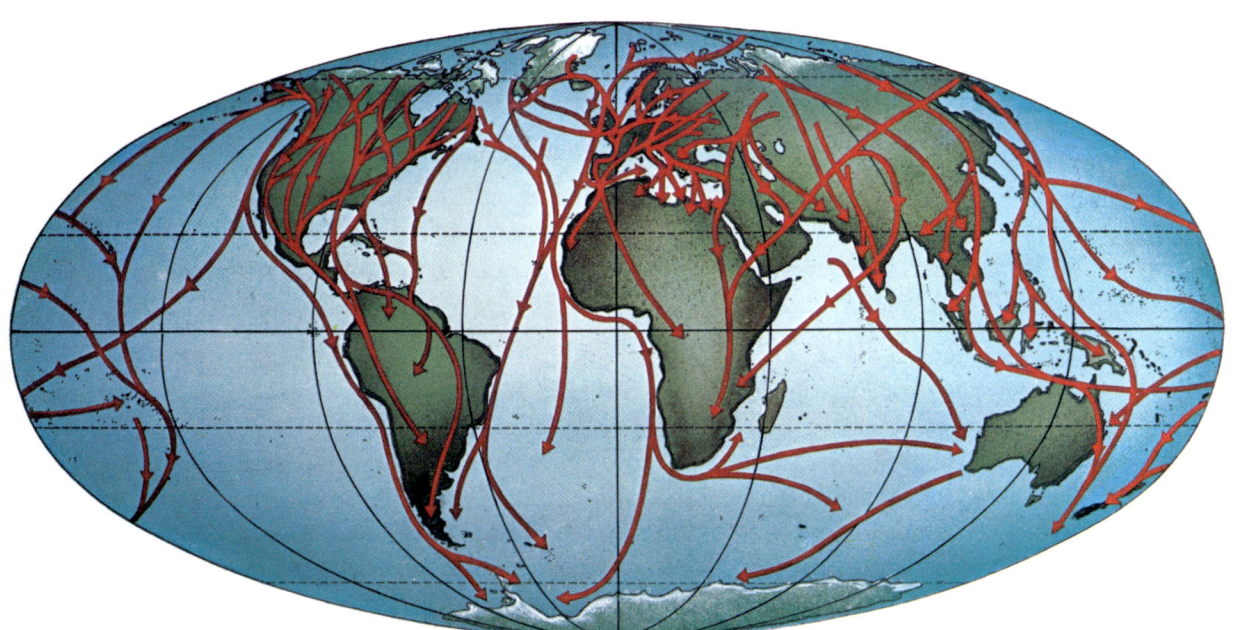

Wichtige Zugwege, die Zugvögel im September einschlagen – nördlicher Herbst, südlicher Frühling.

Ein kleiner Drosselverwandter, der Steinschmätzer, hat drei Rassen. Die eine nistet in Marokko und Tunis, die am weitesten verbreitete brütet von Alaska bis nach Eurasien und fliegt (mit den Alaskavögeln) zum Überwintern nach Arabien und Afrika. Die dritte Rasse, der Grönländische Steinschmätzer, ist die größte, wiegt aber nur rund 30 Gramm. Sie nistet (rot) in Grönland, Labrador und der nördlichen kanadischen Arktis und macht unter allen Kleinvögeln die weiteste regelmäßige Seereise, um in Südwesteuropa und Westafrika zu überwintern. Wahrscheinlich war der Steinschmätzer einst auf die Alte Welt beschränkt und breitete sich dann in den beiden Ecken der Neuen aus.

Bei zahlreichen Beobachtungen von Schiffen aus wurde festgestellt, daß die Grönlandrasse im Herbst beim direkten Überfliegen des Atlantik gewöhnlich mehr als 3000 Kilometer zurücklegt. Außer auf die herrschenden Winde verlassen sich die Vögel allein auf ihre eigene Kraft. Gegen den Wind auf dem Frühjahrsrückflug »hüpfen« die Grönländischen Steinschmätzer von Insel zu Insel über Schottland und die Färöer-Inseln nach Island und Grönland.

Atlantik-Zuggebiete der Küstenseeschwalbe, des leistungsfähigsten Zugvogels.

Nordhalbkugel fünfmal soviel Land wie auf der südlichen. Doch ist der Anteil kleiner Vögel von Patagonien, die sich im Winter nach Norden bewegen, ebenso groß wie der Anteil jener von Neuengland, die südwärts ziehen. Man kennt nur wenige Landvögel, die auf der Südhalbkugel brüten und den Äquator im Winter überqueren; doch einige von diesen reisen wenigstens 16000 Kilometer weit.

Die bemerkenswertesten Ozeanüberquerungen von gewöhnlich nicht schwimmenden Vögeln geschehen vielleicht im Pazifik. Mehr als 3200 Kilometer weit über das Weltmeer, von Alaska nach Hawaii, »springt« regelmäßig die westliche Rasse des Braunachselgoldregenpfeifers. Der Borstenbrachvogel, der nur in Alaska brütet, überwintert im ausgedehnten Bereich des pazifischen Ozeaniens südlich und westlich der Hawaiischen Inseln. Einige ziehende Wanderwasserläufer des amerikanischen Nordwestens bewohnen im Winter ein ähnliches Winterquartier. Der neuseeländische Doppelbandregenpfeifer zieht in der Regel hinüber nach Australien. Zwei neuseeländische Kuckucke, der Bronzeglanzkuckuck und der Neuseeland-Koël, unternehmen die weite Reise über den Ozean nach Neukaledonien, den Salomon-Inseln und Polynesien.

Der Vogelzug birgt Risiken in sich. Und doch ist er die ständigen Verluste wert, die durch körperliche Erschöpfung und durch gefährliche Wetterschwankungen verursacht werden. Er ist die bemerkenswerteste Anpassung, die das beweglichste Tier der Welt erreicht hat. Jahrmillionen der Entwicklung durch natürliche Zuchtwahl, die an den mit Muskeln versehenen Flügeln ansetzen konnte, haben sichergestellt, daß es keinen Fels im einsamsten Ozean und keine Oase in der weitesten Wüste ohne Vogelbesuche gibt.

Typische Tagzieher Nordamerikas: 1. Schornsteinsegler, überwintert bis nach Peru südwärts; 2. Rauchschwalbe, bis Chile und Argentinien (dieselbe Art wie in der Alten Welt); 3. Wanderdrossel, bis Guatemala; 4. Trauerzeisig, bis Mexiko; 5. Ostblauhäher, in die südlichen USA; 6. Rotschulterstärling, bis Costa Rica.

Die Navigation der Vögel

Seit dem Heraufdämmern der Zivilisation hat der Mensch die Heimfindefähigkeit gewisser Vögel, besonders der Tauben, erkannt. Seltsamerweise ließ es sich aber bis vor kurzem nur schwer beweisen, daß Vögel als echte Navigatoren handeln können. Taubenliebhaber trainierten lange Zeit ihre Vögel darauf, aus einer einzigen Richtung heimzukehren, wobei die Abstände, aus denen sie aufgelassen wurden, ständig wuchsen. Experimente in den ersten Jahren unseres Jahrhunderts zeigten, daß Tauben, die zur Heimkehr etwa aus nördlicher Richtung trainiert waren, oft nach Süden flogen, wenn sie zum Beispiel östlich oder westlich ihres Schlages aufgelassen wurden. Außerdem ergab sich bei der Bestimmung der Flugdauer von Heimkehrern aus ungewohnten Richtungen, daß die Flüge oft langsamer vor sich gingen. Daraus läßt sich auf die Möglichkeit schließen, daß die Tauben einen großen Teil ihrer Zeit mit der Suche nach bekannten Landmarken verbringen.

Heute gibt es reichlich Beweise für die navigatorischen Großtaten der Vögel. Vor gut 30 Jahren sandte unser Freund R. M. Lockley zwei Schwarzschnabelsturmtaucher von ihren Nisthöhlen auf der Insel Skokholm in Wales mit dem Flugzeug nach Venedig, wo sie sogleich freigelassen wurden. Die Adria liegt außerhalb des Verbreitungsgebietes der walisischen Sturmtaucherrasse. Die Alpen lagen zwischen den Vögeln und ihrer Heimat. Trotzdem kam einer der beiden Vögel nach 14 Tagen heim. Beim Heimflug übers Meer (das die Sturmtaucher bevorzugen) betrug die Strecke fast 6000 Kilometer, über Land fast 1500 Kilometer. Im Juni 1952 wurde ein weiterer Skokholmer Sturmtaucher auf dem Bostoner Flugplatz in Massachusetts freigelassen – außerhalb des normalen Bereichs. Sein kürzester Heimweg über den Atlantik mißt fast 5000 Kilometer. Er war in 12 1/2 Tagen zurück!

Viele andere Heimfindeversuche sind bis heute mit fast ebenso aufsehenerregenden Ergebnissen unternommen worden. Sie beweisen, daß die Vögel über eine wundervolle Heimfindefähigkeit verfügen, auch wenn sie zur Heimkehr große, ihnen völlig fremde Land- und Meeresstrecken überqueren müssen. Alle Zugvögel sind von Natur Navigatoren. Die meisten Nicht-Zugvögel sind es nachweislich auch.

Nachtzieher Nordamerikas: 1. Rotaugenvireo, im Winter bis Peru; 2. Zwergdrossel, bis Argentinien; 3. Dachsammerfink, bis Mexiko und Kuba; 4. Schwarzkehlgrünsänger, bis Panama und auf die Großen Antillen; 5. Rosenbrustknacker, bis Ecuador; 6. Nordamerika-Fliegentyrann, bis Kolumbien.

In den letzten drei Jahrzehnten haben viele Experimentatoren, unter ihnen Matthews in England, Kramer und Sauer in Deutschland, gezeigt, daß, obwohl die Navigation der Vögel noch geheimnisvoll ist, diese Geheimnisse jetzt immerhin eingeengt sein dürften.

Vögel orientieren sich mit den Augen, mit einem eingebauten »Chronometer« oder angeborenem Zeitsinn. Als Richtpunkte benutzen sie tagsüber die Sonne, in der Nacht die Sterne und zweifellos den Mond. Es scheint endgültig bewiesen zu sein, daß Vögel weder magnetische Kräfte spüren noch von der Erdrotation ausgehende Kräfte in ihrem inneren Ohr wahrnehmen. Vögel lernen die Grundlagen der Navigationstechnik nicht; sie ist ihnen angeboren und kann durch Erfahrung verbessert werden.

Geoffrey Matthews und der verstorbene Gustav Kramer haben die Sonnenorientierung der Vögel positiv nachgewiesen. Nach Matthews Meinung sind die Vögel in der Lage, die Sonnenbewegung vorwärts und zurück zum höchsten Sonnenstandort des Tages zu berechnen und durch den eingebauten Zeitsinn geographische Breiten und Längen zu erfassen. Diese Möglichkeit hängt mit der Tatsache zusammen, daß auf allen geographischen Breiten der Bogen, den die Sonne beschreibt, zum Horizont in einem Winkel geneigt ist, der für jede einzelne Breite eine kennzeichnende Größe hat. Auf jedem Breitengrad ist also der höchste Punkt des Sonnenbogens, der Mittagsposition der Sonne entsprechend, an jedem Tag ein anderer. Auf diese Weise kann der Vogel erkennen, auf welchem Breitengrad er sich gerade befindet, wenn er auf nur kurze Zeit die Sonne sieht und mit seinem angeborenen Zeitbewußtsein feststellen kann, wo sich der höchste Punkt der Sonne befinden muß. Wenn er vergleicht, wie weit die Sonne an seinem gegenwärtigen Standort auf ihrer Bahn gewandert ist und wie weit sie zur Beobachtungszeit in der Heimat gewandert wäre, »kennt« er auch den geographischen Längengrad.

Mit seinen sinnreichen Experimenten im Planetarium und anderen Beobachtungen war Sauer nahe daran, zu beweisen, daß Vögel mit einer angeborenen Kenntnis der Sternbilder auf die Welt kommen und daß die nachts fliegenden Zugvögel die Sterne ganz selbstverständlich als Richtungslinien benutzen, und zwar unbewußt auf eine Art, die Kapitän Cook nur mit Hilfe eines Sextanten und des gerade erfundenen Chronometers erreichen konnte.

Zweifellos wenden die Vögel auch Techniken an, zu denen die Erfahrung mehr beiträgt als der Instinkt. Sie lernen die »Landkarte« ihrer Umgebung und nach ein bis zwei Lebensjahren ihre Zugstrecken kennen! Sie können die Richtung von Meeresströmungen zur Wegfindung benutzen, Temperaturänderungen als Führer heranziehen und andere Vögel der eigenen Art oder anderer Vogelarten, oder sogar andere Tiere beobachten. Jedenfalls kann man es für ganz sicher halten, daß sich Vögel ohne Instrumente oft besser orientieren, als Menschen mit Instrumenten. Wenn jedoch an bewölktem Himmel Sonne und Sterne verdeckt sind, erweisen sich die kompaßlosen Vögel dem Menschen weit unterlegen. Sie unterbrechen dann nach Möglichkeit ihren Zug.

Sehr wenige fliegende Wesen können sogar bei völliger Dunkelheit navigieren. 1940 gelang Donald R. Griffin und Robert Galambos der erste ihrer großartigen Beweise, daß Fledermäuse eine Folge von hochfrequenten Klickrufen ausstoßen und das Echo dieser Töne, das von sehr kleinen oder sich bewegenden Objekten zurückkommt, mit äußerst empfindlichen Ohren entdecken. Mittels dieser Echolotpeilung fangen sie ihre Insektenbeute und finden sie ihren Schlafplatz im Dunkeln.

Bis 1954 hatte Griffin bewiesen, daß der Fettschwalm – ein Verwandter der Nachtschwalben, der zu einer eigenen Familie gehört – die Echolotpeilung ebenfalls und mit beträchtlich niedrigerer Frequenz wie die Fledermäuse verwendet: Sein Zirpen ist tatsächlich im Bereich des menschlichen Hörens. Bald hatten andere Forscher die Echolotpeilung bei weiteren Vögeln, die dunkle Höhlen bewohnen, entdeckt: bei den eßbare Nester bauenden Salanganen der Philippinen und Ostindiens. Wahrscheinlich verwenden auch unsere Segler und vielleicht auch die Nachtschwalben die Echolotpeilung, obwohl das für beide noch nicht bewiesen ist.

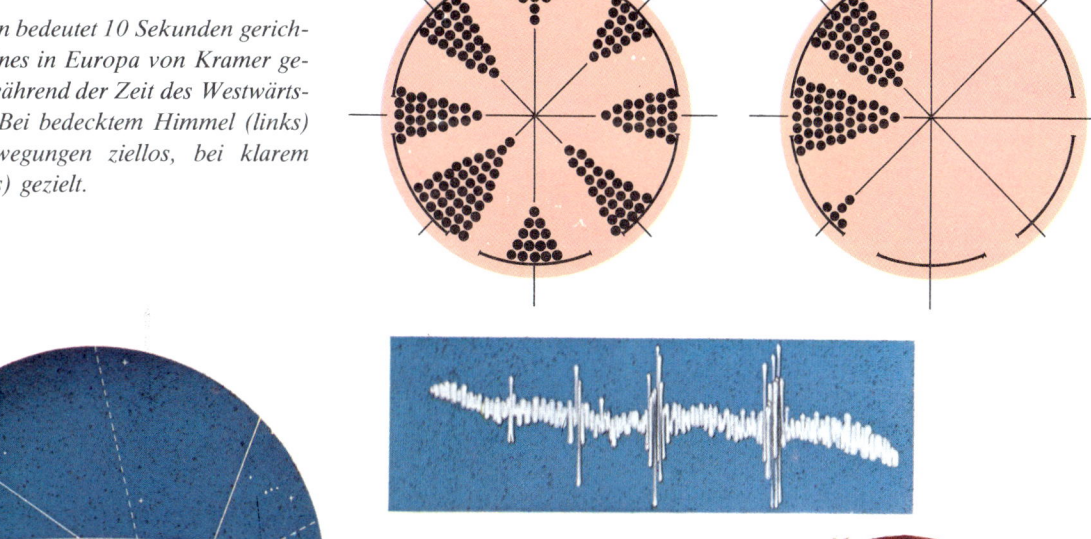

Jedes Pünktchen bedeutet 10 Sekunden gerichtete Tätigkeit eines in Europa von Kramer gekäfigten Stars während der Zeit des Westwärtszuges der Art. Bei bedecktem Himmel (links) waren die Bewegungen ziellos, bei klarem Himmel (rechts) gezielt.

Beim Studium der Orientierung zur Nachtzeit: Durchgehende Linien: Ausschnitt, den der Vogel rechts von seinem Platz aus sehen kann; gestrichelte Linie: von links. (Graphik nach Sauer)

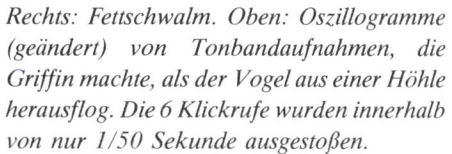

Rechts: Fettschwalm. Oben: Oszillogramme (geändert) von Tonbandaufnahmen, die Griffin machte, als der Vogel aus einer Höhle herausflog. Die 6 Klickrufe wurden innerhalb von nur 1/50 Sekunde ausgestoßen.

Der Bestand

Vor über einem halben Jahrhundert erkannte J. H. Gurney, daß man den Gesamtbestand einer Vogelart zählen kann. Sein Vogel war der Baßtölpel, und er nahm an, daß alle Kolonien dieses Vogels bekannt seien und die Nestanzahl in jeder Kolonie zu zählen oder zu schätzen wäre. Seine Vermutung, daß 1912 ca. 55 000 Baßtölpelnester besetzt waren, kam der Wahrheit wohl ziemlich nahe.

Seitdem wurde der Bestand einer ganzen Anzahl von Vogelarten weltweit gezählt. In der Regel durch Zählung der Nester, manchmal aber auch durch das Zählen der Winterschwärme. Für die Klippen der Seevögel und die Nahrungsgründe der grasfressenden Vögel benutzte man Luftaufnahmen. Nach einer Berechnungsweise, die Dr. F.C. Lincoln 1930 erarbeitete, können Vogelberinger, die zahlreiche Vögel fangen und beringen, den Gesamtbestand aus der Anzahl der wiedergefangenen Vögel schätzen.

Im Zweiten Weltkrieg organisierte man eine Zählung der Nester aller Saatkrähenkolonien auf zwei Dritteln der Fläche von England, Wales und Schottland. Es gab fast eine Million Nester. Um sie zu zählen und örtlich festzulegen, bearbeiteten rund 400 freiwillige Helfer gründlich je fast 400 Quadratkilometer im Durchschnitt. Die Bestandsaufnahme dauerte drei Jahre. Sie auf den gesamten weiten Bereich der Saatkrähe in Europa und Asien auszuweiten, würde eine größere, fast strategische Unternehmung bedeuten.

Es ist daher verständlich, warum bis heute nur ein paar Seevogelarten als einzige Vögel mit einem Bestand von über einer Million vollständig gezählt wurden: In der Regel ist es viel einfacher, die Nester von Seevögeln zu finden und ihre Zahl zu schätzen, als die eines

Einige von rund 60 Vogelarten, deren Gesamtbestand kürzlich geschätzt wurde (Gänse und Kraniche wurden nach Winterschwärmen gezählt, die übrigen nach der Zahl der jährlich besetzten Nester). Wenige Seevögel haben einen so groß geschätzten Bestand wie der Papageitaucher, aber die Dickschnabellumme und die Buntfußsturmschwalbe sind bestimmt viel häufiger. Zahlen des Guanotölpels und des Guanokormorans (Peru, Chile) schwanken stark. Die Schätzung des Königsalbatros (hauptsächlich Campbell-Insel, Neuseeland) schließt Jungvögel ein.

Papagei-
taucher
15 000 000

Baßtölpel
330 000

Großer
Sturmtaucher
4–5 000 000

Guanotölpel
4–40 000 000?

Kanadakranich
170 000

Weißwangen-
gans
30 000

Guanokormoran
5–30 000 000

Zwergschneegans
2–3 000

Königsalbatros
19 000

Besiedlungsdichte der in Finnland häufigsten Art, des Fitis. Zahlen bedeuten Paare je Quadratkilometer.

Landvogels mit gleich großem Bestand. Der häufigste Vogel, der wirklich sorgfältig und wiederholt gezählt wurde, ist der Baßtölpel. Er besitzt heute 32 Kolonien, und die Gesamtzahl der Nester betrug gegen Ende der 60er Jahre rund 166 000. Der Afrika-Tölpel hatte im Jahre 1956 nach einer photographischen Übersicht etwa 225 000 Nester; wenn dieses Buch erschienen ist, werden es über eine halbe Million sein. Der Australische Tölpel hatte 1946–1947 etwa 21 000 und im Jahre 1967 etwa 27 000 Nester.

Die Bestände von etwa 60 Vogelarten sind mit mehr oder weniger großer Genauigkeit geschätzt worden. 14 davon sind Seevögel, und 40 sind seltene Arten (S. 101) mit Beständen unter 2000. Einige genauere Bestandsaufnahmen wurden bei Vogelarten mit kleineren Bevölkerungen durchgeführt. Eine der besten war die des Kirtland-Waldsängers in den Jahren 1949 und 1961. Dieser Vogel nistet auf einer Fläche von nur 83 Quadratkilometern in Zentral-Michigan und sonst nirgendwo. Eine Gruppe von Feldornithologen suchte und fand beide Male alle singenden Männchen des Staates (432 und 502). Der Gesamtbestand dieses Vogels kann in jedem Frühling nicht viel mehr als 1000 betragen.

Schon früh in unserem Jahrhundert begannen Feldornithologen in Nordamerika und England die Dichte der an verschiedenen Lebensstätten im Frühling brütenden Vögel auf Probeflächen zu bestimmen. Sie fanden viele Nester und suchten die Plätze aller singenden Männchen, um sich ein Bild von der Zahl der Reviere jeder Art auf der Gebietseinheit zu machen. Diese Methode wurde im Lauf der Jahre sehr verfeinert. Man fand heraus, daß an verschiedenen Lebensstätten sehr verschieden große Bevölkerungen von Landvö-

Nach 5 000 Jahren Haustierdasein ist das Haushuhn heute die bei weitem kopfreichste Vogelart auf der Erde.

Star und Haussperling. Von Menschen in ein Land nach dem anderen eingeführt, sind sie jetzt wahrscheinlich die häufigsten frei lebenden Vögel.

geln wohnen. Wüsten, Tundren, Moore und gewisse Nadelwaldtypen ernähren weniger als 2 Vögel auf einem Hektar Land, landwirtschaftlich genutztes Land meistens zwischen 5 und 10 Vögel, Gärten, Obstanlagen, Parks und offene Vororte Dichtezahlen zwischen 15 und 50 (und in einigen Fällen mehr), Tropenwälder bis zu 50 und einige Arten tropischen Graslandes mit Buschbeständen bis zu 100 Vögel pro ha. Teiche und Seen unterhalten je ha bis zu 5 Vögel, manchmal mehr.

Die Ornithologen konnten mit Hilfe der Zählung auf geeigneten Probeflächen, und mit den nationalen Statistiken über den Gesamtbestand der einzelnen Lebensstätten, den Vogelbestand ganzer Länder errechnen. So brüten in England, Wales und Schottland in einem normalen Mai rund 120 Millionen Landvögel, in Finnland etwa 64 Millionen. Auch können Bestandszahlen für die einzelnen Arten außer den am meisten verstreuten errechnet werden. Die wahrscheinlich häufigsten Vögel Großbritanniens sind Star und Amsel mit je rund 10 Millionen Individuen. Der Haussperling folgt mit rund 9 1/2 Millionen, das Rotkehlchen und der Buchfink mit rund 7 Millionen. In Finnland ist der häufigste der Fitis mit über 11 Millionen, danach der Buchfink mit über 10 Millionen. Zwei getrennte Schätzungen der gegenwärtigen Frühlingsbestände an Landvögeln der Vereinigten Staaten von Amerika ergaben rund 5 1/2 und 6 Milliarden. Zur Glanzzeit der Wandertaube lag diese Zahl vielleicht um die Hälfte höher.

Die Vögel der Welt, Seevögel eingeschlossen, müssen eine Gesamtzahl in der Größenordnung von 100 Milliarden aufweisen. Die heute weitaus kopfreichste Art ist das Haushuhn, dessen Zahl der menschlichen Bevölkerung der Erde mit über 3 Milliarden nahekommen dürfte. Der Star und der Haussperling, die der Mensch in großem Maßstab in neue Länder einführte, sind wohl die an Zahl reichsten frei lebenden Arten. Schätzungsweise rund 150 Millionen Haussperlinge gibt es heute in Nordamerika. Als nächste in der Reihe der kopfreichsten Arten folgt vielleicht ein Seevogel, die Buntfußsturmschwalbe, die in ungeheuren Mengen in der Antarktis und der Subantarktis brütet.

Schwankende Zahlen, Zyklen und Katastrophen

Die Zahl aller Tierarten ändert sich. Einige Änderungen verlaufen auf bemerkenswerte und auf sonderbare Weise regulär. Zum Beispiel haben die Wühlmäuse, Lemminge und Mäuse der nördlichen Welt einen ziemlich regelmäßigen Vierjahreszyklus. In übermäßig bestandsreichen Jahren wandern die kleinen Tiere in Horden los, überqueren Wasserläufe und werden von Füchsen, verschiedenen Wieselarten, Raubmöwen, Bussarden, Weihen und Eulen verfolgt. In Nagerjahren gibt es für diese Räuber so viel Nahrung, daß sie mehr Junge hochziehen und daher im nächsten Jahr gewöhnlich einen Bestandsgipfel aufweisen können.

Die Schnee-Eule ist ein seltener Wintergast der Vereinigten Staaten von Amerika aus der nordamerikanischen Arktis. Aber nach fast allen großen Nagerjahren, also ungefähr jeden dritten Winter, führen die schönen weißen Vögel in ungewöhnlicher Zahl Invasionen in den Süden aus. Im Winter 1926/27 wurden in Neuengland so viele Schnee-Eulen geschossen, daß ein Bostoner Präparator 250 zusätzliche Paare von Glasaugen telegraphisch aus Europa bestellen mußte. Zum Glück schießen die Jäger heute nicht mehr so viele Schnee-Eulen.

In Norwegen schwanken die Moorschneehuhnbestände oft viele Jahre lang entsprechend dem vierjährigen Nagerzyklus. Das kann Zufall sein; denn Schneehühner und Rauhfußhühner sind nicht von Nagetieren abhängig und fressen sie auch nie, aber einige Tiere, von denen sie selbst verzehrt werden, fressen Nagetiere, und ein Teil dessen, was sie aufnehmen, wird auch von Nagetieren gefressen. Indessen haben nicht alle Zyklen von Rauhfußhühnern eine Dauer von 4 Jahren. Die Zyklen des Schottischen Moorhuhns (einer Rasse des Moorschneehuhns, die im Winter nicht weiß wird) schwanken zwischen drei und zehn Jahren, mit einem Mittelanteil von 5,3 Jahren. Die Zyklen des Birkhuhns scheinen im Durchschnitt 4 1/2 Jahre zu betragen. Der Zyklus der Rauhfußhühner dauert in Nordamerika etwa zweimal so lange wie in der Alten Welt, für mehrere Arten zwischen 9 und 11 Jahren.

Andere Bestandsschwankungen scheinen ganz unregelmäßig zu verlaufen. 1863 und noch einmal 1888 tauchte ein fremder Vogel an der ganzen Ostküste Englands und Schottlands auf und verbreitete sich westwärts bis nach Irland und auf die Hebriden. 1888 nistete das Steppenhuhn sogar in Dänemark, England und Schottland. Seit 1909 kamen seine Invasionen gelegentlich nach Osteuropa, aber nie mehr so weit westlich von seiner nächsten normalen Heimat, der staudenbestandenen Kirgisensteppe jenseits des Urals.

In England finden wir immer mehr heraus, daß Invasionen ganzer Bestände alltäglichster Vögel, wie von Blau- und Kohlmeisen, gelegentlich vom Kontinent aus erfolgen. Einige der gewöhnlicheren sogenannten Invasionsvögel der nördlichen Welt sind der Fichten- und der Bindenkreuzschnabel und der Seidenschwanz.

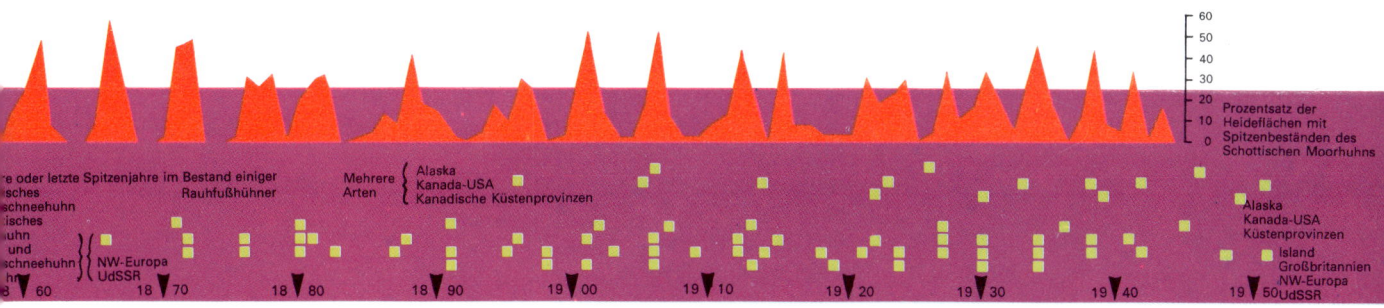

Die Zahlen der meisten Rauhfußhühner weisen rhythmische Schwankungen auf. Über eine lange Zeit, wie die oben behandelte, hinweg gemessen, mag der Zyklus durchschnittlich 4 2/3 Jahre in der Alten und doppelt so lange in der Neuen Welt dauern.

125

Schnee-Eule und Brauner Lemming

Während der Arbeit an diesem Buch beobachteten wir beide Invasionen der Kappenkleiber und der Braunkopfmeisen in Nordamerika. England erlebte einen Seidenschwanz-Winter, und Seidenschwanz-Einfälle sind in letzter Zeit alltäglicher geworden. Von den Finken ist der Fichtenzeisig ein häufiger Invasionsvogel, in Europa der Bergfink. Der Rosenstar, der normalerweise nur bis in die ungarischen Ebenen, wo sich Felsblöcke befinden, gelangt, besucht in unregelmäßigen Abständen von Sommer bis Herbst auch Westeuropa.

Wodurch ändern sich die Bestandszahlen der Vögel? Eine Teilantwort bezieht sich auf die Nahrungsversorgung. Viele Invasionsvögel treibt schlechtes Wetter oder das Ausbleiben der Früchte ihrer Nahrungsbäume, oder beides auf die Wanderschaft.

Ein Grund für die regelmäßigen Zyklen (der sogenannten zyklischen Vögel) ist vielleicht die Zeitverzögerung zwischen dem Überangebot an Nahrung und der größten Zahl der Nahrungsuchenden. Z.B. die Lemminge vermehren sich, doch erst im nächsten Jahr sind die Schnee-Eulen häufig. Die Lemminge werden zahlreicher, und treiben dadurch die Zahl der Eulen in die Höhe. Die Eulen vermehren sich, die Zahl der Lemminge sinkt in die Tiefe. Die Lemminge nehmen ab, die Zahl der Eulen vermindert sich. Die Eulen nehmen ab, die Lemminge vermehren sich. Doch das sind sicher nicht allein die Ursachen, man muß noch Wetterzyklen und andere natürliche Rhythmen berücksichtigen, um die Beziehung Eule-Lemming ganz zu verstehen.

Meteorologen haben Wetterzyklen entdeckt, die von 41 Monaten über 3 2/3, 7 1/2, 9 2/3, 11 1/5 und 22 3/10 (letztere beiden verbunden mit Sonnenflecken), 35, 45, 67, 90, 170 Jahre bis zu 510 Jahren reichen, und einige noch viel längere Perioden. Unser Planet ist reich an Zyklen, die einander fördern oder aufheben können, und von denen einige die Vögel beeinflussen.

Ein ungewöhnlich strenger Winter kann die Vogelbestände stark dezimieren. In dem außerordentlich harten Winter, unter dem Großbritannien 1962/63 litt, verminderte sich die Zahl von wenigstens einem Viertel der einheimischen Vogelarten auf die Hälfte oder weniger. Dabei gehörten die Vögel, die in Großbritannien nahe der nördlichen Grenze ihres Brutbereichs leben, zu denen, die am meisten litten. Am härtesten getroffen wurden Eisvögel, Bergstelzen, Wintergoldhähnchen, Schwarzkehlchen, Zaunkönige, Schleiereulen, Bekassinen und Schwanzmeisen.

Wenn ein großer Prozentsatz ihrer Bestände vernichtet wird, zeigen die meisten Vögel bemerkenswerte Kräfte, sich zu erholen. Die Vögel mit großen Gelegen, und besonders die mehr als einmal jährlich brütenden, erholen sich in zwei oder drei Jahren; weniger sich vermehrende Vögel benötigen etwa vier bis fünf Jahre.

Bindenkreuzschnabel

Rosenstar

Seidenschwanz

Kappenkleiber

Moorschneehuhn

Steppenhuhn

Ausbreitung einiger Vogelarten im letzten Jahrhundert

Im Verlaufe unseres Jahrhunderts ist in Europa eine allgemeine klimatische Verbesserung im späten Frühling und im frühen Sommer erfolgt. Neue Vögel haben sich als regelmäßige Brutvögel auf Island, den Färöer-Inseln im Atlantischen Ozean, in Großbritannien und Skandinavien niedergelassen. Unter den Landvögeln war es die Türkentaube, die sich auf die außergewöhnlichste Weise über den größten Teil Europas ausbreitete (s. Karte S. 131). Dieser Vogel aus Asien hatte bis um das Jahr 1912 einen Vorposten auf dem Balkan. Er erreichte Ungarn etwa 1928, erweiterte seinen Bereich in 20 Jahren um fast 2000 Kilometer, und brütet heute in einem breiten Gürtel, dessen nordwestliche Begrenzung sich bis zum Schottischen Hochland und nach Irland erstreckt. Die Türkentaube wurde auch schon in Island festgestellt und vermehrt sich immer noch stark. Sie hat kaum Furcht vor dem Menschen und sucht gern Plätze auf, wo es verstreutes Getreide gibt, einschließlich Zoologischer Gärten. Der klimatische Wechsel wird ihre Ausbreitung gefördert haben, bei der aber auch ihre natürliche Anhänglichkeit an menschliche Siedlungen und die Vorliebe der Europäer für Vögel von Einfluß gewesen sein mögen.

Fast noch eindrucksvoller liest sich die Sage vom Eissturmvogel. Die Ausbreitung dieses Seevogels aus der Arktis erfolgte in die falsche Richtung, so daß sie mit dem milder werdenden Klima durchaus nicht zusammenhängen kann. Wahrscheinlich geht sie auf den Menschen zurück. Vor 200 Jahren, als der arktische Walfang seinen Höhepunkt erreicht hatte, begannen die Eissturmvögel mit der Gründung neuer Kolonien. Damals wurden die Wale im grönländischen Eis an den Seitenwänden der Schiffe abgespeckt. So fanden die Eissturmvögel, die ganz gierig hinter Walspeck her sind, von ihren Kolonien in Island aus während der ganzen Brutzeit einen gedeckten Freitisch. Und gerade als der Walfang allmählich

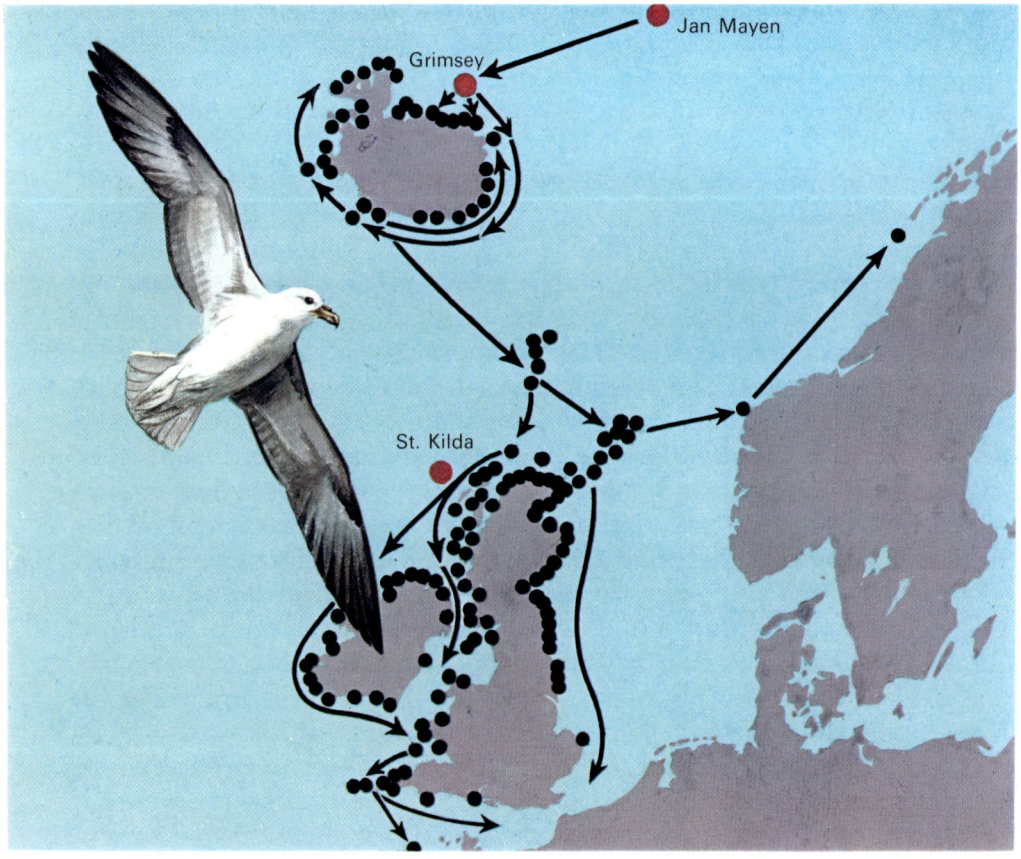

In 200 Jahren hat der Eissturmvogel rund 1000 Kolonien errichtet (schwarze Punkte zeigen Hauptgruppen), einige mehr als 3 200 Kilometer von den beiden ursprünglichen nördlichen Brutsitzen (rot) entfernt. St. Kilda (auch rot) ist als Ausbreitungsquelle zweifelhaft.

zurückging, nahm eine andere Fangweise im Nordatlantik seinen Platz ein: die Netzfischerei. Seitdem begleiten Tausende von Eissturmvögeln die Fischdampfer, um sich von Abfällen, Leber, Abfallfischen und Tintenfischen zu ernähren. Obwohl der Eissturmvogel nur wenig Nachkommen aufziehen kann, hat sich sein Bestand überall im neuen Bereich vervielfacht. Auf den Färöer-Inseln nistete er erstmalig 1816, in Schottland 1878 und auf den Hebriden (außer St. Kilda) 1886. Nach 1900 gründete er Brutkolonien rings um Großbritannien und Irland, in Norwegen und in der Bretagne. Seine Ausbreitung wird sich wohl so lange fortsetzen, wie Fischdampfer Abfälle ins Meer werfen.

Bedeutende Erweiterungen von Brutgebieten sind nicht selten als Folge der Einführung von Vogelarten durch den Menschen erfolgt. Die natürlichen Brutbereiche des Stars waren Europa und Westasien. Nachdem man ihn nach Nordamerika, Australien, Afrika, in zahlreiche neue Gebiete Asiens und auf viele Inseln gebracht hat, verfügt er über ein Gebiet, in dem von größeren Landstrichen nur Südamerika und die Antarktis fehlen. Die in Nordamerika eingeführten Vögel begannen im Jahre 1890/91 zu brüten. Wenig später besiedelten sie wie ein Lauffeuer die gesamten USA, sowie weite Gebiete Kanadas und Mexikos.

In Neuseeland halten sich die durch den Menschen bewirkte Einfuhr und die Ausrottung von Vögeln durch den Menschen ungefähr die Waage (womit nichts beschönigt werden soll). Als die Polynesier um 950 Neuseeland entdeckten, gab es auf der Inselgruppe rund 150 Vogelarten, eingeschlossen 22 Moas und andere flugunfähige Vögel. Seitdem sind insgesamt 45 eingeborene Arten ausgestorben. Doch von der Mitte des 19. Jahrhunderts an, als Europäer Vögel einzuführen begannen (auf Drängen von Gesellschaften für Akklimatisation und von privaten Enthusiasten), wurden 35 neue Arten erfolgreich eingebürgert. Zu den englischen Sperlingsvögeln, die jetzt in Neuseeland gedeihen, gehören Haussperling, Star, Stieglitz und Saatkrähe (1862 eingeführt), Feldlerche und Buchfink (1864),

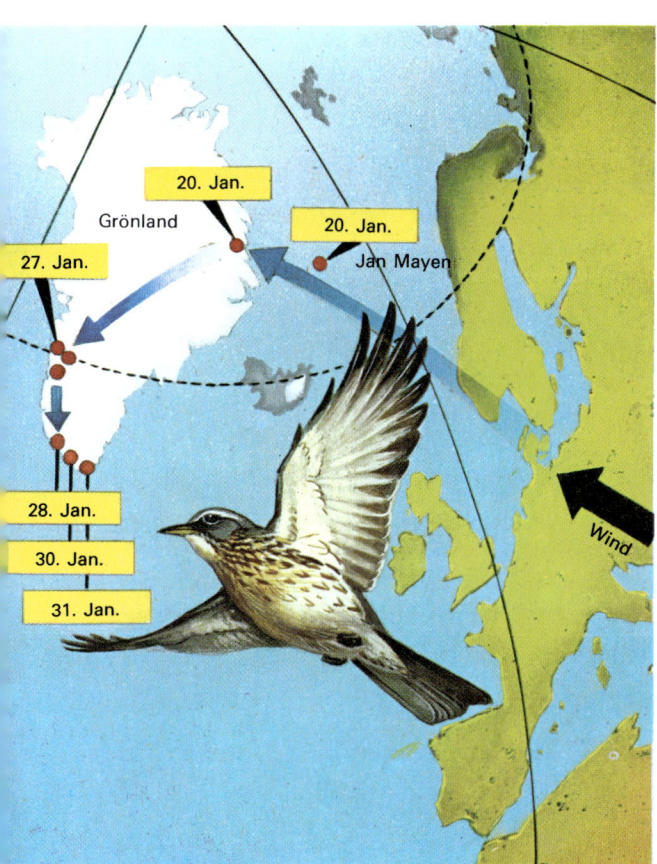

Links: Im Januar 1937 flog die Wacholderdrossel mit Hilfe einer Windströmung nach Südwestgrönland ein. Rechts: Die Invasion des Kuhreihers aus Westafrika in die Neue Welt (die einige Jahre früher begann) wurde vielleicht auch durch Stürme gefördert.

Vormarsch des Starenbrutgebiets quer durch Nordamerika vom Central Park, New York, aus, in den der Star 1890 eingeführt wurde.

Amsel (1865), Heckenbraunelle und Singdrossel (1867), Zaunammer (1871), Dompfaff (1875) und Erlenzeisig (1879).

Einige der in Neuseeland eingebürgerten Vögel haben sich von der Hauptinsel aus über Inselgruppen weiter außerhalb ausgebreitet – sogar bis zu den 960 km östlich gelegenen Chatham-Inseln. Und seit Europäer Verzeichnisse aufstellen, haben wenigstens acht Arten Neuseeland ohne menschliches Zutun von Australien her kolonisiert.

Aus seinem ursprünglichen paläarktischen Bereich ist der Haussperling in einen großen Teil der ganzen Erde eingeführt worden. Es gibt kaum Beweise, daß er irgendwo Schaden angerichtet hat. Doch verlief die Geschichte der Aussetzungen nicht immer glücklich. Auf Hawaii z. B. waren die Folgen ganz anders. 14 eingeborene Vogelarten starben zwischen 1837 und 1945 aus. Mehrere andere sind der Gefahr des Aussterbens ausgesetzt. Und obwohl der Zusammenbruch der heimischen Fauna zum Teil natürliche Ursachen haben mag und zum Teil auf die Jagd und die Zerstörung von Lebensstätten zurückzuführen ist, sind zweifellos in großem Maße auch der Wettbewerb mit eingeführten Arten daran schuld und die Vogelkrankheiten, die sie einschleppten.

Nicht alle Aussetzungen erfolgten mit Überlegung. Viele Vögel flohen aus ihren Gehegen und Käfigen und verwilderten außerhalb ihres natürlichen Brutbereichs. Die vielen Wellensittiche, die heute in Florida brüten, sind Abkömmlinge von in Käfigen (nicht sicher genug) eingesperrten Hausvögeln. Der Habicht, der in England als Brutvogel seit gut einem Jahrhundert ausgestorben ist, hat sich dort seit etwa 1938 wieder in einem kleinen Bestand angesiedelt. Das beruht wohl vor allem oder sogar ganz auf dem Brüten entkommener Falknervögel.

Auf eine ähnlich zufällige Weise erfolgte in Großbritannien (und anderswo) die Ansiedlung zahlreicher Entenvögel, der von den Vogelzüchtern am meisten geschätzten Vögel. Die Kanadagans, die von britischen Vogelzüchtern zuerst um 1670 gehalten wurde, ist fast genau seit dieser Zeit immer wieder verwildert aufgetreten. Die Mandarinente aus Nordostasien, die seit 1745 oder auch früher in Gefangenschaft gehalten wird, verwilderte 1929

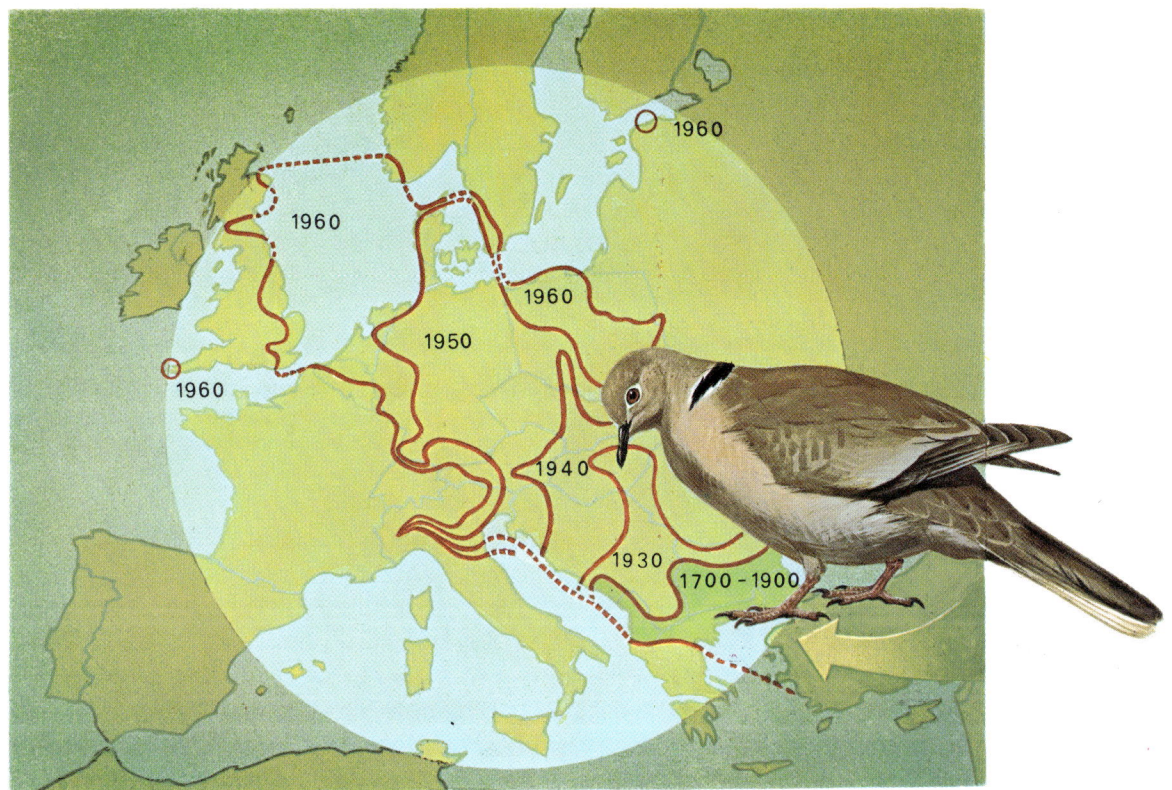

Vorrücken des Brutbereichs der Türkentaube in Europa (inzwischen auch von Island gemeldet).

oder 1930 und breitet sich jetzt weiter aus. Die nordamerikanische Schwarzkopfruderente, die in der britischen Vogelhaltung seit 1936 vertreten ist, hat inzwischen Somerset
besiedelt, vermutlich aus der »Wildfowl-Trust«-Sammlung in Slimbridge, Gloucestershire; wild brütete sie 1965 auch in Hertfordshire.

Im Jahre 1889 führte Lord Lilford, ein tüchtiger Vogelzüchter, einen Vogel wieder nach
England ein, der dort seit frühen prähistorischen Zeiten unbekannt war: den Steinkauz.
Von seinem Sitz in Northamptonshire aus hat sich der Kauz seitdem in alle englischen und
walisischen und in einigen Grafschaften jenseits der schottischen Grenze ausgebreitet. Die
Jäger waren lange Zeit schlecht auf ihn zu sprechen. Doch hat man inzwischen erkannt,
daß er keine nachteilige Wirkung auf den Bestand der einheimischen Vögel hat, und läßt
ihn nun in Ruhe. Manchmal gelangten auch auf natürliche Weise und nicht durch den Menschen Vögel in ein geeignetes neues Gebiet. Wahrscheinlich hat ein Sturm Kuhreiher von
Westafrika nach Südamerika getrieben. Mit Sicherheit wurden sie erstmalig 1930 in Britisch
Guayana gesehen, in Florida 1941 oder 1942. Zwanzig Jahre später reichte ihr Verbreitungsgebiet in der Neuen Welt von Nordost-Peru bis in die Karibischen- und Atlantik-Staa-
ten der USA sowie bis Ontario in Kanada. Und streichende oder ziehende Vögel wurden
bis auf Neufundland und im Mittelwesten der USA angetroffen.

Überall, wo er in der Neuen Welt auftauchte, wurde der Kuhreiher zum Gefährten des
Rindes, dessen Einbürgerung natürlich auf den Menschen zurückgeht. Doch es gab auch
Ausbreitungen durch den Wind, deren Erfolg mit dem Menschen selbstverständlich nichts
zu tun hatte. Die meisten für abgelegene Inseln charakteristischen Vogelarten müssen von
Vorfahren abstammen, die der Wind dorthin verschlug.

Ein gutes Beispiel für eine Besiedlung durch den Wind stellt die Eroberung Grönlands
durch die Wacholderdrossel dar. Der dabei wirksame starke Südoststurm, der einen
Schwarm Vogelkolonisten dieser Art über den Atlantik trieb, ist bekannt. Die überlebenden
Tiere stießen tatsächlich auf das einzige Gebiet Grönlands, wo ihrem Geschmack entspre-
chende Birkenwälder wachsen. Und ihre Nachkommen leben heute dort, im Südwesten.

Koloniebrüter: Auf der Insel Bonaventure in Quebec hat der Baßtölpel seine größte Brutkolonie in der Neuen Welt. Die nistenden Vögel sitzen auf breiten, flachen Felssimsen, jeder gerade außerhalb der Schnabelreichweite der Nachbarn, auf etwa fünf Sechstel Quadratmetern.

6 Die Gesellschaft der Vögel

Der Vogel in der Gemeinschaft seiner Gesellschaftsordnung

Alle erfolgreichen und häufigen Vogelarten scheinen auf irgendeine Weise gesellig zu sein – beim Brüten, bei der Nahrungssuche und -aufnahme oder bei Ortsveränderungen. Am wenigsten gesellig sind wahrscheinlich einige Adler und andere Habichtartige, etliche Falken und Eulen. Alle echten Seevögel sind an ihren Brutplätzen gesellig. Eng für die Brutvögel ist es nur auf einigen Tropeninselchen, weil zu wenig Platz vorhanden ist. Doch dort pflegen sich Seevögel sogar abzulösen und in »Schichten« zu brüten. Dagegen gibt es zwischen den meisten Seevogelkolonien genügend unbesetzten Nistraum, und sie befinden sich immer an Orten, die sie traditionsgemäß anderen vorgezogen haben. Brütende Vögel gesellen sich zueinander, weil das in ihrer Natur liegt.

Die Buntfußsturmschwalbe ist ein höchst geselliger Brutvogel. Als sie der berühmte amerikanische Ornithologe Alexander Wilson 1813 zum ersten Mal beschrieb, versäumte er, ihr einen Namen nach Linné (schwed. Naturforscher, 1707–78, schuf die wissenschaftliche Benennungsweise der Tiere und Pflanzen) zu geben. Er hatte sie an der nordamerikanischen Küste entdeckt und dachte, sie gehöre zu derselben Art wie der britische Wellenläufer. Tatsächlich verbringt die Buntfußsturmschwalbe den nördlichen Sommer im Indischen Ozean, im Roten Meer, im Pazifik und im Atlantik, und sie besucht von April bis September sehr oft die nordamerikanische Küste. Im nördlichen Winter (dem südlichen Sommer) versammeln sich diese Vögel zu riesigen Brutkolonien in den antarktischen Gewässern, so daß man angesichts der gewaltigen Größe der Nahrung suchenden Schwärme innerhalb der Reichweite der Kolonien annehmen möchte, es handle sich um den Seevogel mit der höchsten Individuenzahl.

Der bahnbrechende Forscher, der die Verbreitung der Buntfußsturmschwalbe kartographisch aufzeichnete, unser Freund Brian Roberts vom Scott Institut für Polarforschung in Cambridge, England, begann mit seinen Freilandbeobachtungen, die zur Aufdeckung der jahreszeitlichen Wanderungen dieses Vogels führten, als er auf den argentinischen Inseln bei Graham-Land mit der britischen Expedition von 1934–1937 tätig war. Aber es ist bis heute nicht möglich, auch nur annähernd genau den Bestand dieses interessanten Vogels aufzunehmen. Wie alle Angehörigen der Sturmschwalbenfamilie, brütet er in Erdhöhlen und ist daher zahlenmäßig nur schwer zu erfassen.

In der Familie der Alken lag der Brutvogelbestand des Papageitauchers allein auf St. Kilda, der westlichsten schottischen Insel, kürzlich in der Größenordnung von einer Million Vögel. Die aus Papageitauchern, Lummen und Teisten gemischten Kolonien auf der Bäreninsel nördlich von Norwegen zählen wahrscheinlich über eine Million Köpfe. Mehrere ebenso volkreiche Alkenkolonien gibt es im nordkanadischen Verwaltungsbezirk Franklin.

Die rings um das antarktische Festland auf geeigneten Kaps und Inseln gelegenen gemischten Seevogelbrutkolonien zählen oft über eine Million Vögel. Auf vielen dieser Stellen sind die Pinguine in der Überzahl, so der Neuseeländische Goldschopfpinguin auf Macquarie, der Eselspinguin auf den Falklandinseln und der Adeliepinguin auf oder nahe bei dem antarktischen Festland.

In gemäßigten Zonen sind die Bestände meist nicht so groß, obwohl in Südafrika auf der Dassen-Insel vor dem Kap der Guten Hoffnung über eine halbe Million Brillenpinguine brüten. In den Tropen sind die größten Seevogelkolonien wohl die der Rußseeschwalbe, die zu Hunderttausenden in vielen Inselgruppen nistet, besonders auf den Seychellen (Gruppe von 92 Inseln und Klippen im Indischen Ozean).

Auf dem Festland haben einige gesellig brütende Arten riesige Kolonien. Saatkrähen sind die häufigsten großen Vögel Großbritanniens. An ihren Brutplätzen sind gewöhnlich wenigstens zwanzig Nester, oft über hundert und manchmal Tausende. Doch verfügen die Saatkrähen über eine zweite Form sozialer Organisation – den Herbstschlafplatz, an dem sich Tausende von Tieren, meist aus einem Umkreis von rund 15 km, lange Zeit jeden Abend zusammenfinden. Die Kolonien der Saatkrähe mitsamt sämtlichen dort brütenden Vögeln gehören als Gemeinschaft zu bestimmten Schlafplätzen. Wächst der Bestand, so daß die Kolonien und manchmal auch die Schlafplätze zu eng werden, dann spalten sich Satelliten ab, die wahrscheinlich von jungen Vögeln gegründet werden.

Den Rekord der Gesellschaftsbrüter unter den lebenden Landvögeln hält der Blutschnabelweber, ein afrikanischer Vogel, dessen Brutkolonien selbst die der Guanovögel auf den peruanischen Guanoinseln an Zahl übertreffen können.

Innerhalb einer Vogelgesellschaft sind zwei Kräfte oder Triebe feststellbar, die stets miteinander in Konflikt stehen. Der soziale Trieb läßt die Vögel nach dem Zusammensein mit Artgenossen streben. Der Antimassierungstrieb nötigt sie, sich gegenseitig zu vertreiben, wenn sie zu dicht aneinander kommen und dadurch die Individualdistanz nicht einge-

Gesellig Nahrung suchende Vögel: Die Amerika-Pfuhlschnepfe, einer der größten Watvögel Nordamerikas, sondiert schwarmweise im Sand der kalifornischen Strände, wenn sie im Frühling nach Norden durchzieht. Schwarmbildende Vögel haben den Vorteil des gegenseitigen Schutzes vor Feinden.

halten werden kann. Baßtölpelnester sind auf flachen Felsen gleichmäßig verteilt, und um etwas mehr als die Schnabelreichweite voneinander entfernt. Stare schubsen sich am Schlafplatz so lange, bis sie sich nicht mehr berühren. Auf einem Draht versammelte Schwalben halten ihren individuellen Abstand ein. Watvögel auf der Durchreise rücken auf kleinen Sandbänken, die reichlich Nahrung bieten, eng zusammen, zanken sich dann aber so lange, bis alle genügend Platz haben, um ungestört nach Nahrung bohren zu können. Einige soziale Vögel haben nur einen sehr schwachen Antimassierungstrieb. Die Wandertauben z. B. nächtigten in gewaltigen, gedrängten Massen. Ihre typischen Brutplätze bedeckten schon Flächen von mehr als 78 Quadratkilometer Größe. 1869 wurden von nur einem einzigen Brutplatz über 7,5 Millionen Stück verkauft. Als ihre großen Schwärme von Jägern zerstreut wurden, starben sie aus.

Die Vorteile einiger Formen geselligen Lebens lassen sich leicht einsehen. Vögel, die sich zusammenscharen, schützen sich gegenseitig vor Feinden. Sie können massierte Nahrungsvorräte besser suchen und sie gleichmäßig ausnutzen. Die Vorzüge des Koloniebrütens lassen sich nicht so leicht erkennen. Große Kolonien ziehen verhältnismäßig mehr Junge auf. Aber in kleinen Kolonien leben zum großen Teil unerfahrene Vögel, die zum ersten Mal brüten, und diese leisten weit mehr Ausbreitungsarbeit und gründen weit häufiger neue Kolonien als ältere Vögel, die ihrem einmal benutzten Nistplatz gern treu bleiben.

Viele Vögel wandern in Schwärmen: Die Gänse, die im Norden brüten, drängen sich auf den Nistgründen zusammen, wenn die Altvögel flugunfähig in der Mauser stecken und den Gößlingen die ersten Schwingen wachsen. Alle sind etwa zur gleichen Zeit voll beflügelt und ziehen bald nach Süden, manchmal weite Strecken über See. Die ziehenden Schwärme fliegen oft in V-Formationen und werden von erfahrenen Vögeln geleitet. Haben sie ihre Winterquartiere erreicht, breiten sie sich gleichmäßig auf der Weide, unter ständigem »Druck« von den weiter hinten befindlichen Tieren, aus, so daß jedes zu seiner Nahrung kommt. Mitten in jedem Trupp befinden sich kleinere Gruppen, die Ehepaare mit ihren Jungen des Jahres. Dadurch wird bewiesen, daß die Familienbande auch in der größeren Gemeinschaft noch fest geknüpft sind.

Dieser gesellige Vogel hat noch eine zweite, große Gesellschaftsordnung: den herbstlichen Schlafplatz. (Keine amerikanische Krähe nistet in großen Kolonien, wie es die altweltliche Saatkrähe tut.)

Bindenfregattvogel, Balz

Molukken-Paradiesvogel,
Drohung oder Balz

Die Balz

Über ihren Schlafplätzen führen die in der Dämmerung heimkehrenden Schwärme der Stare oft schöne Darbietungen in der Luft aus, wobei der ganze Schwarm wie eine Wolke mit pulsierenden Rändern um den Nächtigungsplatz manövriert, ehe er sich endlich zur Ruhe niederläßt. Diese Schau ist zweifellos ein Gesellschaftstanz, der den Schwarm zusammenhält und seine Zusammengehörigkeit feiert.

Der Vogel gibt an jedem Tag seines Lebens Hunderte von Signalen von sich: als Antwort auf Vögel seiner eigenen oder einer anderen Art, auf andere Tiere, auf Geräusche oder Licht oder andere Veränderungen in seiner Umgebung. Er benutzt seine Färbung, seine Form und seinen Schmuck, um Bilder von bezaubernder Schönheit zu produzieren.

Vögel stellen sich gern zur Schau und können sich durch solche Schaustellungen vor Feinden tarnen, Beute oder Wettbewerber überraschen, Signale zum Fliehen, Herbeikommen, Sichverstreuen oder Sichgruppieren geben, Feinde von ihren Jungen ablenken oder fortlocken, angriffslustigere oder gefährlichere Tiere nachahmen, eigene Partner und Familien erkennen oder finden, die eigenen Artgenossen umwerben, einschüchtern oder sich ihnen unterordnen, und vieles andere fordern oder ausdrücken. Vögel sprechen mit den Bewegungen ihres Körpers, selbst wenn sie im Ablauf eines sich ständig wiederholenden Ritus erstarrt erscheinen, mit Mimik und mit Tanz ebenso, wie mit ihrer Stimme.

Die wunderbarsten Zurschaustellungen der Vögel erfolgen in der Brutzeit. Bei sehr vielen Arten haben sich leuchtende Farben, phantastische Formen und Schmuckgebilde allein zur Umwerbung der Partner oder zur Drohung gegenüber Nebenbuhlern entwickelt.

Adeliepinguin, Begrüßung

Weißstorch, Begrüßung

Auf kleinen tropischen Inseln locken die Männchen des Bindenfregattvogels die Weibchen zur Paarbildung und zum Beginn des Nestbaues, indem sie sich auf einen Strauch setzen, ihre Flügel entfalten, hin- und herwackeln, ihren riesigen roten Kehlsack bis zur Größe eines Kinderballons aufblähen und einen lauten Gruß hinaustrompeten, den ein Beobachter wie folgt niedergeschrieben hat: trr trr trr kiu, kiukiu iu huhuhuhu.

Der kleine Adeliepinguin hat bei der Balz ein ekstatisches Verhalten, in dem er Kopf und Schnabel langsam hochstreckt, mit seinen Flossenflügeln ruckartig schlägt, die Brust herausstreckt und eine trommelartige Ruffolge mit zunehmender Lautstärke von sich gibt, deren abschließender Höhepunkt mit ku-ku-ku-ku-ku-kug-gu-gu-gu-gu-ga-aaaa niedergeschrieben worden ist. Zu Beginn ihres paarweisen Zusammenlebens verbeugen sich die Partner tief voreinander; in einer der typischsten Gleichbalz, die wir kennen, stehen sie sich mit hochgerichteten Schnäbeln gegenüber, rollen die Augen mit erhobenen Schöpfen und abgespreizten Flossen; sie schwanken hin und her, wobei ihr heiseres Geschrei kilometerweit zu hören ist. Manchmal beginnt die Gleichbalz damit, daß ein Vogel seinem Partner einen Stein zum Nistplatz bringt.

An einem Kiesstrand kann ein Steingeschenk keinen nützlichen Wert haben, aber einem Adeliepinguin mag es durchaus als geschlechtliches Reizmittel dienen. Fütterungen, die bei vielen Vögeln während der Balz häufig vorkommen, haben ebenfalls mehr sexuelle als nahrhafte Bedeutung. Die weibliche Silbermöwe, die gerade gefressen hat, pflegt ihren Partner dennoch um Futter anzubetteln. Ebenso verhält sich ein Rotkehlchenweibchen, selbst wenn es von Nahrung umgeben ist und den Schnabel voller Insekten hat. Zwar bringen die Männchen ihren Partnerinnen während des Brütens oft Futter einfach als Futter, unzeremoniell. Zur Balz dagegen ziehen es viele vor, aus dem Anbieten von Futter etwas ganz Feierliches zu machen. Von solchen Männchen ist das der Seeschwalben bemerkenswert, das einen Fisch im hochgereckten Schnabel hält, die Flügel in Rückenhöhe entfaltet, den Schwanz hochstreckt und mit sehr kurzen, gemessenen Schritten um seine Partnerin herumtrippelt, ehe es sein Geschenk überreicht.

Die Grußzeremonien gepaarter Vögel an ihren Nestern sind von Schriftstellern bis zurück zu altrömischen Dichtern bewundert worden. Petronius gefiel der Weißstorch, der mit seinem Schnabel »wie mit Kastagnetten klappert«. Bei der Ablösung am Nest beugen die Weißstörche ihren Kopf soweit zurück, daß der Scheitel fast den Rücken berührt, und bringen ihn dann mit klapperndem Schnabel nach vorn und herunter.

Viele Vögel verfügen über besondere Balzgründe. Die männlichen Wundersylphen versammeln sich an bestimmten Plätzen, rütteln mit senkrecht gehaltenem Körper und halten sich dabei einander gegenüber in der Luft auf, drehen sich unter klickenden Lauten hin und her und beugen den Schwanz so weit unter sich nach vorn, daß ihre Gesichter aussehen, als seien sie von den beiden schaufelförmigen Schwanzfederenden eingerahmt.

Männliche Paradiesvögel haben Treffpunkte, wo sie sich vor ihren Nebenbuhlern lange Zeit mit unglaublichen Stellungen aufspielen, wobei sie alle ihre Färbungen und allen Schmuck vorführen, bis sie schließlich Partnerinnen finden. Der Molukken-Paradiesvogel soll sich Berichten zufolge zu seiner Balzstellung so langsam erheben und strecken, als erleide er einen Anfall. Als weiterer Teil seiner Balz macht er Rückwärtssaltos von seinem Sitzplatz aus und landet dabei mit geschlossenen Flügeln.

Bei einem der schönsten Watvögel gibt es keine zwei gleich aussehenden Männchen. Dem Kampfläufer wachsen im Frühling an Kopf und Nacken riesige Federfächer, die in voller Balz leuchtende Farbkreise um den Kopf bilden. Auf den traditionellen »Tennen« ducken sich die Männchen einander gegenüber, zittern mit aufgerichteten Krägen und spielen sich voreinander auf. Zu richtigem Kampf kommt es selten. Die Weibchen sind dabei oft nicht einmal anwesend auf der Tenne; doch kommen sie zur Partnerwahl dorthin.

Auf den Balzplätzen des Birkwildes sind die Hähne am regelmäßigsten im März und April anzutreffen. Die Hähne reizen einander durch Kollern und Hochspringen: Sie stehen mit ausgebreitetem Schwanz, geschwollenen Rosen am Kopfe und sehr aufgeblasenem, vorgestrecktem Hals da und schütteln sich, wenn sie in Richtung auf ihre Nebenbuhler ein

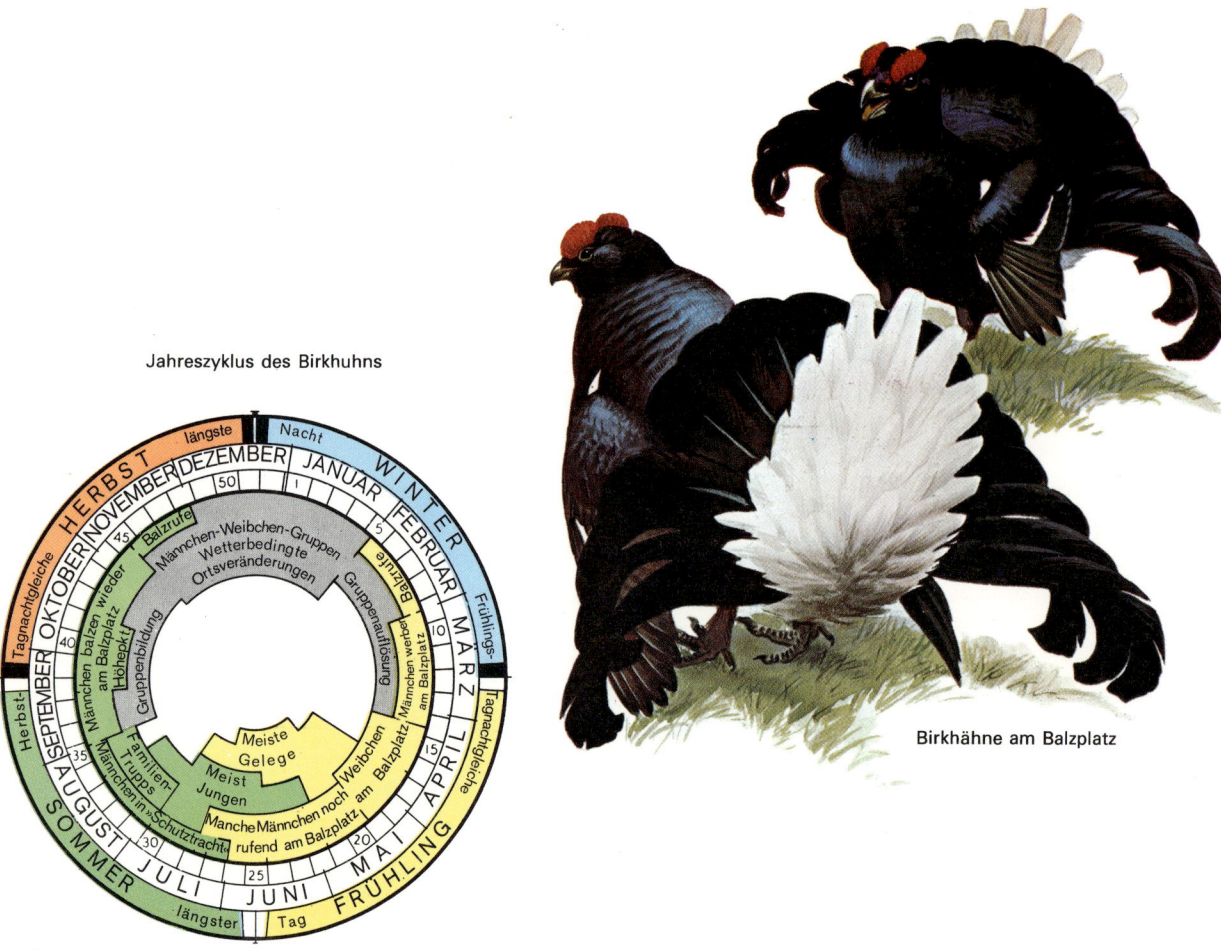

Jahreszyklus des Birkhuhns

Birkhähne am Balzplatz

musikalisches, aus tiefer Kehle kommendes Ruh-kuh ausstoßen. Ist so das begrenzte Revier gesichert, werden die grauen Weibchen mit einem durch Niederducken kriechend wirkenden Balztanz umworben.

Manchmal richten Vögel ihre aggressiven Handlungen gegen andere Tierarten. Doch kommt dies verhältnismäßig selten vor und bedeutet ein Übermaß an aggressiver Energie, die durch ein falsches Signal ausgelöst wird. Die Angriffslust der Vögel ist vorwiegend eine sexuelle Aggression innerhalb der Art.

Bei geselligen Vögeln kann es auch Aggressionen wegen der Nahrung geben. In Schwärmen solcher Vögel herrscht oft eine Hackordnung, die durch Versuch und Irrtum entwickelt wird, und die Ordnung nach dem allgemeinen Ansehen innerhalb der Gruppe erkennen läßt. Der rangoberste Vogel erwirbt das Recht, alle übrigen hacken zu dürfen. Der rangniedrigste Vogel wird von allen gehackt.

Vögel mit Hackordnung sind unter anderen Haushühner, Schwäne, Gänse, Enten, Watvögel, Reiher, Störche, Kraniche, Krähen und sogar so gesellige Singvögel wie Sperlinge, Meisen, Finken und Grasmücken. Bei manchen Arten wird die Entscheidung, welcher von zwei Vögeln über dem anderen angeordnet sein soll, durch einen einzigen Kampf getroffen. Der Vorrang gebührt dem Gewinner oder dem, der als letzter Furcht zeigt. Bei anderen Arten wird die Vorherrschaft erst nach einer ganzen Serie kleiner Zusammenstöße und Streitereien errungen.

Die Hackordnung ist weitgehend eine Rangfolge des sexuellen Ansehens, regelt aber auch die Reihenfolge bei der Nahrungsaufnahme. Während ihrer Festlegung bedienen sich die meisten Arten der Drohhaltungen und der Warnrufe. Wenn zwei niedrig stehende Vögel ihren Platz in der Hierarchie bestimmen wollen, kann ein höherstehender sie beide verjagen.

Die Balz und andere Zurschaustellungen stellen einen großen Teil des gesamten Vogelverhaltens dar. Sie sind nicht nur an sich faszinierend, sondern tragen auch viel zu unserem Verständnis der stammesgeschichtlichen Verwandtschaft verschiedener Vogelfamilien bei. Darum widmen Berufs- und Liebhaber-Ornithologen so viel Zeit und Sorgfalt auf Film- und Tonbandaufnahmen während der Vogelbalz.

Kampfläufer auf der »Tenne«.

Das Revier

Tschir' ri-tju! Ir' ri-tju! Wis'-joo, Wis-joo! Wih!-Swih!-Tju-ä'! Tju, tju, tju, Psi'! Tschirri-
wih'! Tjo-to'! Se-Wis' si-wissi, Wis' si-wissi, Wih'!

Vor einigen Jahren schrieb ein englischer Zoologieprofessor, Walter Garstang, ein selt-
sames, reizendes Büchlein, »Gesänge der Vögel«. Oben steht eine seiner Wiedergaben vom
Herbstgesang des pfeilschnell sich bewegenden, knicksenden, kecken und zahmen kleinen
Vogels, der von allen Englisch sprechenden Europäern »Robin« (Rotkehlchen) genannt
wird; nicht zu verwechseln mit dem größeren Drosselvogel, dem amerikanischen »Robin«,
der Wanderdrossel.

Der liebliche Gesang des Rotkehlchenmännchens beginnt zu Weihnachten und rieselt
und klirrt wie ein funkelnder Wasserfall in einem steinigen Bachbett fast täglich vom späten
Februar bis Mitte Juni. Der Juli ist ein stiller Monat. Doch von August bis Oktober klingt
der Gesang verdoppelt, denn jetzt können die Weibchen genauso gut und -so kräftig singen
wie die Männchen. Der November ist wieder ziemlich ruhig. Insgesamt singt das Rotkehlchen wahrscheinlich an mehr Tagen im Jahr, als wie jeder andere europäische Vogel.

Die rote Brust des Rotkehlchens ist seine Fahne, der flüssige Gesang seine Trompete,
denn in manchen Jahreszeiten ist der kleine Vogel sehr kriegerisch. Er macht sich »groß«
und singt, um seinen Grundbesitz bekanntzugeben. Ein altes Sprichwort lautet: »Ein
Strauch kann nicht zwei Rotkehlchen beherbergen!«

Die meisten Vögel behaupten im Frühling zu Beginn der Brutzeit bestimmte Reviere.
Ein halber oder ganzer Hektar gehört jedem kriegerischen Männchen oder Pärchen vieler
kleiner Gartenvögel. Nur wenige Vögel besitzen auch Herbstreviere, wie z. B. das Rotkehlchen, deren Männchen und Weibchen durch Drohung und Gesang ihre Hektare noch halten, während die Blätter braun werden.

Im Frühling singen die Weibchen kaum. Aber die Männchen singen, jagen einander,
knicksen und gehen in Schlangenlinien mit aufgeplusterter Brust aufeinander los, bis
schließlich jedes seinen halben Hektar etwa abbekommen hat. Dabei werden die Grenzen
mit einer Aggressivität verteidigt, die derjenigen seiner Nachbarn entspricht. Die rote Brust
ist kein Balzsignal. Das Männchen umwirbt ein Weibchen, indem es ihm Futter anbietet.

Vögel machen ihre Rechte als Grundbesitzer auf sehr verschiedene Weise geltend. Kolibris fliegen dabei oft solche Kurven, daß sie wie mit einem unsichtbaren Faden an das
Hauptquartier festgebunden erscheinen. Ihr metallisch glänzender Kehlschild bedeutet für
ihre Rivalen ein Kriegszeichen, und gilt für ihre Partnerinnen bei kurzen Wellen- und Sturzflügen als ein Zeichen der Werbung. Viele Watvögel verfügen über besondere Revierflüge.

Rotkehlchenreviere um einen kleinen englischen Bauernhof, von rivalisierenden Männchen festgelegt.

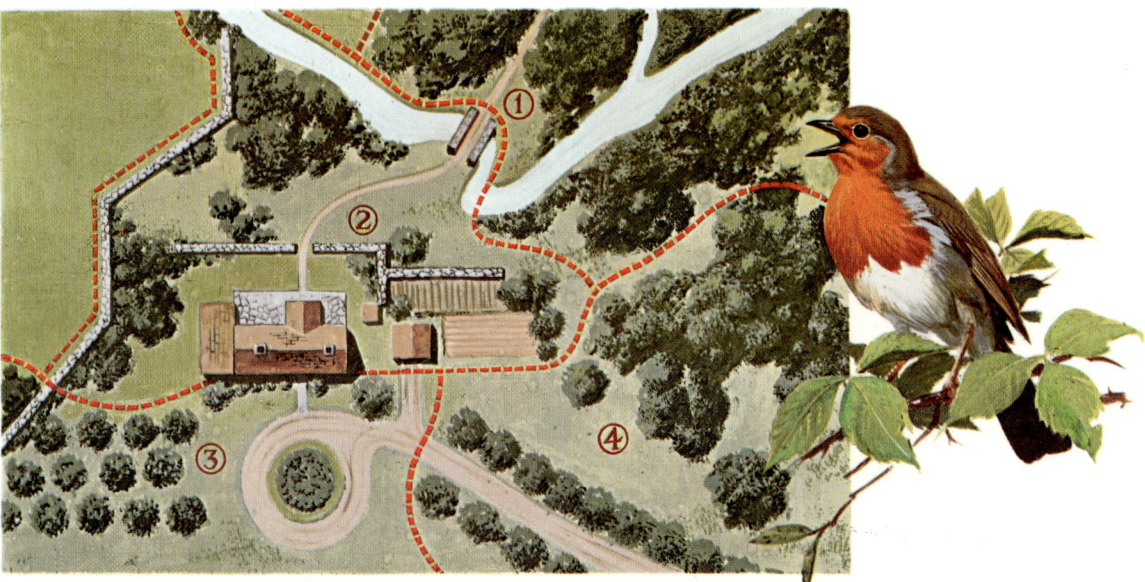

Die Bekassinen fliegen hoch hinauf und stürzen sich dann in schnell flatterndem Sturzflug etwas abwärts, wobei die ausgebreiteten Schwanzfedern ein summendes, meckerndes »Kriegsgeschrei« von sich geben, bzw. den schnarrenden Ton einer Kriegstrommel, denn es ist kein Stimmlaut.

Die Einrichtung Revier ist bei der Suche nach einer geeigneten Lebensstätte zweifellos nützlich. Junge Vögel, die nach dem Frühjahrszug oder nach der Aussiedlung aus dem elterlichen Revier vor der ersten Brut stehen, werden durch den Gesang schon anwesender, erfahrener Vögel verlockt, sich »eine Tür weiter« anzusiedeln. Werden sie vertrieben, lassen sie sich an der nächsten freien Stelle, die geeignete Lebensbedingungen anbietet, nieder. Nur so funktioniert der Mechanismus, der eine Vogelart dazu treibt, am äußeren Rand ihres Verbreitungsgebietes neue Ansiedlungen zu versuchen, und dadurch ihr Gebiet zu erweitern. Wahrscheinlich kann aus diesem Grunde eine erfolgreiche Art wie der Fitis (Laubsänger) sehr schnell neue, für ihn geeignete Waldstücke besiedeln, die sich überall über die weite Wildnis des schottischen Hochlandes verteilt finden.

Das Revier ist eine feste Adresse, die ein ziehender oder sich auswärts ansiedelnder Vogel als Antwort auf das Revierverhalten älterer Artgenossen während seiner ersten Brutzeit annimmt, und oft durch jährliche Heimkehr und Besetzung sein Leben lang beibehält, wie die Beringungslisten zeigen.

Aggressives Rotkehlchen plustert Kehle und Brust auf.

Frühlingskämpfe zwischen Rotkehlchenmännchen sind oft heftig und werden selten zu Ende geführt. Unten: Rotkehlchenbalz, Weibchen bettelt wie Jungvogel, Männchen füttert es.

Meckernde Bekassine. Unter dem schnellen Flügelschlag dieses Sturzfluges geraten die äußeren Schwanzfedern in laute Schwingungen.

Links: In der Brutkolonie folgen diese Brandseeschwalben ihrem Antigedrängetrieb, indem sie ihre Nester nach der Entfernung verteilen, die sie beim Ausstrecken ihres Schnabels erreichen können. Oben: Ein Paar Seidenlaubenvögel an der Laube des Männchens, im Herzen des Reviers. Unten: Luftkampf zwischen männlichen Rubinkehlkolibris.

Der männliche Seidenlaubenvogel Australiens (z. B.) steckt sein Revier zu Beginn der Brutzeit ab. Er sucht sich einen hohen Zweig als Sitzplatz. Danach errichtet er in seinem Revier schnell einen außergewöhnlichen Bau (meistens in Nord-Süd-Richtung) aus zwei parallelen Wänden gebogener, trockener Zweige. Neben dem einen Eingang dieser »Straße« legt er seine Sammlung von Gegenständen nieder, denn er pflegt nahezu alles zu sammeln, besonders, wenn es blau oder bläulich gefärbt ist: Papageienfedern, die blauen oder violetten Blüten vieler Pflanzen, blaue Glasflaschenscherben oder Plättchen, blaues Papier, blauen Stoff, bläuliche oder bräunliche Schneckenhäuser, selbst blaue Tiere, wenn es solche in seiner Gegend gibt. Manchmal stiehlt er sogar Bläuebeutel aus Wäschereien. Auch beklebt und bemalt er bisweilen seine Laube mit Fruchtfleisch. In seiner Laube balzt nun das Männchen vor dem trüber gefärbten Weibchen mit Flügelschwirren und Springen, wobei es ein Stück aus seiner Sammlung im Schnabel hält. Die Lauben üben auf Nebenbuhler unter den benachbart wohnenden Männchen eine große Anziehungskraft aus. Solche Männchen plündern und stehlen dort und schleichen sich auf versteckten Wegen ein und aus.

Männliches Thermometerhuhn prüft Temperatur der Brutmulde mit dem Schnabel; wenn sie zu heiß ist, wird sie geöffnet; ist sie zu kühl, häuft der Vogel zusätzlich Blätter oder Lehm darüber. Unten: Bartsegler auf seinem genau für ein Ei passenden Napfnest.

Männlicher Ostafrika-Trompeterhornvogel speit gemischte Erd-Speichel-Kügelchen aus; Weibchen verschließt damit für Monate den Nisthöhleneingang.

Die Nester

In England beobachtete J.F. von seinem Badezimmerfenster aus ein Stieglitzweibchen, wie es sein vollkommen napfförmiges Nest auf dem Seitenzweig einer alten Sykomore festklebte. Der offene Napf ist wohl der häufigste Nesttyp im Vogelreich. Im nordamerikanischen Westen baut der Fuchskolibri eines der zierlichsten Napfnester auf einem abwärts gebogenen Zweig aus baumwollartigem Weidenflaum, vermischt und überdeckt mit grünem Moos, zusammengeklebt mit Spinnweben und verziert mit Laub- und Borkenstückchen. Der langschwänzige Schneidervogel Asiens baut ebenfalls einen tiefen, weichen Nestnapf aus Stengeln, Wolle und Flaum. Dieses Nest schwebt aber in einer Wiege aus zwei oder mehreren großen, herunterhängenden Blättern, die der Vogel zusammennäht. Er stiehlt Fäden von Spinnen, aus Mottenkokons oder von Hausfrauen, knipst mit seinem scharfen Schnabel Löcher in die Blätter, knüpft irgendwie Knoten in die Fäden und zieht sie durch die Löcher, bis sie stramm sind!

Von den Napfnestern sind die der Baumsegler Asiens und der Ostindischen Inseln bemerkenswert. Ihr Nest ist ein winziger Napf aus Rinde und Federn, in die das eine Ei wie eine Eichel hineinpaßt. Dieses Nestchen wird mit dem Speichel seines Erbauers zusammen

Das »Nest« des Sandregenpfeifers ist nichts weiter als eine einfache Scharrmulde auf steinigem, trockenem Grund oder am Strande.

Der Rotgelbbartvogel kann für sein Nest Termitenbauten in der Halbwüste des ostafrikanischen Busches aushöhlen. Unten: Bienenfresser gräbt eine Nesthöhle aus.

Nest des Fuchskolibris; Innendurchmesser des Randes 2,5 cm. Unten: Das winzige Elfenkäuzchen der amerikanischen Wüste brütet in ehemaligen Spechthöhlen.

Das tiefe Napfnest des Schneidervogels ist von einer Wiege hängender, von den Vögeln zusammenge-nähter Blätter umschlungen. Das Stieglitznest wird aus Stengeln und Wurzeln mit Moos und Flechten gewebt und mit Pflanzenflaum und Wolle gefüttert.

und an den Zweig geklebt. Beim Niedersetzen greift der Vogel auf jeder Eiseite den Zweig mit einem Fuß, worauf das Ei genau und gut geschützt zwischen die Bauchfedern paßt.

Zahlreiche Vögel vieler Familien nisten in Erd- oder anderen Höhlen. In Frankreich schauten wir den Paaren des Bienenfressers zu, die ihre Nisthöhlen schnell in einen Sand-hang vortrieben. Sie gruben mit ihren Schnäbeln und schleuderten alle paar Sekunden mit den Füßen kleine Sandspringbrunnen hinaus. Nach der Fertigstellung kann die Höhle waa-gerecht bis 2,70 m weit verlaufen. An ihrem Ende brüten die Vögel auf dem kahlen Sand.

In hohen Bäumen Afrikas sucht das Weibchen des Ostafrika-Trompeterhornvogels nach einer Höhle für sein Nest. Dann fliegt das Männchen mit »Gips« für den Eingang herbei, mit dem sich das Weibchen selbst bis zu viereinhalb Monaten einkerkert, um das Gelege zu bebrüten und die beiden Jungen mit Früchten zu füttern, die das Männchen auswürgt.

Manche Vögel benutzen bereits gebrauchte Nisthöhlen. In der Wüste von Arizona beob-achteten wir die kleinste Eule der Welt (sie ist nicht größer als ein Sperling), wie sie ihre Jungen in ehemaligen Spechthöhlen in den riesigen, prächtigen Saguaro-Kakteen aufzog.

In Australien graben sich wenigstens drei Papageien und fünf Eisvögel regelmäßig in besetzte Termitennester ein. Es gibt auch in Südamerika Vögel, die in Termitenbauten brü-ten. Ein afrikanisches Beispiel ist der Rotgelbbartvogel. Seltsamerweise scheinen die Ter-miten die Vögel nicht zu belästigen, und es liegt uns kein Hinweis darauf vor, daß die Vögel ihre Gastgeber fressen. Möglicherweise bietet diese seltsame Gesellschaftsform den Vögeln Schutz vor Feinden.

Die allergrößten Vogelnester sind die einer Hühnervogelfamilie, der Großfußhühner. Jedes Paar Thermometerhühner besitzt im australischen Buschwaldgebiet einen weiten Erd- und Lehmhügel, den in erster Linie das Männchen zusammengekratzt hat. Darin be-finden sich viele Eikammern, die von den Vögeln mit gärenden Blättern gefüllt werden. In der Brutzeit graben die Männchen diese Blätter heraus, die Weibchen legen ihre Eier hinein, und die Männchen füllen die Eikammern wieder auf. Wenn die Küken, die fast flugfähig sind, ausschlüpfen, kümmern sich die Eltern überhaupt nicht um sie, sondern pfle-gen weiterhin ihren Nisthügel.

Einige Vögel haben keine Nester. Der Königs- und der Kaiserpinguin legen ihre Eier auf die eigenen Füße und bedecken sie mit einer Bauchhautfalte. Manche Angehörigen der Alkenfamilie bebrüten ihr einziges Ei auf nacktem Fels. Viele Watvögel, zum Beispiel Regenpfeifer und Austernfischer, legen ihre Eier unter freiem Himmel in eine einfache Bodenmulde.

145

Die äußerst legefreudige Jagdfasanhenne legt täglich ein Ei, bis das Gelege voll ist; dann brütet sie 3–3 1/2 Wochen.

Die Eier

Die gegenüber abgebildete Sammlung von Eiern gehört zu 41 Arten aus 34 Familien.

Das größte bekannte Ei (37 cm lang, rund 12 1/4 kg schwer) legte der größte ausgestorbene Vogel, den wir kennen, der Madagaskar-Strauß. Doch war das Ei in gewissem Sinne klein; denn sein Gewicht betrug wohl weniger als 3% des Vogels, der es gelegt hat, und das ist weit unter dem Durchschnitt. Noch kleiner (1,7%) ist das Straußenei, obwohl es mit ungefähr 1360 g Gewicht das größte Ei ist, das heute gelegt wird. Im Verhältnis zum Vogelgewicht aber ist es fast das kleinste Ei. Die relativ kleinsten Eier und Legeleistungen aller bekannten Vögel sind die des Kaiserpinguins, dessen einziges Ei im Jahr nur 1,4% seines Körpergewichts wiegt. Das Emu-Ei (1,5%) ist fast ebenso klein (Emu ist ein flugunfähiger, straußenähnlicher Vogel Australiens); der nahe Emu-Verwandte, der Kiwi aber legt ein Ei, das ein Drittel seines Körpergewichts wiegt, es ist proportional das größte Ei, das wir kennen. Obwohl die Kolibri-Eier die kleinsten bekannten sind, besitzen sie eine überdurchschnittliche Proportion (meist 10%). Das Eigewicht des Helena-Kolibris ist unseres Wissens unbekannt; doch wenn man nach nahen Verwandten urteilt, dürfte es um 0,15 g betragen.

Kolibris zeitigen Gelege von zwei Eiern; doch die meisten kleinen Vögel legen viel mehr Eier. Sie produzieren pro Tag ein Ei und beginnen erst dann zu brüten, wenn alle Eier gelegt sind. In freier Natur scheint das kleine Wintergoldhähnchen den Rekord in der Erzeugung von Eiermasse zu halten; es liefert mit einem Zehner-Gelege 144% seines eigenen Körpergewichtes. Die meisten Eier pro Jahr legen wahrscheinlich Jagdfasan und Rebhuhn. Wenn ihr erstes Gelege verlorengeht, können sie auf insgesamt fast 30 Stück kommen.

Fast alle weiblichen Vögel haben in der Brutsaison kahle Flecken im Brustgefieder, damit sie das Gelege mit der bloßen Haut wärmen können. Wenn sich das Männchen am Brüten beteiligt, hat es meistens auch Brutflecken.

Viele kleine Vögel legen regelmäßig zwei, einige sogar drei Gelege im Jahr, wobei die frühen und späten Gelege kleiner als die der Hauptsaison sind. Die Eizahl im Gelege hängt anscheinend vom verfügbaren Nahrungsvorrat ab.

Die Brutdauer der Vögel – die Zeit zwischen dem Legen des letzten Eies (dem gewöhnlichen Beginn des Brütens) und dem Schlüpfen – kann sehr verschieden lang sein. Bei kleine-

Fischadler

Brauntölpel

Scheckente

Sterntaucher

Madagaskar-Sperber

Chile-Rebhuhntinamu

Schneehuhn

Wanderfalke

Amerika-Uhu

Mexiko-Bootsschwanz

Spitzschwanzhuhn

Großtrappe

Zwergtrappe

Senegal-Turteltaube

Trottellumme

Rabengeier

Freycinet-Großfußhuhn

Guirakuckuck

Klapperralle

Katzendrossel

Rotschnabeltropikvogel

Emu

Veilchenhäher

Purpurbootsschwanz

Laubtachuri

Kiebitzregenpfeifer

Hauszaunkönig

Pieperwaldsänger

Calliope-Kolibri

Königssatrap

Wiesendrossel

Nordamerika-Reiher

Papstfink

Jassana

Weißbrustkleiber

Wasserpieper

Domingo-Satrap

Falkennachtschwalbe

Perlsteißhuhn

Westtangare

Braunsteißsichelspötter

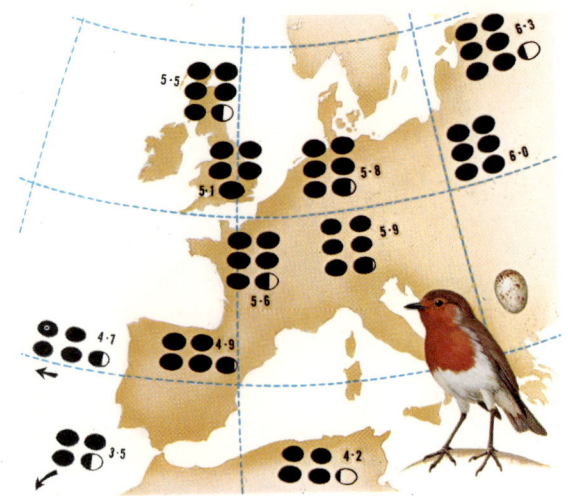

Links: In der Brutsaison haben fast alle weiblichen Vögel kahle Flecken unter ihren Brustfedern, um das Gelege unmittelbar mit der Haut zu wärmen. Das Dreiergelege der Aztekenmöwe paßt in ihre Mittel- und Seitenbrutflecke. Rechts: Die Karte zeigt, wie die durchschnittliche Gelegegröße des Rotkehlchens nach Norden mit zunehmender Länge der Sommertage zunimmt, auch nach Osten, wo Mai und Juni wärmer sind und wahrscheinlich mehr Nahrung vorhanden ist.

ren Singvögeln und den meisten Spechten schlüpfen die Jungen gewöhnlich vor dem Ende der zweiten Woche aus den Eiern. Zu den Vogelgruppen, deren Junge meist in der dritten Woche schlüpfen, gehören unter anderen die Rallen, die Tauben, die Nachtschwalben und die Krähen. In der vierten Woche schlüpfen die Lappen- und Seetaucher aus, ferner die Hühnervögel, die Kormorane, die Möwen, die Watvögel, die Reiher und die Enten; in der fünften und sechsten Woche der Strauß, die Nandus, die Störche, die Falken, die meisten Habichtartigen, die Kraniche, Flamingos, größeren Gänse, Schwäne, Alken und Eulen; in der siebten und achten Woche Kasuare, Pinguine, Sturmvögel, Tölpel, Geier und Adler; in der neunten und zehnten Woche die Emus, die meisten Albatrosse und der Kondor. Die längsten Brutdauerzeiten, über die zuverlässige Daten vorliegen, finden wir beim Wanderalbatros (73 Tage), beim Kiwi (80 Tage) und beim Königsalbatros (81 Tage).

Die meisten leuchtend bunten Eier werden dorthin gelegt, wo ihre Besitzer sie bei Tageslicht wiedererkennen können. Farben dienen zweifellos als »Personalausweis«. Passen die bunten Farben nicht zur Umgebung, werden die Eier in unter Laubwerk gut versteckte Nester gelegt, oder in gut gebaute tiefnapfige Nester. Beispiele dafür sind die blauen Eier der Heckenbraunelle.

In offenen Nestern, besonders solchen auf dem Boden, haben die Gelege oft tarnende Muster aus dunklen Flecken oder Klecksen auf hellem Untergrund. Höhlenbrüter legen meist weiße oder fast weiße Eier. Manche Offennister (auch einige Tauben, Seevögel und sogar Habichtartige) legen sehr hell gefärbte Eier.

Die Färbung wird durch Drüsen auf die Eischale gebracht, während das Ei den Eileiter heruntergleitet. Die vier Hauptpigmente sind Oocyanin, das ein Grundfarbenblau erzeugt, Oochlorin für Gelb, Ooxanthin für Rot oder Purpur (wie bei den Eiern der Steißhühner) sowie Ooporphyrin, das oft feine Muster hervorbringt, wie bei Watvogeleiern.

Die meisten Eier sind oval mit einem stärker gerundeten Ende. Die birnenähnlichste Eiform findet man bei den Alken; das Ei kann in einem kleinen Kreis rollen und so kaum vom Felsen herabfallen. Die am deutlichsten ovalen Eier sind vielleicht die der Hühnervögel, Seetaucher und einiger Greifvögel. Am rundlichsten sind Euleneier. Die Eier der Emus und der Steißhühner nennt man »bikonisch«, da sie sich ziemlich gleichmäßig nach beiden Enden verjüngen.

Links: Paradieswitwen, Buntastrildmännchen. Weibliche Paradieswitwe legt ins Nest eines Astrilds. Rechts: Brutschmarotzer der Neuen Welt: Riesenkuhstärling am Eingang zum Nest des Montezuma-Stirnvogels; er schmarotzt in Mexiko bei Vögeln seiner eigenen Stärlingsfamilie.

Brutschmarotzer

Rund 78 Vögel – weniger als eine Art auf hundert – legen in die Nester anderer Vögel und überlassen den Stiefeltern das Ausbrüten der Eier und die Aufzucht der Jungen. Diese Verhaltensweise entwickelte sich im Laufe der Stammesgeschichte vermutlich wenigstens sechsmal ganz unabhängig voneinander. Die bekannten Brutschmarotzer gehören sechs verschiedenen Familien an: den Enten, den Honiganzeigern, den Witwen, den Webervögeln, den Stärlingen und den Kuckucken.

Daß manche Familienangehörigen Brutschmarotzer sind, läßt noch keinen Schluß auf die ganze Familie zu. Zum Beispiel sind von den Kuckucken, deren Verhalten sprichwörtlich geworden ist, nur eine Unterfamilie und eine Art außerhalb dieser Unterfamilie Brutschmarotzer. Die übrigen Kuckucke legen ihre Eier in eigene Nester. Übrigens legen gelegentlich auch Vögel, die nicht zu den eigentlichen Brutparasiten gehören, Eier in fremde Nester.

Dieses Benehmen ist bei Enten häufig, besonders in der Gattungsgruppe der Schwarzkopfruderenten und ihrer Verwandten, deren Eier nach einigen Tagen wenig Bebrütung mehr nötig haben. Die scheuen Eltern verlassen bei geringer Störung das Nest, und das Nest selbst ist schlecht gebaut. Ein Vertreter dieser Gattungsgruppe, die Ruderente Europas, legt sehr oft in Bleßhuhnnester. Ein weiterer, die Kuckucksente des südlichen Südamerika, ist ein reiner Brutschmarotzer. Ihr Nest wurde noch nie gefunden, ihre Eier dagegen in den Nestern einer Ibis-Art, eines Wehrvogels, des Coscorobaschwans, anderer Enten, eines Karakaras (der mit den Falken verwandt ist), eines Rallenkranichs und von Rallen, Bleßhühnern und Möwen.

Bis auf einen wohnen alle Angehörigen der Familie Honiganzeiger in Afrika. Alle sind vermutlich Brutschmarotzer bei Höhlenbrütern wie Bartvögeln, Spechten und Staren. Rein afrikanisch sind die Witwen; alle 8 Arten dieser Familie schmarotzen bei den Astrilden, die als finkenähnliche Vögel ziemlich nahe mit den Webervögeln verwandt sind. Einige bedienen sich auch anderer Wirte. Obwohl die große Familie der Webervögel (95 lebende Arten, die Sperlinge ausgenommen) den Witwen recht nahe verwandt ist, ist nur ein Angehöriger ein echter Schmarotzer, der Kuckucksweber, der auf Grasmücken als Stiefeltern seiner Jungen spezialisiert ist.

In Nord-, Mittel- und Südamerika sind die erfolgreichsten Brutschmarotzer die Kuhstärlinge, acht Angehörige der nur in Amerika lebenden Familie Stärlinge. Der Braunkuhstärling Argentiniens zeigt, wie sich das Schmarotzerverhalten entwickeln kann: Seine Paare suchen Nester oder verdrängen andere Arten aus den Nestern, in die sie ihre Eier legen, und in denen sie ihre eigenen Jungen füttern und großziehen. Fast ebenso primitiv verhalten sich die Rotachselkuhstärlinge. Sie paaren sich wie üblich im Frühjahr, warten aber mit dem Eierlegen, bis die von ihren Vettern, den Braunkuhstärlingen, besetzten Nester fertig sind. Dann legen sie ihre Eier ausschließlich dorthin und lassen die Braunkuhstärlinge ihre Jungen aufziehen. Fortgeschrittener sind Kuhstärlinge, die ihre frühere Einehigkeit und ihr Revierverhalten weitgehend oder ganz verloren haben: Einige, z. B. der Riesenkuhstärling, benutzen vorwiegend andere Stärlinge als Wirte, wogegen andere eine größere Anzahl von verschiedenen Wirtsarten haben, die meist kleiner als sie selbst sind.

Etwa 200 verschiedene Stiefelternarten wurden für den nordamerikanischen Kuhstärling festgestellt. Seine Weibchen sehen nestbauenden Wirten zu und legen manchmal vier oder fünf Eier an aufeinanderfolgenden Tagen, jedes Ei direkt in ein vorher gefundenes Nest, meistens sofort, nachdem der Wirt sein erstes Ei gelegt hat!

Oben: In Argentinien ist das Weißflügelbleßhuhn einer der vielen Wirte der Kuckucksente. Unten: Überall im Bereich des Kuckucks gibt es biologische Rassen, deren Eier (untere Reihe) den Eiern der Wirte wundervoll ähneln.

Links: Ein afrikanischer Brutschmarotzer in Tätigkeit. Ein Paar Graugelbspechte, Wirtsvögel für den Schuppenhoniganzeiger, fällt den Eindringling an seiner Nisthöhle an. Unten: In Europa ist der Wiesenpieper einer der regelmäßigsten Wirte des Kuckucks.

Keine Familie betreibt das Brutschmarotzertum ausgedehnter, erfolgreicher und auf fortgeschrittenere Weise als die Kuckucke. 47 von 125 lebenden Kuckucksarten sind Parasiten: eine einzige Art, der Vierflügelkuckuck in Amerika und eine ganze Unterfamilie, die aus 46 Arten besteht, in der Alten Welt. Kuckucke suchen mehrere Vogelfamilien heim, darunter auch Sperlingsvögel, die nicht mit ihnen verwandt sind. Der Kuckuck hat wenigstens 300 verschiedene Wirtsarten auf seiner Liste.

Das Kuckucksweibchen versteht es anscheinend besser, Nester zu suchen, als der weibliche Kuhstärling. Es kann über 15 Eier in einer Saison legen, gewöhnlich in Abständen von zwei Tagen, wobei jedes Ei zeitlich nach dem ersten Ei einer Stiefmutter »eingeplant« ist. Das Weibchen hält ein Wirtsei im Schnabel, während es selbst ein Ei unmittelbar in das Nest hineinlegt. Dann fliegt es fort und frißt das gestohlene Ei auf. Sein eigenes Ei hat eine Brutdauer von nur 12 1/2 Tagen. Das ist meistens die Brutdauer des Wirtes, oder auch kürzer. Bald nach dem Ausschlüpfen »betätigt« sich der kleine Vogel so lange, bis die Eier oder die Jungen des Wirtes aus dem Nest geworfen sind!

Mit der Fähigkeit des Kuckucks, Eier zu legen, die den Wirtseiern ähneln, kann kein anderer Vogel in Wettbewerb treten. Die Kuckucksindividuen neigen dazu, in die Nester der Wirtsvogelart zu legen, von der sie selbst aufgezogen wurden. Durch natürliche Zuchtwahl entwickelten sich dann viele biologische Rassen (d.h. Erblinien), jede mit Eiern, die denen der eigenen Stiefeltern auffällig ähnlich sind.

Im Bild gegenüber werden die Eier von sechs derartigen biologischen Rassen des Kuckucks mit den Eiern von sechs Stiefelternarten verglichen. In drei Fällen (Wiesenpieper, Bergfink und Rotohrammer) ist das Kuckucksei merklich größer als das der Pflegeeltern, wogegen die Färbung auffallend ähnlich ist. In einem Fall (Drosselrohrsänger) unterscheidet sich das Kuckucksei in der Färbung ein wenig vom Wirtsei, doch sind Größe und Flekkenmuster ziemlich gleich. In zwei Fällen (Schwarzkehl-Niltava und Borstenhäherling) ist die Ähnlichkeit geradezu vollkommen.

Beispiele für Leitmale und Erkennungszeichen im Rachen von Nestlingen. Von links nach rechts: Strichelzistensänger, eine Grasmücke; Safrangroßspornpieper; Braunflügelmausvogel (alle sind aus Afrika).

Junge Tordalken flattern zwei Wochen nach dem Ausschlüpfen vom Fels ins Meer; dann sind ihre Handschwingen noch sehr kurz, sie wachsen auf See weiter. Eiderentchen (unten) verlassen das Nest, wenn sie trocken sind und taumeln den Enten nach über steiles, felsiges Ödland hinunter ins Meer.

Nestflüchtende Junge des Gelbkehlflughuhns sehen auffällig aus; wenn sie aber in der Grasdeckung »erstarren«, sind sie durch die jeden Umriß auflösenden Farben wirksam verborgen.

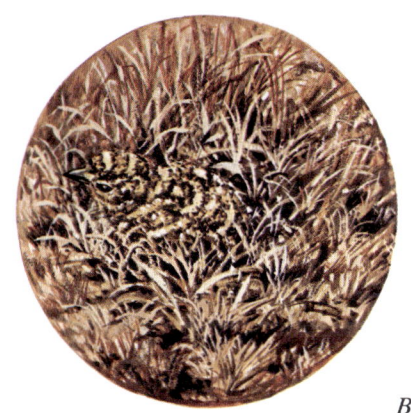

Beim Verleiten hebt der Elternvogel einen Flügel, senkt den anderen, flattert, als wäre er verletzt und lenkt so die Aufmerksamkeit des Räubers von den Jungen ab, die sich dann auf die Tarnstarre als Schutz verlassen.

Die Pulli

Die obige Überschrift bedeutet auf lateinisch »junge Tiere«. »Pullus« wurde als offizielle Bezeichnung für Vögel übernommen, die zwar ausgeschlüpft sind, aber noch nicht fliegen können. Sobald der Vogel fliegen kann, ist er ein »juvenaler« Vogel, ein Jungvogel. Pullus ist die einzige Bezeichnung, die man sowohl für Nestlinge wie für (Nestflüchter-) Küken gebrauchen kann. Nestlinge und Küken werden also nach einiger Zeit Jungvögel.

Unter den Pulli gibt es zwei verschiedene Typen, wenn man die Jungen flugunfähiger Vögel ausschließt, deren Wandlung zum Jungvogel schwer festzulegen ist. Die meisten Pulli sind Nesthocker, d.h. beim Ausschlüpfen hilflos und oft nackt. Sie werden auch einfach Nestlinge genannt. Andererseits gibt es bei vielen Vögeln frühreife Pulli, die schon beim Ausschlüpfen voll bedaunt sind. Sie werden oft Nestflüchter genannt, weil die meisten, wenn sie trocken sind, aus dem Nest fortlaufen – kurz gesagt, Küken, Entchen, Gößlinge.

Wenn wir, wie es meist geschieht, die Zeit zwischen dem Schlüpfen und dem Fliegenkönnen »die Zeit bis zum Flüggewerden« nennen, dann ist diese Zeit bei einigen Nestflüchtern überraschend kurz. Großfußhühner (S. 145) können praktisch schon beim Ausschlüpfen fliegen und nutzen ihre frühe Jugendzeit zum weiteren Wachstum. Bei anderen Hühnervögeln, wie z.B. den Schneehühnern, dauert das Flüggewerden nur 10 Tage, und fast alle wachsen auch dann weiter, wenn sie fliegen können.

Viele kleine Singvögel können in weniger als zwei Wochen fliegen, die meisten Sperlingsvögel in weniger als drei, Tauben, Nachtschwalben, Kolibris, Trogons, Bienenfresser und die meisten Spechte in weniger als vier Wochen. Trappen, die meisten Eulen, Sägeracken, manche Eisvögel, die Stärlinge und Krähen brauchen bis fünf Wochen; die meisten Watvögel bis sechs; Reiher, Falken, Raubmöwen, Möwen, Alken und einige Tukane bis sieben Wochen, obwohl Lummen und Tordalken mit rund vierzehn Tagen von ihren Felswänden wegflattern. Sturmschwalben, einige Kormorane, Schlangenhalsvögel, einige Rohrdom-

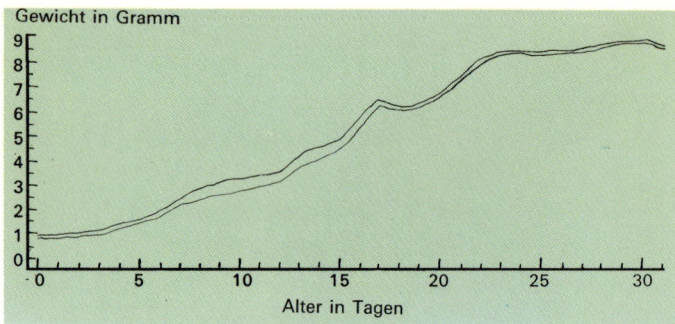

Gewicht in Gramm

Alter in Tagen

Die meisten Kolibris ziehen Zwillinge auf. Diese tägliche Aufzeichnung während der Hockzeit zweier Estella-Kolibris zeigt, daß beide am Anfang fortwährend wuchsen, dann kurze Zeit lang abnahmen, als die Federn während ihrer dritten Lebenswoche zu sprießen begannen.

meln, Störche, die meisten Rallen und einige große Eulen sowie Nashornvögel können erst mit fast acht Wochen fliegen. Die Tropikvögel, die Pelikane und der Sekretär brauchen noch eine Woche länger.

Vögel mit wirklich langen Zeiten bis zum Flüggewerden gehören zu nur wenig Familien. Mauersegler fliegen in insektenarmen Jahren erst nach zehn Wochen. Andere Zehnwochenvögel sind Kraniche, kleinere Neuweltgeier, der Fischadler und die Karakaras. Sturmvögel, Tölpel, die meisten Adler und die Schleiereulen können nur selten vor elf Wochen fliegen. Große Altweltgeier, z. B. der Gänsegeier, fliegen erst mit zwölf Wochen.

Eine ganz andere Ordnung im Flüggewerden gilt für die Albatrosse, die größten Pinguine und die Kondore. Kleinere Albatrosse brauchen zwanzig bis einundzwanzig Wochen. Die drei nordpazifischen Albatrosse und die drei kleineren antarktischen Pinguine verbringen fast genau ein halbes Jahr in oder nahe beim Nest. Der Kalifornien-Kondor kann bestimmt erst 26 bis 30 Wochen nach dem Schlüpfen fliegen. Der Kaiserpinguin wird 35 bis 39 Wochen lang auf dem antarktischen Meereseis von seinen Eltern gefüttert, ehe er von dort wegschwimmt.

Die längste einwandfrei bewiesene Periode vom Schlüpfen bis zum Flüggewerden gehört mit 36 Wochen dem Königsalbatros, obwohl es Hinweise darauf gibt, daß sein naher Vetter, der Wanderalbatros, 44 bis 45 Wochen nötig haben kann. Aber der Königspinguin verbringt zehn bis 13 Monate als Pullus.

Das langsame Heranwachsen der Albatrosse und Pinguine hängt mit der Futterversorgung zusammen. In beiden Familien bedeutet es für die Eltern eine mühsame Arbeit, ihre Jungen zu ernähren. Aus diesem Grunde kommen hier nur selten Zwillinge vor. Obwohl die Pulli relativ regelmäßig mit Futter versorgt werden, ist die Futtermenge durch Beschaffungs- und Transportschwierigkeiten beschränkt. Ein Albatros kann Hunderte von Kilometern nach Futter durchstreifen müssen, und genauso, wenn auch nicht so oft, mag es einem Pinguin ergehen. Die begrenzte Futteraufnahme der Jungen muß sich notwendigerweise in einer begrenzten Wachstumsgeschwindigkeit widerspiegeln.

Vögel, deren Pulli lange Zeit verhältnismäßig hilflos bleiben, verfügen über besondere Anpassungen zum Schutz vor Feinden. Bei den Pinguinen hat sich ein Kindergartensystem entwickelt. Die Jungen versammeln sich zu enorm großen Gruppen, die vor den Raubmöwen durch »Kindermädchen« bewacht werden, während die Eltern zum Fischen abwesend sind. Bei langlebigen Sturmvögeln wie den Eissturmvögeln tritt fast schon beim Schlüpfen die Fähigkeit auf, sich zu erbrechen. Da die meisten Räuber anscheinend einen Widerwillen dagegen empfinden, dient dieses Verhalten als wirksames Verteidigungsmittel gegen Feinde.

Die Pullus-Zeit des Vogels weist typische Farb- und Organanpassungen auf. Viele Nesthocker haben farbige Mundzeichnungen, die bei den Eltern die Fütterungshandlung auslösen, wenn die Jungen den Schnabel aufsperren. Die Pulli von Höhlenbrütern tragen oft hornige, mit Spitzen versehene Fersenpolster, mit denen sie einen besseren Griff an Höhlenwänden haben. Nestflüchter-Pulli sind meist in Farbmuster gekleidet, die sie vor Feinden verbergen, wenn sie still auf einer Stelle liegen.

Fliegend: Wanderalbatros. Am Boden: Erwachsene und Jungvogel dieser Art von der Insel Campbell. Rechts: Ein Schwarzbrauenalbatros wurde auf den Färöer-Inseln über 34 Jahre alt (Bericht aus freier Natur).

Jugendzeit und Lebensdauer

Die meisten Vögel brüten schon in der ersten Saison nach dem Schlüpfen, eine große Anzahl aber beginnt später damit. Im zweiten Jahr brüten unter anderen der Emu, die Tauchsturmvögel, Gänse, viele Habichtartigen und Eulen, kleinere Möwen, einige Segler und manche großen Sperlingsvögel. Fregattvögel nisten zum ersten Mal in der zweiten oder dritten Saison, die kleineren Pinguine und die Sturmschwalben in der dritten und der Strauß, die Pelikane, der Königsgeier, die meisten Seeschwalben und Möwen in ihrem dritten oder vierten Jahr. Typisch für im vierten Jahr brütende Vögel sind Tölpel, größere Möwen und der Adeliepinguin. Störche nisten im vierten oder fünften, viele Sturmvögel und große Greifvögel im fünften, der Königspinguin im fünften oder sechsten, der Kalifornien-Kondor im sechsten Jahr. Alle Vögel, von denen bekannt ist, daß sie erst im siebten Jahr brüten oder später, sind Sturmvögel und Albatrosse. Männliche Millionensturmtaucher brüten erst mit sieben, weibliche mit fünf Jahren. Wahrscheinlich geht der Eissturmvogel erst mit drei oder vier Jahren an Land, und brütet erst mit sieben Jahren. In der Kolonie von Königsalbatrossen, die L. E. Richdale beobachtete, wurde kein Vogel gesehen, der jünger als im sechsten Jahr war, und keiner konnte vor seinem achten Lebensjahr brütend nachgewiesen werden; ein Männchen brütete erst im elften Jahr.

Wozu dient eine lange Jugendzeit? Einige Ornithologen glauben, daß sie zur Begrenzung der Bestandszahlen ererbt wird. Wir meinen dagegen, sie dauert deshalb so lange, um das notwendige Lernen zu ermöglichen. Die langsam reifenden Vogelarten müssen sehr viel erlernen: Die großen Geier haben die Einzelheiten von Grund und Boden kennenzulernen und sämtliche Luftströme, Wärmeaufwinde und Winde über Tausende von Quadratkilometern hinweg. Die großen Albatrosse brauchen neun Jahre Erfahrung, bis sie die pfadlosen, stürmischen Ozeane beherrschen, und bis sie zur Elternschaft tauglich sind.

Vögel, die am längsten Jungvögel bleiben, brüten auch am längsten. Sie legen nur ein Ei. Der Königspinguin, ein Vogel mit jahrelanger Pulli-Periode, brütet nur zweimal alle drei Jahre, Kondore und die beiden großen Albatrosse in jedem zweiten Jahr.

Fünf Vögel, die länger als alle übrigen bekannten in der Obhut des Menschen lebten. Oben: Uhu, 68 Jahre; Nonnenkranich, 59. Unten: Kondor, 65; Gelbhaubenkakadu, 56; Gaukler, 55. Berichte über Papageien von 69, 79, 80 und 120 Jahren sind wegen Mangels an zuverlässigen Dokumenten nicht zu beweisen.

Trauerschnäpper jugendlich…
…und Altvogel. Nach der Jugendzeit beträgt die Lebenserwartung 18 Monate.

Trotz eines halben Jahrhunderts der Vogelberingung wissen wir noch ziemlich wenig über die Lebensdauer eines Vogels in der freien Natur. Aber die Aufzeichnungen mancher Zoologischer und Vogel-Gärten reichen bis zu 125 Jahre zurück. Nach den Forschungen des verstorbenen Stanley S. Flower und anderer können wir behaupten, daß die oben abgebildeten fünf Vogelarten wahrscheinlich die langlebigsten sind.

Die einzigen Lebensspannen über mehr als 30 Jahre, die uns die Beringungslisten bisher nennen können, betreffen die Silbermöwe (fast 32), den Großen Brachvogel (31 1/2) und die Lachmöwe (31 1/4). (Der Albatros auf S. 155 war nicht beringt.) Obwohl die Beringung über die maximale Lebensdauer im Freien nichts aussagen kann, vermag sie uns doch Hinweise auf die durchschnittliche Lebenserwartung frei lebender Vogelarten zu geben.

Die Lebenserwartung ergibt sich aus der Berechnung von Durchschnittszahlen für die Lebensdauer von Tieren. In der Natur gilt als wahrscheinlich, daß nur die Arten an der Spitze der Vogelpyramide, z. B. Geier und Albatrosse, an Altersschwäche eingehen können. Der Rest wird umgebracht oder gefressen, verhungert, ersäuft, stirbt während des Zuges, durch einen Unfall oder an Krankheiten. Alle Vögel weisen in ihrer Jugend eine hohe Sterblichkeitsziffer auf. Sind sie erwachsen, bleibt ihre Lebenserwartung ungefähr gleich und kann mit längerer Lebenserfahrung sogar besser werden.

Nur ein einziger Vogel mit einer Lebenserfahrung von weniger als einem Jahr wurde bis jetzt herausgefunden: der Stockerpel in Großbritannien, wo er ein Hauptwild der Jäger ist und nur elf Monate Lebensdauer zu erwarten hat. Außer den jagdbaren Vögeln haben Kleinvögel die geringste Lebenserwartung. Zuverlässige Zahlen gibt es für das Rotkehlchen, den Gartenrotschwanz und die Rauchschwalbe: 12 Monate; für Wanderdrossel und Singdrossel sind es 17, für den Star 18, für die Amsel 19 und den Ostblauhäher 20 Monate. Länger als zwei Jahre leben im Durchschnitt die Waldschnepfe, der Kiebitz, der Graureiher, die Kornweihe und der Nachtreiher. Einige Kormorane, Gänse, Möwen und Eulen können mehr als drei Jahre im Durchschnitt leben, Mauersegler über vier, und mehrere Seeschwalben über fünf Jahre. Die Beringung ist noch nicht lang genug gebräuchlich, um Zahlen für die Langlebigkeit einiger Vogelarten zu liefern.

Instinkt und Intelligenz

Vögel sind Instinktwesen. Ihre aktive Intelligenz funktioniert in einem beschränkteren Bereich als die hochstehender Säugetiere, und ganz anders als beim Menschen.

Instinkt oder Triebverhalten ist die Fähigkeit, auf Reize in der Umwelt mit besonderen und oft eindeutigen Verhaltensweisen reagieren zu können. Diese Fähigkeit ist erblich, angeboren, und braucht nicht gelernt zu werden. Ein Eichelhäher braucht keinen Unterricht, um Nüsse in der Baumrinde oder Eicheln im Erdboden verstecken zu können. Ein einjähriger Buchfink, der mit drei Wochen sein Nest verlassen hat, benötigt keine Belehrung, wie er sein eigenes Nest zu bauen hat. Eine früh im Jahr geschlüpfte Schwalbe hat nicht nötig abzuwarten, bis die Eltern ihr vorführen, wie sie ihren ersten Flug nach Afrika ausführen muß.

Jeder Vogel verfügt über einen ganzen Komplex angeborener Triebe, die das bewirken, was Verhaltensforscher »Appetenzverhalten« nennen. Auf die richtigen Reize hin drücken Vögel den Drang nach bestimmten Aktivitäten oder die Lust dazu aus, vom einfachen Umhersuchen bis zu extrem komplizierten Handlungen (Beginn des Brütens), die von mehr als einem Instinkt ausgehen. Schließlich lösen bestimmte Umwelteinflüsse (die meist einfache, aber trotzdem spezielle Muster aufweisen) die endgültig abschließende Triebhandlung aus, wodurch dann die Appetenz befriedigt wird. »Ein Vogel«, sagt W. H. Thorpe, »ist so programmiert, daß er ohne vorherige Erfahrung den Zielpunkt seines Instinkts erkennt.«

Aus Instinkt kämpfen sich die Vögel aus den Eischalen, verstecken sie sich, vereinen sie sich zu Schwärmen, suchen sie Nahrung, kratzen sie sich und putzen sie sich, wandern sie, orientieren sie sich und bestimmen sie ihre Flugrichtung. Aus Instinkt errichten sie Reviere, balzen sie, füttern sie und schützen sie ihre Jungen. Doch können fast alle diese Tätigkeiten durch Erfahrung und durch Lernen verbessert werden. Das geschieht oft. Das Lern- und Erinnerungsvermögen der Vögel kann erstaunlich sein!

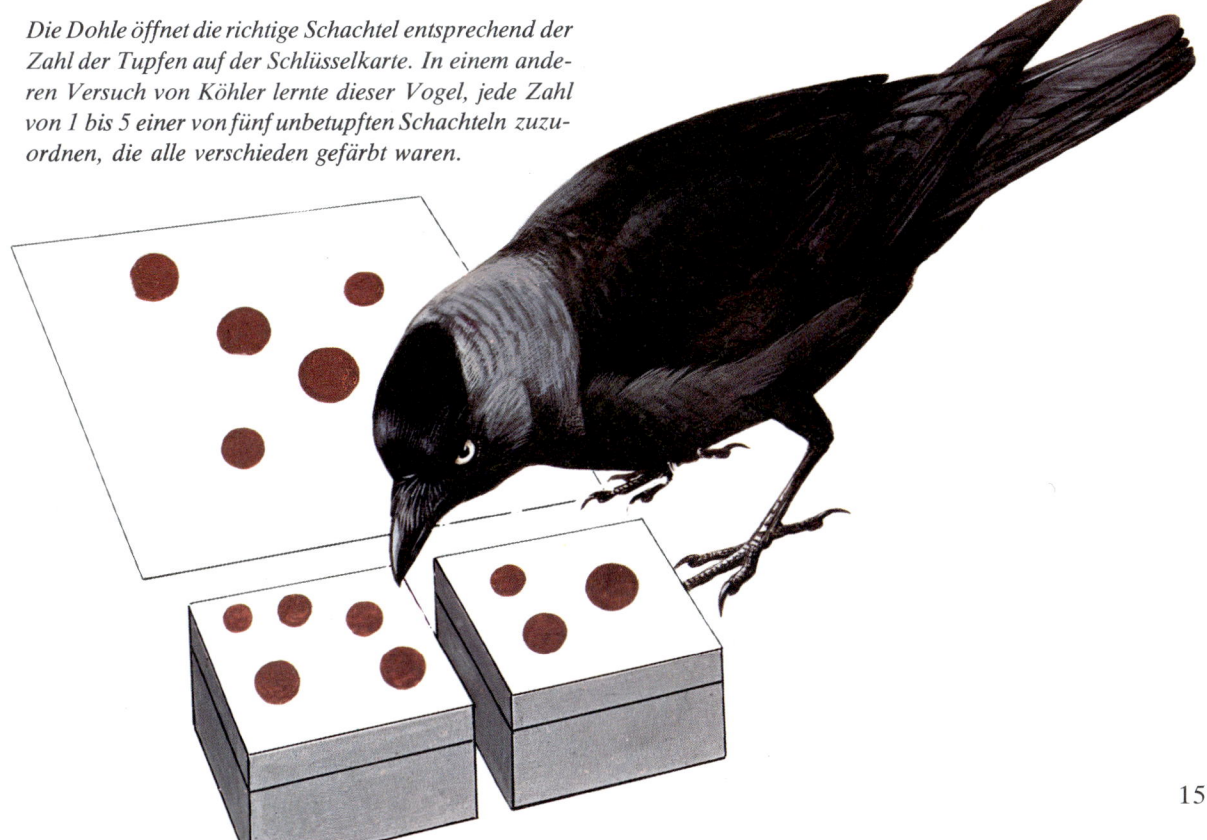

Die Dohle öffnet die richtige Schachtel entsprechend der Zahl der Tupfen auf der Schlüsselkarte. In einem anderen Versuch von Köhler lernte dieser Vogel, jede Zahl von 1 bis 5 einer von fünf unbetupften Schachteln zuzuordnen, die alle verschieden gefärbt waren.

Paart sich draußen ein Weibchen mit einem Männchen, das bereits ein Revier besetzt hat, so ist es dem Weibchen möglich, die Einzelheiten des Reviers und dessen Rohstoffquellen in wenigen Tagen kennenzulernen – jeden Baum, jeden Zweig, jede Nahrungs- und Wasserquelle, jedes noch so kleine Fleckchen, das gute Deckung bietet. In Gefangenschaft kann der Wellensittich fast so viele Worte lernen, wie der Mensch – und einige dieser Worte mit Gegenständen, Lauten und Zeiten in seiner eigenen Umgebung in Verbindung bringen, obwohl er nie ihre wahre Bedeutung begreifen kann. Die Fähigkeit des Vogels, schnell zu lernen, sollte uns gar nicht so sehr überraschen. Vögel haben allgemein ein besseres Sehvermögen, ein schärferes Gehör und einen schnelleren Stoffwechsel, als die meisten anderen Wirbeltiere. Außerdem erfreuen sie sich der Möglichkeit, in drei Dimensionen frei forschen zu können; und sie nützen diese Vorteile schon seit Millionen von Jahren aus.

Intelligenz ist ein so vieldeutiges Wort, daß wir, um es in etwa festzulegen, den Bereich der Intelligenz eines Vogels auf die Fähigkeiten beschränken müssen, bei denen Lernen und Einsicht (Erfahrung, Verständnis) vereint sind. Erstens haben Vögel die Fähigkeit, sich zu gewöhnen, und zu lernen, nicht auf bestimmte Dinge in der Umgebung – wie Vogelscheuchen und laute Fahrbahnen – zu reagieren, die sie zuerst erschreckt, sich aber später als nicht besonders gefährlich erwiesen haben. Gewöhnung ordnet und vereinfacht die Vorstellung des Vogels von den tatsächlichen und scheinbaren Gefahren um ihn herum, – und das spart Energie.

Versuch und Irrtum spielen beim Lernen des Vogels eine große Rolle. Küken picken aus Instinkt; doch ob sich diese Tätigkeit lohnt oder nicht, das lernen sie weitgehend durch den Versuch. Tauben führen ihre Trinkbewegungen instinktiv aus, doch lernen sie nachweislich erst durch mehrere Versuche, daß Wasser ihr Getränk ist. Einige (doch längst nicht alle) Nestbauer sind beim ersten Bau keine Meister. Sie müssen erst die richtigen Zweiggrößen und -formen lernen, bis ihre Arbeit dem Standard entspricht, den ihr angeborener Trieb ihnen vorschreibt. (Ein Ornithologe, der sich auf eine einzelne Art spezialisiert, kann oft zwischen dem Nest eines einjährigen und eines zweijährigen Vogels unterscheiden. Dieses Ergebnis läßt sich bestätigen, wenn er den Erbauer des Nestes farbig beringt, um sein Alter zu belegen.)

Die einzelnen Vögel können sich in ihrer Fähigkeit, erfolgreiche Versuche zu unternehmen, sehr stark unterscheiden. Obwohl Meisen aus natürlichem Trieb alle möglichen Versuche unternehmen, entdeckten nur wenige »Genies« unter ihnen, kurz nach der Einfüh-

Köhler versteckte Futter in einer von fünf Schachteln, die durch unregelmäßige Flecken numeriert waren. Dem Kolkraben wurden Schlüssel von 1 bis 5 verschieden unregelmäßigen Plastillinstückchen gezeigt. Die Pfeile auf den abgebildeten Feldern verbinden die (blauen) Schlüssel und die Schachteln mit derselben Zahl. Der Vogel öffnete jedesmal die richtige Schachtel.

 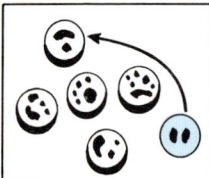 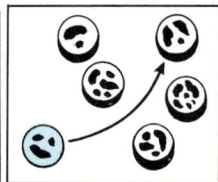 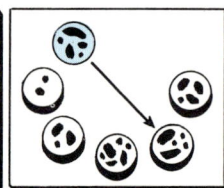 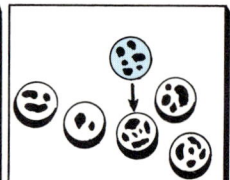

rung der modernen Flaschen in England, wie sie den Milchflaschendeckel öffnen konnten, um die Sahne zu stehlen. Das Verhalten verbreitete sich durch Nachahmung von einigen Ausgangspunkten ringsherum. Vögel verfügen im allgemeinen über eine gute Fähigkeit zur Nachahmung und in einigen Familien über eine merkwürdige und (bis heute) unerklärliche Neigung, Stimmen anderer Vögel zu imitieren. Vögel spielen auch sehr gern, alte lieber als junge. Im Spiel verbessern sie wahrscheinlich ihre Fähigkeit, aus Versuchen zu lernen.

Beobachtungen haben gezeigt, daß Vögel durch Erfahrung einiges lernen können. Wenn sie vor neue Probleme gestellt werden, scheinen sie manchmal die Antworten ohne Versuche dadurch zu finden, daß sie schnell ihre bisherigen Erfahrungen umschichten (verwenden). Anders gesagt, – sie haben eine angeborene Neugierde, durch die sie den Lösungsweg abkürzen können und neuen Situationen mit einem Verhaltensschema begegnen, das sie aus frühreren Erfahrungen beherrschen.

Einige Vögel benutzen Werkzeuge: Spechte haben ihre Lieblingsambosse, auf denen sie Eicheln zum Spalten festklemmen; der Stocherfink verwendet einen langen Kaktusstachel, um Insekten aus Löchern herauszustochern; der langschwänzige Schneidervogel nimmt einen Faden, um die Blätter seiner Nestwiege zusammenzunähen. Es gibt Vögel, die sowohl im Freien als auch in der Gefangenschaft Tricks lernen: Schöpfen, Schubladeöffnen, Nadeleinfädeln und Zweigwegziehen zum Herauslassen von Nüssen. Diese Tricks haben mit natürlichen Problemen nichts zu tun; sie müssen wenigstens zum Teil auf Einsicht beruhen!

Die Zählfähigkeit der Vögel ist etwa so gut wie die eines Menschen, dem der abstrakte Zahlenbegriff genommen worden ist: Ein Mensch, dem Zeichengruppen auf einer Leinwand so kurz gezeigt werden, daß er nicht überlegt zählen kann, vermag fast immer zwischen vier und fünf zu unterscheiden, nur manchmal zwischen sieben und acht. Vögel, die die Zahlen nicht benennen können, kommen etwa ebensoweit: Tauben bis fünf, Raben und Dohlen bis sechs oder gar sieben.

Vögel leben in einer Welt, von der sie selber keine abstrakte Vorstellung haben können. Innerhalb dieser Welt haben sie wunderbare Fähigkeiten, die auf einem ganzen Netz komplizierter Instinkte, großer Lernmöglichkeit, gutem Gedächtnis und auf etwas Einsicht beruhen. Obwohl selbst ohne Denkvermögen, leben und sterben die Vögel wie in einem Drama aus Farben, Formen und Musik jener jahrmillionenalten kreatürlichen Welt, von der der Mensch mit aller seiner Philosophie nur wenig ahnen kann.

Rechts: Blaumeisen können mehr als 60 cm mit Köder versehene Schnur hochziehen, wobei sie einen Fuß auf die Schnur stellen. Wenigstens sechs andere Familien können das Problem des Schöpfens lösen; die Fähigkeit ist verschieden ausgeprägt. Die Lösung mag duch Einsicht, nicht durch Versuch und Irrtum gelingen. Unten: Durch Hirse von indischen Schaustellern belohnt, können es an der Leine sitzende Bajaweber lernen, auf eine 20 cm lange, mit einer Quaste endenden Schnur 8 oder sogar 10 Perlen aufzufädeln, wobei sie eine 8 cm lange Nadel gut 1 cm von der Spitze halten und sich damit die höchstmögliche Kontrolle sichern.

MÄNNCHEN

Violettkehlkolibri

Violettscheitel-
Amazilie

Yukatan-
Amazilie

Weißohrkolibri

Breitschnabelkolibri

Calliope-Kolibri

Luzifer-Kolibri

Costa-Kolibri

Dickschnabelkolibri

Blaubrustkolibri

Anna-Kolibri

Breitschwanzkolibri

Rubinkehlkolibri

Allen-Kolibri

Fuchskolibri

WEIBCHEN

Violettkehlkolibri
Rubinkehlkolibri
Costa-Kolibri (ähnlich)

Luzifer-Kolibri

Breitschwanzkolibri

Calliope-Kolibri

Fuchskolibri

Anna-Kolibri

Breitschnabelkolibri

Dickschnabelkolibri

Blaubrustkolibri

Weißohrkolibri

7 Hinweise für die Beobachtung der Vögel

Der angehende Ornithologe sollte als erstes das Ansprechen (das Bestimmen) von Vögeln in freier Natur lernen. Dazu sind optische Instrumente, ein Notizbuch und das Bestimmungsbuch unentbehrlich.

Bestimmungsbücher über die verschiedensten Vogelarten für sehr viele Länder der Erde gehören zu den notwendigsten Hilfsmitteln. Sie enthalten Farbbilder und Hinweise auf besondere Punkte, die für den Vogelliebhaber von größter Wichtigkeit sind. Dem Anfänger empfehlen wir, seinen Exkursionsführer erst nach fleißiger Benutzung von Fernglas und Notizbuch aus der Tasche zu ziehen. Zum Ansprechen der Vögel kann man sich eine Fragefolge sogar nach den Anfangsbuchstaben »WELCHE VOGELART?« einprägen:

Wo? Genaue Ortsangabe. Hierzu gibt es auf den Meßtischblättern 1:25 000 4stellige Zahlen für jede 1-qkm-Masche im Gitternetz.

Entfernung? Abstand des Vogels vom Beobachter.

Lebensstätte? Ist der Vogel im Wald, auf der Wiese usw. und in welcher pflanzlichen Lebensgemeinschaft?

Charakter? Eindruck im ersten Augenblick, z. B. Figur, Hauptfärbung, langer oder kurzer Schnabel.

Etage? In welcher Höhe befindet sich der Vogel, am Boden, ca. 10 m hoch?

Vergleich? Größe im Vergleich zu bekannten, vielleicht daneben zu beobachtenden Vögeln.

Optik? Wird mit Fernglas, Stativglas beobachtet? Vergrößerung usw. Wie ist die Beleuchtung, von wo kommt das Licht?

Gesellschaft? Name wenigstens eines Begleiters, falls Nachfragen kommen.

Einzelheiten? Jetzt kommt es auf auffällige Merkmale an, von denen man annimmt oder weiß, daß sie für die Bestimmung wichtig sind, z. B. Binden über Brust *(s. unten)*, Länge und Färbung von Schnabel, Bein, Flügel, Schwanz.

Lebensäußerungen? Verhalten (Stehen, Laufen, Rennen, Fliegen), sonstige Handlungen. Anzahl der Vögel und Vergesellschaftung.

Auge? Färbung des Auges und der Augenumgebung.

Rufe? Alles notieren: Rufe, Instrumentallaute, Gesänge.

Tag? Datum, Uhrzeit und Dauer der Beobachtung.

Es ist bei Erstbeobachtungen von Arten, mit denen man nicht vertraut ist, besonders wichtig, auf alle diese Punkte bei den Notizen zu achten, damit eine genaue Bestimmung erreicht werden kann. Die unter »Einzelheiten« angedeuteten Kennzeichen, die »Handelsmarken der Natur«, können sich unter anderem auch an folgenden Gefiederstellen befinden:

Tafel aus einem Bestimmungsbuch von Peterson. Die Gegenüberstellung von ähnlichen Arten erleichtert den Vergleich. Kurze Linien machen auf entscheidende Feldkennzeichen aufmerksam.

161

1) Brust: Ist sie einfarbig, gefleckt, gestreift oder gebändert?
2) Flügel: Haben sie Binden (eine oder zwei), sind sie einfarbig?
3) Schwanz: Hat er a) eine Endbinde, b) eine Mittelbinde, c) weiße Seiten oder d) seitliche Spitzenflecke?
4) Hinterrücken: Hat er ein auffallendes Bürzelfeld?
5) Kopf: Hat er a) einen Überaugenstreif, b) einen Ring um das Auge, c) einen Scheitelstreif oder d) einen Scheitelfleck?

Mit wachsender Erfahrung werden diese vielen Fragen zur Selbstverständlichkeit. Zum Bestimmen in freier Natur gehören als wichtigste Tugenden Vollständigkeit, Genauigkeit und Trennung von Tatsache und Vermutung. Gewissenhaft verfaßte Notizen gehören zur Bereicherung der eigenen Liebhaberei und werden auch sehr oft von der Wissenschaft begrüßt. Auf jeden Fall sollten sie als bleibender Bericht in Karteien oder auf Blätter übertragen werden, die am besten in Karteikästen oder Heftern nach Arten zu ordnen sind.

Wenn wir die Vogelbeobachter in zwei Gruppen teilen müßten, würden wir Vereinsornithologen und Alleinstehende unterscheiden. Einzelgänger, d. h. keine Vereinsmitteilungen lesende, keine Anregungen an Vereinsabenden empfangende, nie in Gruppen tätige Vogelbeobachter mögen an der Ornithologie Vergnügen finden, aber es wird ihnen an mancher Förderung fehlen, denn ein Bestimmungsbuch ist noch kein Lehrbuch. Außerdem kann er sich mit seiner isolierten Arbeit kaum Geltung verschaffen, wenn er nicht einer Gemeinschaft und damit der wirkungsvollen internationalen Brüderschaft angehört, die oft in bewundernswerter Weise für Kontakte mit Kennern in anderen Gebieten sorgt! Wir bekennen gern, daß wir beide zusammen fast hundert naturhistorischen und ornithologischen Verbänden angehören! Die nützlichen und erfreulichen Verbindungen, die man solchen Mitgliedschaften verdankt, können gar nicht hoch genug eingeschätzt werden. Sie dienen auch der Ausrüstung mit optischen Geräten und mit Zelten oder Netzen, die für verschiedene Zwecke unentbehrlich sind.

Seit um die Jahrhundertwende K. G. Schillings, R. Zimmermann und G. E. F. Schulz neben vielen anderen die Naturphotographie begründeten, sind ungeheure Fortschritte zu verzeichnen, Film und Tonband hinzugekommen, so daß jederzeit private und öffentliche Vorführungen in aller Welt möglich sind. Auch für diese Gebiete gibt es Vereinigungen, die den Neuling gern willkommen heißen, um ihm Ratschläge zu geben!

Die Vogelbeobachtung bietet auch als Liebhaberei große Vorteile: Fast von Anfang an hat man Gelegenheit, zum Fortschritt der Wissenschaft beizutragen. Die eigene ornithologische oder naturwissenschaftliche Vereinigung wird den Beobachter stets gern einsetzen oder ihn über alle Möglichkeiten unterrichten. Wir gehen hier kurz auf sechs Teilgebiete der Ornithologie ein, die sehr wichtig sind.

Der Entenzähler vom A. W. Boyd Memorial Observatorium in Rostherne Mere, Cheshire, England.

1. Örtliche Berichte

Die Bedeutung der Feldornithologie ist im Lauf der Zeit gestiegen und wird weiter wachsen, weil die bedrohte Vogelwelt mehr denn je Vogelbeobachter als Fürsprecher braucht. Ohne Beobachter würde wahrscheinlich nicht einmal festgestellt, ob und in welcher Zahl bestimmte Vogelarten existieren. Darum sind drei Aufgaben immer wichtiger geworden: örtliche Berichte, zahlenmäßige Bestandsaufnahme und Siedlungsdichteforschung.

Die bei jedem Spaziergang und auf jeder Reise zu lösende Aufgabe heißt: Welche Vögel gibt es hier? Wir wollen kurz auf die Bedeutung dieser Beobachtungen und der Berichte darüber eingehen. Sie bilden die Grundlage für die lokale Avifauna und für die Verbreitungskarte der einzelnen Vogelart. Nur an Hand möglichst vieler Unterlagen kann festgestellt werden, welche Vögel in einem Gebiet vorkommen und wie sie sich dort auf die Lebensstätten verteilen, bzw. welcher Wechsel in beidem erfolgt, in welchen Jahreszeiten sie anzutreffen sind, und in welcher Anzahl. Die Anzahl spielt hier schon eine große Rolle, weil daraus der Wechsel von Jahr zu Jahr hervorgeht. Die Angaben über die ersten zehn Ankömmlinge im Frühjahr, den ersten Gesang, die Beobachtung der ersten Jungen und die letzten Beobachtungen bei fortziehenden Arten ermöglichen es, einen Zusammenhang zwischen Wetter- oder gar Klimafaktoren und den Zugbewegungen herzustellen. Alle solche Beobachtungen beschäftigen über Jahre hinaus jeden passionierten Vogelkenner, besonders aber dann, wenn er lange Zeit in demselben Gebiet seine Feststellungen machen kann. Er ist ein wichtiger Posten in der ornithologischen Forschung! Im allgemeinen hat

Zwölf Embleme bekannter Ornithologischer Gesellschaften: 1. Ibis der British Ornithologists' Union; 2. Riesenalk der American Ornithologists' Union; 3. Küstenseeschwalbe der Royal Navy Bird Watching Society; 4. Lerche der Société pour les études ornithologiques (Frankreich); 5. Uferschnepfe der Niederländischen Ornithologischen Vereinigung; 6. Kiebitz der Dänischen Ornithologischen Gesellschaft; 7. Kalifornien-Kondor des Cooper Ornithological Club (Pazifische USA); 8. Säbelschnäbler der Italienischen Ornithologischen Vereinigung und der Royal Society for the Protection of Birds; 9. Emu der Royal Australasian Ornithologists' Union; 10. Strauß der South African Ornithological Society; 11. Takahe der Ornithological Society of New Zealand; 12. Haubenmeise des Scottish Ornithologists' Club.

163

der regelmäßig Beobachtende mehr Gelegenheit als andere, neue »Gesichter« zu erkennen, d.h. Vogelarten, die er vielleicht noch nirgendwo oder noch nie in seinem Gebiet gesehen hat. Oft steht er zunächst der neuen Erscheinung ratlos gegenüber, denn es kann sich vielleicht um ein abnormes Tier einer ihm geläufigen Art handeln, möglicherweise um einen Albino. Bei solchen Seltenheiten wird er unter Umständen Wert darauf legen, daß andre Vogelkenner sich den »Neuling« ansehen, und die richtige Bestimmung von mehreren Ornithologen verbürgt wird.

Die Feststellungen einer Beobachtungsgemeinschaft oder des einzelnen gelangen bei richtiger Organisation an die Stelle, die den örtlichen Bericht über die heimische Vogelwelt schreibt. Wohin soll sich nun der Interessierte wenden? An die örtlichen Ornithologischen oder Naturwissenschaftlichen Vereinigungen oder den Landesverein, Vereine, die es fast überall auf der Erde gibt und die zum Teil fast 200 Jahre bestehen. Fast immer handelt es sich um Arbeitsgemeinschaften, deren Adressen wechseln können, aber vom Dachverband Deutscher Avifaunisten, 7761 Möggingen, Am Schloßberg, vom nächsten Naturkunde-Museum, der nächsten Gruppe des Bundes für Vogelschutz, den Vogelschutzwarten und natürlich auch von der Deutschen Ornithologen-Gesellschaft, 53 Bonn, Museum Alexander Koenig, zu erfahren sind. In der Zeitschrift »Die Vogelwelt« Bd. 92, S. 155–157, 1971, finden Urlauber eine Adressensammlung von Stellen und Personen, die Beobachtungen aus außerdeutschen Ländern Europas sammeln.

Aus den örtlichen Berichten stammt das Rohmaterial für die Bearbeitung der Gesamtverbreitung der einzelnen Vogelarten. Nach solchen Notizen hat allein der Arbeitskreis an der Staatlichen Vogelschutzwarte Hamburg von 1962–1972 10 Bände, jährlich etwa 200 Seiten, »Hamburger Avifaunistische Beiträge«, veröffentlicht. Der Dachverband Deutscher Avifaunisten gibt seit 1970 die »Ornithologische Schriftenschau« heraus, in der schnell und kurz über die in 115 Zeitschriften enthaltenen Arbeiten vor allem zum Thema Faunistik, Populationsökologie, Nahrungsbiologie, Brutbiologie und Vogelschutz mitteleuropäischer Vögel unterrichtet wird. In Heft 5, S. 73–76, 1971, sind 33 deutschsprachige ornithologische Zeitschriften mit Bezugsquelle und Preis verzeichnet.

Es besteht jederzeit die Möglichkeit für den Feldbeobachter, sich bei der Ausarbeitung der Daten selbst zu betätigen. Er kann durch kritisches Lesen und ergänzende Rückfragen an Beobachter, durch Sortieren, Übertragen auf Lochkarten, Programmieren von elektro-

Roger Tory Peterson benutzt hier einen Gewehrkolben für Zeitlupenaufnahmen. Er schießt dabei 64 Aufnahmen je Sekunde. Der Gebrauch eines Nydar-Visiers erleichtert die Verfolgung des Zielobjektes.

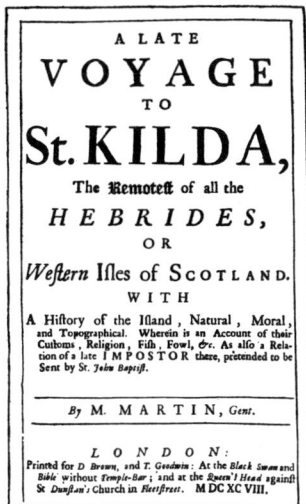
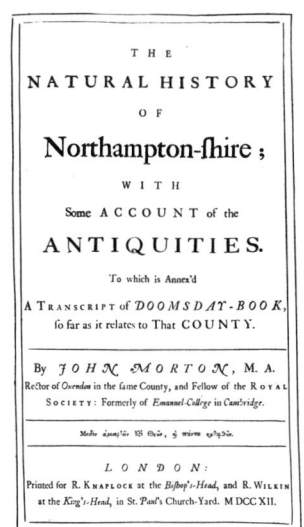

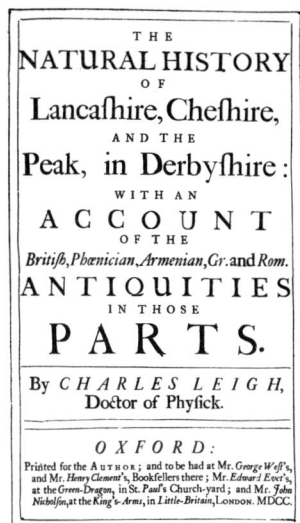

Titelseiten britischer Werke aus dem 17. und 18. Jahrhundert, die gute örtliche Avifaunen enthalten.

nischen Abfragen helfen, und schließlich selbst einzelne Arten oder Artengruppen für sein Gebiet bearbeiten. Die dabei entstehenden Bausteine, die einen verschieden langen Zeitraum umfassen, dienen schließlich als Grundlage für ein Übersichtswerk über die Vogelwelt eines bestimmten Gebietes. Ist eine solche Avifauna schon vorhanden, so helfen die eben erwähnten Arbeiten bei der Vorbereitung von Nachträgen. Für die deutschsprachigen Gebiete sind einige Werke im Schriftenverzeichnis zu finden (S. 184).

2. Zahlenmäßige Bestandsaufnahme

Eine Aufgabe, die sich an die Exkursionen anschließen läßt, aber eine intensivere Anspannung spezieller Tätigkeiten verlangt, heißt: Zählung. Was bei einer Sammlung für die Avifauna ohnehin abfällt, die Notizen über die ungefähre oder genaue Anzahl der Vögel, wird hier exakt verlangt, vor allem weil man zahlenmäßig erfassen will, wieviel Vögel es in bestimmten Bereichen oder von bestimmten Arten überhaupt gibt. Solche Zählungen sind für die Schutzmaßnahmen, z.B. auf der Hallig Norderoog des Vereins Jordsand, wichtig. – Ein sehr großer Teil der fast 1000 Naturschutzgebiete der Bundesrepublik Deutschland sind auch oder allein wegen der Vogelwelt geschützt. Zu ähnlichen Zwecken veranstaltet man Vogelzähltage, um es zu vermeiden, daß man dieselben Vögel doppelt zählt, wie z.B. die Entenzählungen, die zeitweise jeden Monat an einem Sonntag in weiten Teilen Europas erfolgen. Zentralstelle ist die Untersektion Wasservogelzählung bei der Deutschen Sektion des Internationalen Rats für Vogelschutz, 4300 Essen, Vogelschutzwarte. Es sind etwa 500 Mitarbeiter beteiligt!

3. Siedlungsdichteforschung

Eine andre Zählungsweise ist die, die zur Feststellung der Siedlungsdichte (S. 123) nötig ist. Probeflächen von verschiedener Größe werden dabei auf ihren Brutvogelbestand untersucht. Dabei kann man sich mit der Zählung der singenden Männchen zufriedengeben; aber die Probeflächenmethode ist um so besser, je einheitlicher die gewählte Fläche in sich ist (Wiese, Kiefernwald usw.) und je mehr man sich auf besetzte Nester verläßt. In Deutschland wende man sich an den Deutschen Ausschuß für Siedlungsdichtefragen, 3000 Hannover, Landesmuseum für Naturkunde.

4. Zugstudien

Eine weitere Aufgabe, bei der Feldornithologen wesentliche Dienste geleistet haben und leisten müssen, ist die Erfassung des Vogelzuggeschehens. Dabei handelt es sich nicht nur

165

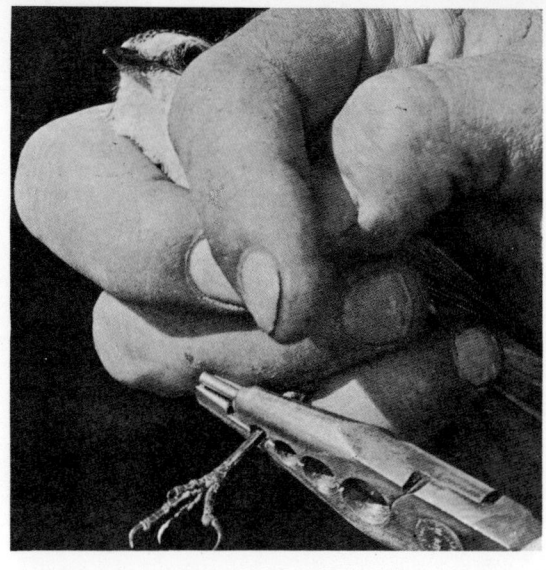

Ein Braunkehlchen, das auf einer britischen Vogelzugbeobachtungsstation gefangen wurde, in der idealen Lage beim Beringen; der Kopf liegt bequem zwischen Zeige- und Mittelfinger, die Brust wird nicht gedrückt, eine Spezialzange drückt den Ring sanft um das Bein.

um den regelmäßigen Zug, der unter Umständen durch Besetzung vieler Posten zur selben Stunde über weite Gebiete erfaßt werden kann, sondern auch um Ansammlungen vor dem Zuge und um unregelmäßige Einfälle, die sogenannten Invasionen (S. 125).

Alle diese Erscheinungen gingen schon lange vor 1901 in die Landesfauna ein. Aber seitdem wurden sie durch individuelle Kennzeichnung der Vögel mittels Beringung auf eine S. 156 behandelte neue Grundlage gestellt, und die Beringung von Jungvögeln im Nest hat schon manches Rätsel des Verbleibs dieser Vögel im Laufe ihres Lebens und ihrer Lebensdauer gelöst. Wer an dergleichen interessiert ist, müßte an die zuständige Vogelwarte schreiben, die Vogelwarte Helgoland, 2940 Wilhelmshaven, die Vogelwarte Radolfzell, 7761 Möggingen, die Vogelwarte Hiddensee bei Rügen, die Österreichische Vogelwarte, A 1, Wien I, Burgring 7, oder die Schweizerische Vogelwarte, CH 4204 Sempach. Nur die Vogelwarten geben die Ringe aus und überprüfen, ob die fachlichen und persönlichen Voraussetzungen für die Mitarbeit als Beringer erfüllt sind.

5. Nestberichte

Das Aufsuchen von Nestern zum Zwecke der Beringung ergibt an sich schon eine Fülle von Daten über das Brutdatum, die Zahl der Jungen, den Erfolg der Brut und das spätere Schicksal der Jungen, wenn Wiederfunde vorliegen. Aber vieles, wie der Neststandort und die Zahl der eingegangenen Jungen, gehört nicht in die Beringungslisten, sondern wird seit nicht allzu langer Zeit auf besonderen Nestkarten (z. B. der eben genannten Vogelwarten) gesammelt. Im Jahre 1936 führte E. A. Billett im Zoologischen Park Whipsnade, England, Buch über alle Nester in seinem 2,5 Hektar großen Gebiet. Er notierte Tag für Tag die Zahl der gelegten Eier, die Zahl der geschlüpften und der ausgeflogenen Jungen. Julian Huxley, damals im Londoner Zoo, regte an, daß ähnliche Auswertungen in verschiedenen geographischen Breiten und in einem Zeitraum von mehreren Jahren ausgeführten Neststudien wertvolle statistische Daten über Gelegegröße, Brutzeiten und Bruterfolg aus der ganzen Welt liefern könnten. 1939 entwarf er mit J. F., der damals sein Assistent war, »Schlüpf- und Ausfliegekarten« (die man jetzt Nestkarten nennt) für die Mitglieder des British Trust for Ornithology. Heute werden jährlich allein in Großbritannien über 10 000 Nester kontrolliert. Bei der Auswertung kann man Beziehungen zwischen Brutzeit und Bruterfolg auf der einen, Klima-, Wetter- und Nahrungseinflüssen auf der anderen Seite entdecken.

6. Verhaltensforschung

Siedlungsdichte- und Zugstudien sowie Nestberichte sind einige Tätigkeiten des Vogelbeobachters, die gewöhnlich nicht bei einfachen Spaziergängen zu erledigen sind. Zum

Schluß wollen wir aber noch dazu anregen, immer und überall auf das Verhalten der beobachteten Vögel zu achten. Wenn mitteleuropäische Landvögel beginnen, die Wollhandkrabbe als Nahrung aufzunehmen, die erst kürzlich eingewandert ist, erweitern sie ihr Nahrungsspektrum (S. 59). Nimmt man hinzu, was zum Beispiel über das Revierverhalten (S. 140) gesagt wurde, so ist leicht einzusehen, daß das Notieren von einzelnen und wiederholten Beobachtungen zum Vogelverhalten wichtig ist; denn wir kennen noch nicht die gesamten Verhaltensbreiten der einzelnen Arten. Über das Gesehene hinaus kann man (für sich) eine Deutung versuchen, die manchmal gar nicht so einfach ist, wie es zuerst aussieht. Eine deutschsprachige Forschungsstelle für Verhaltensphysiologie befindet sich im Max-Planck-Institut für Verhaltensphysiologie, 8130 Seewiesen über Starnberg.

Wir könnten mit dem Aufzählen von Betätigungsfeldern für eifrige Feldbeobachter fortfahren: Eingehende Untersuchungen von Nestern und Eiern, ausführliches Arbeiten über die Ernährung, Artmonographien (die z.B. für Heckenbraunelle, Kolkrabe, Dohle, Bachstelze und viele häufige Vögel noch sehr lückenhaft sind). Es gibt fast unbegrenzte Möglichkeiten, und wer sich einer von ihnen zuwendet, der greift nach einem Leben voll Freude und Anziehungskraft.

Schaustellungen und Zeremonien des Haubentauchers, vor allem nach der bahnbrechenden Untersuchung von Julian Huxley (1914). 1. Suchstellung beider Geschlechter; 2. Weibchen nimmt feindselige Haltung ein; 3. Paar in der »Katzen«-Stellung; 4.–6. Paar in Stadien der Schüttelzeremonie; 7. der »Pinguintanz«, eine die Paarbindung festigende Zeremonie, bei der Nestbaustoffe angeboten werden.

8 Systematische Aufstellung der Vögel

Wir legen hier ein systematisches Verzeichnis der Klasse Aves vor, mit einer Zählung der nach unserer Meinung anzuerkennenden Gattungen und Arten, die bis 1969 wissenschaftlich benannt waren. Es umfaßt alle uns bekannten versteinerten, die in neuerer Zeit ausgestorbenen und die lebenden Vögel. In allen drei Gruppen erfolgt die Anordnung nach Unterklassen, Ordnungen und Familien. Die drei großen Familien Furnariidae (Nr. 144), Muscicapidae (Nr. 173) und Emberizidae (Nr. 181) haben wir in mit a, b, c, d usw. bezeichnete Unterfamilien unterteilt.

Im systematischen Verzeichnis bedeutet ein † vor einer Familie, daß sie nur noch in Versteinerungen existiert und vor etwa 1600 ausgestorben ist. Außerdem wird beim Aussterben unterschieden zwischen der Zahl der Arten, die nach 1680, ein Jahr vor der vermutlichen Ausrottung der Dronte, ausgestorben sind, und der Zahl derjenigen, die »vor der Dronte ausgestorben« sind, die also noch im frühen 17. Jahrhundert lebten.

Der Leser kann die Zahl der Palaeo- und der Neospezies den Ziffern unter der Familien- oder Unterfamilienzeile entnehmen. So sind (Familie 108) 299 Taubenarten bekannt, d.h. von uns nach dem Studium der Literatur anerkannt. Davon leben noch 285 − 6 sind in neuerer Zeit ausgestorben, eine vor der Dronte, und 37 sind fossil bekannt. Die Zahl der Neospezies beträgt $285 + 6 + 1 = 292$. Da 299 bekannt sind, sind $299 - 292 = 7$ Palaeospezies und $37 - 7 = 30$ sind Neospezies, die auch als Versteinerungen bekannt sind. Bei der Zählung der Gattungen bedeutet die Zahl der fossilen reine Palaeogattungen (die also nur als Versteinerungen vorliegen).

Ein Pfeil →nach dem Namen eines geologischen Zeitalters (z.B. Eozän) bedeutet, daß die Familie von dieser Zeit an bis zur Gegenwart existiert.

Silhouetten von heute ausgestorbenen Familien sind grau, nicht schwarz gezeichnet.

Klasse Aves, Vögel

Unterklasse † Sauriurae, Erstvögel

Ordnung † Archaeopterygiformes
(Familie 1)

1 Archaeopteryx
Familie † Archaeopterygidae, Oberer Jura
Gattung und Art: 1 fossil (einige Fachkenner nehmen 2 an)

Unterklasse † Odontoholcae, Zahnvögel

Ordnung † Hesperornithiformes
(Familien 2–4)

2 Enaliornis
Familie † Enaliornithidae, Untere Kreide
Gattung: 1 fossil
Arten: 2 fossil
Vielleicht zur Seetaucher-Ordnung, vor neuer Familie 18 A

3 Baptornis und Neogaeornis
Familie † Baptornithidae, Obere Kreide
Gattungen: 2 fossil
Arten: 2 fossil
Frühestes Fossil *Baptornis*, Kansas; vielleicht zur Ordnung Lappentaucher, vor Familie 20

4 Hesperornis und Coniornis
Familie † Hesperornithidae, Obere Kreide
Gattungen: 2 fossil
Arten: 4 fossil
Früheste Fossilien *Hesperornis*, Kansas

Familie 4

Unterklasse Ornithurae, Typische Vögel

Ordnung † Ichthyornithiformes
(Familien 5 und 6)

5 Ichthyornis
Familie † Ichthyornithidae, Obere Kreide
Gattung: 1 fossil
Arten: 7 fossil

6 Apatornis
Familie † Apatornithidae, Obere Kreide
Gattung und Art: 1 fossil

Ordnung Sphenisciformes
(Familie 7)

7 Pinguine
Familie Spheniscidae, Unteres Eozän →
Gattungen: 6 lebend, 21 fossil
Arten: 47 bekannt; 15 lebend, 36 fossil
Ursprung: wahrscheinlich südlich oder sogar
subantarktisch; frühestes Fossil ein noch unbe-
nanntes Bruchstück aus Neuseeland

Ordnung Struthioniformes
(Familien 8 und 9)

8 Eleutherornis
Familie † Eleutherornithidae, Mittleres Eozän
Gattung und Art: 1 fossil
Nur nach Beckenbruchstück bekannt. Viel-
leicht zu Diatrymiformes, nahe Familie 86

9 Strauße
Familie Struthionidae, Unteres Pliozän
Gattung: 1 lebend
Arten: 7 bekannt; 1 lebend, 7 fossil
Ursprung: wahrscheinlich paläarktisch; frühe-
ste Fossilien in Ägypten, Griechenland, Süd-
rußland, Persien, Nordindien, Mongolei

Ordnung † Aepyornithiformes
(Familie 10)

10 Madagaskar-Strauße
Familie † Aepyornithidae, Oberes Eozän –
geologische Jetztzeit
Gattungen: 1 ausgestorben vor der Dronte, 3
fossil
Arten: 9 bekannt; 1 ausgestorben vor der
Dronte, 9 fossil
Ursprung: vielleicht äthiopisch; frühestes Fos-
sil Ägypten; überlebte auf Madagaskar bis in
historische Zeiten

Ordnung Casuariiformes
(Familien 11–13)

11 Emus
Familie Dromiceiidae, Oberes Pleistozän →
Gattung: 1 lebend
Arten: 3 bekannt; 1 lebend, 3 fossil
Ursprung: zweifellos australisch

12 Dromornis und Geniornis
Familie † Dromornithidae, Pliozän bis Oberes
Pleistozän
Gattungen: 2 fossil
Arten: 2 fossil
Ursprung: zweifellos australisch

13 Kasuare
Familie Casuariidae, Oberes Pleistozän →
Gattung: 1 lebend
Arten: 3 bekannt; 3 lebend, 1 fossil
Ursprung: zweifellos australasiatisch; einziges
Fossil Casuarius bennetti lydekkeri, Rasse des
noch lebenden Bennett-Kasuars, Neusüdwales

Familie 13

Ordnung Apterygiformes
(Familien 14–16)

14 Kleinmoas
Familie Emeidae, Oberes Miozän oder Un-
teres Pliozän – geologische Jetztzeit
Gattungen: 2 nach 1680 ausgestorben, 5 fossil
Arten: 19 bekannt; 2 nach 1680 ausgestorben,
19 fossil oder subfossil
Ursprung: zweifellos Neuseeland; überlebte
auf der Südinsel bis zum späten 18. Jahrhun-
dert; frühestes Fossil Anomalopteryx antiquus,
Timaru, Südinsel

15 Großmoas
Familie † Dinornithidae, Mittleres Pliozän –
geologische Jetztzeit
Gattung: 1 fossil (und ausgestorben vor der
Dronte)
Arten: 8 bekannt; 1 ausgestorben vor der
Dronte, 8 fossil
Ursprung: zweifellos Neuseeland; überlebte
auf der Südinsel bis in historische Zeiten; frü-
hestes Fossil Dinornis novaezealandiae, Nu-
kumaru, Nordinsel

16 Kiwis
Familie Apterygidae, Pleistozän →
Gattungen: 1 lebend, 1 fossil
Arten: 4 bekannt; 3 lebend, 4 fossil
Ursprung: zweifellos Neuseeland

Ordnung Rheiformes
(Familie 17)

17 Nandus
Familie Rheidae, Unteres Eozän →
Gattungen: 2 lebend, 2 fossil
Arten: 6 bekannt; 2 lebend, 5 fossil
Ursprung: zweifellos südamerikanisch; frühestes Fossil Opisthodactylus, Patagonien, vielleicht besondere Familie, vor Familie 17
(16 A); wenn so, dann frühestes Fossil Hetero-
rhea dabbeni, Oberes Pliozän, Nordargenti-
nien

Familie 17

Ordnung Tinamiformes
(Familie 18)

18 Steißhühner
Familie Tinamidae, Pliozän →
Gattungen: 9 lebend, 3 fossil
Arten: 46 bekannt; 42 lebend, 14 fossil
Ursprung: zweifellos südamerik.; früheste
Fossilien, Argentinien. Vielleicht primitivste
typische Vögel; wenn so, dann vor Familie 5

Ordnung Gaviiformes
(Familien 18 A und 19)

18 A Lonchodytes
Familie † Lonchodytidae, Obere Kreide
Arten: 2 fossil
Ursprung: wahrscheinlich nordamerikanisch

19 Seetaucher
Familie Gaviidae, Oberes Paleozän →
Gattungen: 1 lebend, 3 fossil
Arten: 12 bekannt; 4 lebend, 12 fossil
Ursprung: möglicherweise sibirisch oder nord-
amerikanisch; obwohl frühestes Fossil *Eupter-
ornis,* Frankreich

Ordnung Podicipitiformes
(Familie 20)

20 Lappentaucher
Familie Podicipitidae, Unteres Miozän →
Gattungen: 3 lebend, 2 fossil
Arten: 22 bekannt; 17 lebend, 11 fossil
Ursprung: zweifellos holarktisch; frühestes
Fossil *Podiceps oligocaenus,* Oregon

Ordnung Procellariiformes
(Familien 21–24)

21 Albatrosse
Familie Diomedeidae, Mittleres Eozän →
Gattungen: 1 lebend, 2 fossil
Arten: 16 bekannt; 12 lebend, 8 fossil

Ursprung: wahrscheinlich südlich oder sogar
subantarktisch; frühestes Fossil *Gigantornis,*
Nigeria

22 Sturmvögel
Familie Procellariidae, Mittleres Eozän →
Gattungen: 9 lebend, 2 fossil
Arten: 63 bekannt; 47 lebend, 40 fossil
Ursprung: wahrscheinlich südlich; obwohl frü-
hestes Fossil *Puffinus raemdoncki,* Belgien

23 Sturmschwalben
Familie Oceanitidae, Oberes Miozän →
Gattungen: 7 lebend
Arten: 20 bekannt; 18 lebend, 1 nach 1680
ausgestorben, 6 fossil
Ursprung: wahrscheinlich südlich; frühestes
Fossil *Oceanodroma hubbsi,* Kalifornien

24 Tauchsturmvögel
Familie Pelecanoididae, Oberes Pleistozän →
Gattung: 1 lebend
Arten: 4 bekannt; 4 lebend, 2 fossil
Ursprung: wahrscheinlich subantarktisch;
Fossilien, Neuseeland, Amsterdam-Insel und
Peru

Ordnung Pelecaniformes
(Familien 25–34)

25 Tropikvögel
Familie Phaethontidae, Unteres Eozän →
Gattungen: 1 lebend, 1 fossil
Arten: 4 bekannt; 3 lebend, 3 fossil
Ursprung: wahrscheinlich tropisch; frühestes
Fossil *Prophaeton,* England

26 Pelikane
Familie Pelecanidae, Unteres Miozän →
Gattungen: 1 lebend, 1 fossil
Arten: 17 bekannt; 6 lebend, 16 fossil
Ursprung: wahrscheinlich tropisch; frühestes
Fossil *Pelecanus gracilis,* Frankreich

27 Cyphornis, Palaeochenoides und Tympanonesiotes
Familie † Cyphornithidae, Unteres Miozän
Gattungen: 3 fossil
Arten: 3 fossil
Wurden auch in Unterordnung Cladornithes,
vor Familie 34, gestellt

28 Pelagornis
Familie † Pelagornithidae, Mittleres Miozän
Gattung und Art: 1 fossil; wurde auch in Ordnung Odontopterygiformes, nach Familie 36,
gestellt

29 Tölpel
Familie Sulidae, Unteres Oligozän →
Gattungen: 2 lebend, 2 fossil
Arten: 27 bekannt; 9 lebend, 22 fossil
Ursprung: wahrscheinlich tropisch; frühestes
Fossil *Sula ronzoni,* Frankreich

30 Elopteryx und Verwandte
Familie † Elopterygidae, Obere Kreide – Mitt-
leres Eozän
Gattungen: 3 fossil
Arten: 3 fossil
Frühestes Fossil *Elopteryx,* Rumänien

31 Kormorane

Familie Phalacrocoracidae, Obere Kreide →
Gattungen: 2 lebend, 3 fossil
Arten: 51 bekannt; 26 lebend, 1 nach 1680 ausgestorben, 36 Fossilien
Ursprung: wahrscheinlich tropisch, möglicherweise Indischer Ozean; früheste Fossilien *Graculavus,* New Jersey

32 Schlangenhalsvögel

Familie Anhingidae, Mittleres (?) Eozän →
Gattungen: 1 lebend, 1 fossil
Arten: 5 bekannt; 1 lebend, 5 fossil
Ursprung: wahrscheinlich tropisch; frühestes Fossil *Protoplotus,* Sumatra

33 Fregattvögel

Familie Fregatidae, Holozän →
Gattung: 1 lebend
Arten: 5 bekannt; 5 lebend, 3 fossil
Ursprung: zweifellos tropisch

34 Cladornis

Familie † Cladornithidae, Oberes Oligozän
Gattung und Art: 1 fossil; gründet sich auf schlecht erhaltenen Tarsometatarsus; von einigen Fachleuten zur Ordnung Pinguine, nahe Familie 7, gestellt

Ordnung † Odontopterygiformes
(Familien 35 und 36)

35 Odontopteryx

Familie † Odontopterygidae, Unteres Eozän
Gattung und Art: 1 fossil, England

36 Osteodontornis und Pseudodontornis

Familie † Pseudodontornithidae, Miozän
Arten: 2 fossil
Osteodontornis aus dem Oberen Miozän, Kalifornien; *Pseudodontornis* aus dem Unteren Miozän, Süd-Carolina

Ordnung Ciconiiformes
(Familien 37–41)

37 Reiher

Familie Ardeidae, Unteres Eozän →
Gattungen: 15 lebend, 8 fossil
Arten: 78 bekannt; 63 lebend, 1 nach 1680 ausgestorben, 36 fossil
Ursprung: wahrscheinlich tropisch oder subtropisch; frühestes Fossil *Proherodius,* England

38 Schattenvogel

Familie Scopidae, kein Fossil bekannt
Gattung und Art: 1 lebend
Ursprung: zweifellos äthiopisch

39 Störche

Familie Ciconiidae, Unteres Oligozän →
Gattungen: 10 lebend, 10 fossil
Arten: 40 bekannt; 17 lebend, 30 fossil
Ursprung: wahrscheinlich tropisch oder subtropisch; früheste Fossilien in Frankreich und Patagonien

40 Schuhschnabel

Familie Balaenicipitidae, kein Fossil bekannt
Gattung und Art: 1 lebend
Ursprung: zweifellos äthiopisch

40A Plegadornis

Familie † Plegadornithidae, Obere Kreide
Gattung und Art: 1 fossil, Alabama

41 Ibisse und Löffler

Familie Plataleidae, Oberes Eozän →
Gattungen: 20 lebend, 3 fossil
Arten: 38 bekannt; 30 lebend, 19 fossil
Ursprung: wahrscheinlich tropisch oder subtropisch; frühestes Fossil *Ibidopsis,* England

Ordnung Phoenicopterygiformes
(Familien 41A–46)

41A Gallornis, Parascaniornis und Torotix

Familie † Torotigidae, Untere bis Obere Kreide
Gattungen: 3 fossil
Arten: 3 fossil
Frühestes Fossil *Gallornis straeleni,* Frankreich; spätestes *Torotix clemensi,* Wyoming

42 Scaniornis

Familie † Scaniornithidae, Unteres Paleozän
Gattung und Art: 1 fossil, Schweden

43 Telmabates

Familie † Telmabatidae, Unteres Eozän
Gattung und Art: 1 fossil, Argentinien

44 Agnopterus

Familie † Agnopteridae, Oberes Eozän – Oberes Oligozän
Gattung: 1 fossil
Arten: 3 fossil
Früheste Fossilien *Agnopterus lantoniensis,* England

45 Palaelodus und Megapaloelodus

Familie † Palaelodidae, Unteres Miozän – Unteres Pliozän
Gattungen: 2 fossil
Arten: 8 fossil
Früheste Fossilien, Frankreich und Deutschland

Familien 41A–45 sind zweifellos primitive, flamingoartige Vögel

46 Flamingos

Familie Phoenicopterygidae, Oberes Eozän →
Gattungen: 3 lebend, 3 fossil
Arten: 17 bekannt; 5 lebend, 14 fossil
Ursprung: vielleicht subtropisch; frühestes Fossil *Elornis,* England

171

Ordnung Anseriformes
(Familien 47–49)

47 Wehrvögel
Familie Anhimidae, Pleistozän →
Gattungen: 2 lebend
Arten: 3 bekannt; 3 lebend, 2 fossil
Ursprung: zweifellos südamerikanisch

48 Paranyroca
Familie † Paranyrocidae, Unteres Miozän
Gattung und Art: 1 fossil; Familienrang wurde angezweifelt, vielleicht eine Gattungsgruppe der Familie 49, zwischen Tauchenten (Gattungsgruppe Aythyini) und Eiderenten (Gattungsgruppe Mergini)

49 Entenvögel
Familie Anatidae, Oberes Eozän →
Gattungen: 41 lebend, 2 nach 1680 ausgestorben, 22 fossil
Arten: 246 bekannt; 147 lebend, 4 nach 1680 ausgestorben, 172 fossil
Ursprung: früh, geographisch unbestimmt; frühestes Fossil *Eonessa,* Utah

Ordnung Falconiformes
(Familien 50–56)

50 Sekretärgeier
Familie † Neocathartidae, Oberes Eozän
Gattung und Art: 1 fossil

51 Neuweltgeier
Familie Cathartidae, Unteres Eozän →
Gattungen: 5 lebend, 10 fossil
Arten: 21 bekannt; 6 lebend, 20 fossil
Ursprung: vielleicht nordamerikanisch; ob-

wohl frühestes Fossil *Lithornis,* England; früheste Fossilien der Neuen Welt, Unteres Oligozän, Colorado

52 Riesengeier
Familie † Teratornithidae, Oberes Pleistozän
Gattungen: 2 fossil
Arten: 3 fossil. Sollte wohl als Unterfamilie von 51 gelten; USA und Mexiko

53 Sekretäre
Familie Sagittariidae, Oberes Eozän oder Unteres Oligozän →
Gattungen: 1 lebend, 1 fossil
Arten: 3 bekannt; 1 lebend, 2 fossil
Ursprung: wahrscheinlich äthiopisch; frühestes Fossil *Amphiserpentarius schlosseri,* Frankreich. Vielleicht nahe bei südamerikanischen Seriemas, Familie 80

54 Habichtartige
Familie Accipitridae, Oberes Eozän →
Gattungen: 58 lebend, 23 fossil
Arten: 271 bekannt; 208 lebend, 114 fossil
Ursprung: vielleicht Alte Welt; frühestes Fossil *Palaeocircus,* England und Frankreich

55 Fischadler
Familie Pandionidae, Oberes Pleistozän →
Gattung und Art: 1 lebend und fossil
Ursprung: ungewiß; ist weltweit verbreitet

56 Falken
Familie Falconidae, Mittleres Miozän →
Gattungen: 12 lebend, 3 fossil
Arten: 70 bekannt; 58 lebend, 1 nach 1680 ausgestorben, 29 fossil
Ursprung: ungewiß; frühestes Fossil *Badiostes,* Patagonien

Ordnung Galliformes
(Familien 57–64)

57 Hoatzins
Familie Opisthocomidae, Mittleres Miozän →
Gattungen: 1 lebend, 1 fossil
Arten: 2 bekannt; 1 lebend, 1 fossil
Ursprung: frühestes Fossil *Hoazinoides,* Kolumbien; Familie zweifellos südamerikanisch

58 Gallinuloides
Familie † Gallinuloididae, Mittleres Eozän bis Unteres Miozän
Gattungen: 8 fossil
Arten: 15 fossil
Ein Vorläufer von Familie 59; frühestes Fossil *Gallinuloides wyomingensis,* Wyoming; spätestes Fossil *Taoperdix,* Frankreich

59 Hokkos
Familie Cracidae, Unteres Oligozän →
Gattungen: 11 lebend, 4 fossil
Arten: 48 bekannt; 39 lebend, 17 fossil
Ursprung: wahrscheinlich nord- oder mittelamerikanisch; frühestes Fossil *Paracrax antiqua,* Colorado

60 Großfußhühner
Familie Megapodiidae, Pleistozän →
Gattungen: 7 lebend, 1 fossil
Arten: 12 bekannt; 10 lebend, 1 nach 1680 ausgestorben, 2 fossil
Ursprung: zweifellos australasiatisch; frühestes Fossil *Chosornis,* Queensland

61 Rauhfußhühner
Familie Tetraonidae, Unteres Miozän →
Gattungen: 11 lebend, 2 fossil
Arten: 27 bekannt; 17 lebend, 20 fossil
Ursprung: höchstwahrscheinlich nearktisch;
frühestes Fossil *Palaealectoris*, Nebraska

62 Fasanenvögel
Familie Phasianidae, Unteres Oligozän →
Gattungen: 48 lebend, 1 nach 1680 ausgestorben, 12 fossil
Arten: 218 bekannt; 174 lebend, 1 nach 1680 ausgestorben, 70 fossil
Ursprung: wahrscheinlich paläarktisch; obwohl vielleicht frühestes Fossil *Nanortyx*, Saskatchewan

63 Perlhühner
Familie Numididae, Oberes Pleistozän oder prähistorisch →
Gattungen: 5 lebend
Arten: 7 bekannt; 7 lebend, 1 fossil
Ursprung: zweifellos äthiopisch; frühestes Fossil Helmperlhuhn, *Numida meleagris*, Tschechoslowakei; in Europa ca. 6. Jahrhundert v.Chr. wieder eingeführt.

64 Truthühner
Familie Meleagrididae, Unteres Pleistozän →
Gattungen: 2 lebend, 1 fossil
Arten: 9 bekannt; 2 lebend, 9 fossil
Ursprung: zweifellos nordamerikanisch; frühestes Fossil *Agriocharis progenes*, Arizona

Ordnung Gruiformes
(Familien 65–85 A)

65 Stelzenrallen
Familie Mesitornithidae, nicht fossil bekannt

Gattungen: 2 lebend
Arten: 3 lebend
Ursprung: zweifellos Madagaskar

66 Kampfwachteln
Familie Turnicidae, Pleistozän →
Gattungen: 2 lebend
Arten: 15 bekannt; 15 lebend, 1 fossil
Ursprung: tropische Alte Welt; einziges Fossil, Asien

67 Trappenkampfwachtel
Familie Pedionomidae, nicht fossil bekannt
Gattung und Art: 1 lebend
Ursprung: zweifellos australisch; könnte vielleicht als Unterfamilie in Familie 66 verwiesen werden

68 Geranoides
Familie † Geranoididae, Unteres Eozän
Gattung und Art: 1 fossil, Wyoming

69 Eogrus
Familie † Eogruidae, Oberes Eozän – Oberes Miozän
Gattung: 1 fossil
Arten: 2 fossil (bis jetzt benannt), Mongolei

70 Kraniche
Familie Gruidae, Unteres Eozän →
Gattungen: 4 lebend, 8 fossil
Arten: 34 bekannt; 14 lebend, 27 fossil
Ursprung: wahrscheinlich paläarktisch, obwohl frühestes Fossil *Paragrus*, Wyoming

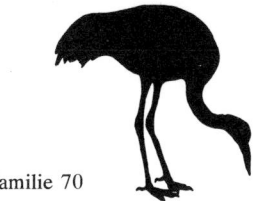

Familie 70

71 Rallenkraniche
Familie Aramidae, Unteres Eozän →
Gattungen: 1 lebend, 6 fossil
Arten: 7 bekannt; 1 lebend, 7 fossil
Ursprung: vielleicht nordamerikanisch; frühestes Fossil *Palaeophasianus*, Wyoming

72 Trompetervögel
Familie Psophiidae, keine Fossilien bekannt
Gattungen: 1 lebend
Arten: 3 lebend
Ursprung: zweifellos südamerikanisch

73 Ergilornis, Proergilornis und Urmiornis
Familie † Ergilornithidae, Unteres oder Mittleres Oligozän – Oberes Miozän
Gattungen: 3 fossil
Arten: 3 fossil
Stammt vielleicht von Familie 69 ab

74 Idiornis und Verwandter
Familie † Idiornithidae, Oberes Eozän – Unteres Oligozän
Gattungen: 2 fossil
Arten: 8 fossil, Wyoming und Frankreich

173

75 Rallen
Familie Rallidae, Obere Kreide →
Gattungen: 46 lebend, 5 nach 1680 ausgestorben, 27 fossil
Arten: 186 bekannt; 119 lebend, 12 nach 1680 ausgestorben, 1 vor der Dronte ausgestorben, 84 fossil
Ursprung: ungewiß; früheste Fossilien *Telmatornis,* New Jersey

76 Binsenhühner
Familie Heliornithidae, keine Fossilien bekannt
Gattungen: 3 lebend
Arten: 3 lebend
Ursprung: zweifellos tropisch

77 Kagu
Familie Rhynochetidae, kein Fossil bekannt
Gattung und Art: 1 lebend
Beschränkt auf Neukaledonien

78 Sonnenralle
Familie Eurypygidae, kein Fossil bekannt
Gattung und Art: 1 lebend
Ursprung: zweifellos südamerikanisch

79 Bathornis
Familie † Bathornithidae, Unteres Oligozän – Oberes Oligozän
Gattung: 1 fossil
Arten: 3 fossil
Frühestes Fossil *Bathornis veredus,* Colorado, Nebraska und Süd-Dakota; stammt vielleicht von Familie 68 ab

80 Seriemas
Familie Cariamidae, Unteres Oligozän →
Gattungen: 2 lebend
Arten: 2 bekannt; 2 lebend, 1 fossil
Ursprung: wenn nicht direkt von Bathornitidae abstammend, wohl südamerikanisch

81 Psilopterus und Verwandte
Familie † Psilopteridae, Unteres Oligozän – Unteres Pleistozän
Gattungen: 7 fossil
Arten: 12 fossil
Frühestes Fossil *Riacama,* Patagonien

82 Phorusrhacos und Verwandte
Familie † Phorusrhacidae, Unteres Miozän – Oberes Pleistozän
Gattungen: 3 fossil
Arten: 4 fossil
Frühestes Fossil *Phorusrhacos,* Patagonien

82 A Palaeociconia und Verwandte
Familie † Palaeociconiidae, Unteres Oligozän – Mittleres Miozän
Gattungen: 3 fossil
Arten: 4 fossil
Frühestes Fossil *Andrewsornis,* Patagonien

83 Brontornis und Verwandte
Familie † Brontornithidae, Unteres Oligozän – Mittleres Miozän
Gattungen und Arten: 2 fossil
Frühestes Fossil *Physornis,* Patagonien
Bemerkung: Die Familien 79–83 können als Unterfamilien der Phorusrhacidae (82) angesehen werden.

84 Cunampaia
Familie † Cunampaiidae, Unteres Oligozän
Gattung und Art: 1 fossil, Patagonien

85 Trappen
Familie Otididae, Mittleres Eozän →
Gattungen: 11 lebend, 1 fossil
Arten: 25 bekannt; 22 lebend, 5 fossil
Ursprung: vielleicht äthiopisch; obwohl frühestes Fossil *Palaeotis,* Deutschland

85 A Gryzaja
Familie † Gryzajidae, Oberes Miozän
Gattung und Art: 1 fossil, Odessa

Ordnung † Diatrymiformes
(Familien 86 und 87)

86 Gastornis und Verwandte
Familie † Gastornithidae, Oberes Paleozän – Oberes Eozän
Gattungen: 4 fossil
Arten: 6 fossil
Früheste Fossilien *Gastornis* und *Remiornis,* Frankreich und England

87 Diatrymas
Familie † Diatrymidae, Mittleres Paleozän – Mittleres Eozän
Gattung: 1 fossil
Arten: 4 fossil
Ursprung: ungewiß; früheste Fossilien, Frankreich; auch aus Deutschland, New Jersey, New Mexico und Wyoming nachgewiesen

Ordnung Charadriiformes
(Familien 87 A–106)

87 A Cimolopteryx und Ceramornis
Familie † Cimolopterygidae, Obere Kreide
Gattungen: 2 fossil
Arten: 4 fossil, Wyoming

88 Blatthühnchen
Familie Jacanidae, Oberes Pleistozän →
Gattungen: 6 lebend
Arten: 7 bekannt; 7 lebend, 1 fossil
Ursprung: tropisch, vielleicht Alte Welt; einziges Fossil Jassana, *Jacana spinosa,* Brasilien

89 Rhegminornis
Familie † Rhegminornithidae, Unteres Miozän
Gattung und Art: 1 fossil, Florida

90 Goldschnepfen
Familie Rostratulidae, Mittleres Eozän →
Gattungen: 2 lebend, 1 fossil
Arten: 3 bekannt; 2 lebend, 1 fossil
Ursprung: vielleicht Alte Welt; einziges Fossil *Rhynchaeites,* Deutschland

91 Austernfischer
Familie Haematopodidae, Unteres Miozän →
Gattungen: 1 lebend, 2 fossil
Arten: 6 bekannt; 4 lebend, 3 fossil
Ursprung: vielleicht Neue Welt; frühestes Fossil *Paractiornis,* Nebraska

92 Regenpfeifer
Familie Charadriidae, Unteres Oligozän →
Gattungen: 9 lebend, 2 fossil
Arten: 65 bekannt; 60 lebend, 17 fossil
Ursprung: ungewiß; frühestes Fossil *Dolichopterus,* Frankreich

93 Schnepfenvögel
Familie Scolopacidae, Obere Kreide →
Gattungen: 21 lebend, 1 nach 1680 ausgestorben, 4 fossil
Arten: 107 bekannt; 75 lebend, 2 nach 1680 ausgestorben, 69 fossil
Wahrscheinlich holarktischen Ursprungs; früheste Fossilien *Palaeotringa,* New Jersey

94 Säbelschnäbler
Familie Recurvirostridae, Unteres Miozän? →
Gattungen: 3 lebend
Arten: 7 bekannt; 7 lebend, 2 fossil
Ursprung: geographisch ungewiß; ein frühes Fossil, vielleicht Frankreich, bedarf der Nachprüfung; andere früheste Fossilien heutiger Stelzenläufer und Säbelschnäbler, Mittleres Pleistozän, Oregon und Florida

95 Presbyornis und Coltonia
Familie † Presbyornithidae, Unteres Eozän
Gattungen und Arten: 2 fossil, Utah

96 Wassertreter
Familie Phalaropodidae, Mittleres Pleistozän →
Gattung: 1 lebend
Arten: 3 bekannt; 3 lebend, 2 fossil
Ursprung: nordamerikanisch; frühestes Fossil Odinshühnchen, *Phalaropus lobatus,* Oregon

97 Meerrenner
Familie Dromadidae, nicht fossil bekannt
Gattung und Art: 1 lebend
Ursprung: wahrscheinlich Indischer Ozean

98 Triele
Familie Burhinidae, Unteres Miozän →
Gattungen: 3 lebend, 1 fossil
Arten: 11 bekannt; 9 lebend, 3 fossil
Ursprung: wahrscheinlich Alte Welt; frühestes Fossil *Milnea,* Frankreich

Familie 98

99 Brachschwalben
Familie Glareolidae, nicht fossil bekannt
Gattungen: 5 lebend
Arten: 16 bekannt; 15 lebend, 1 nach 1680 ausgestorben
Ursprung: wahrscheinlich Äthiopien

100 Höhenläufer
Familie Thinocoridae, nicht fossil bekannt
Gattungen: 2 lebend
Arten: 4 lebend
Ursprung: zweifellos südamerikanisch

101 Scheidenschnäbel
Familie Chionididae, nicht fossil bekannt
Gattung: 1 lebend
Arten: 2 lebend
Ursprung: wahrscheinlich subantarktisch

102 Raubmöwen
Familie Stercorariidae, Mittleres Pleistozän →
Gattungen: 2 lebend
Arten: 5 bekannt; 4 lebend, 3 fossil
Ursprung: zweifellos holarktisch; frühestes Fossil *Stercorarius shufeldti,* Oregon

175

103 Möwen und Seeschwalben
Familie Laridae, Unteres Eozän →
Gattungen: 4 lebend, 5 fossil
Arten: 92 bekannt; 78 lebend, 48 fossil
Ursprung: zweifellos holarktisch; frühestes
Fossil *Halcyornis*, England.

104 Scherenschnäbel
Familie Rhynchopidae, nicht fossil bekannt
Gattung: 1 lebend
Arten: 3 lebend
Ursprung: geographisch ungewiß, wahrscheinlich tropisch

105 Alken
Familie Alcidae, Unteres Eozän →
Gattungen: 11 lebend, 1 nach 1680 ausgestorben, 4 fossil
Arten: 32 bekannt; 19 lebend, 1 nach 1680 ausgestorben, 29 fossil
Ursprung: wahrscheinlich nordpazifisch (Beringsee?); frühestes Fossil *Nautilornis*, Utah

106 Pinguinalken
Familie † Mancallidae, Oberes Miozän – Mittleres Pliozän
Gattungen: 3 fossil
Arten: 4 fossil
Nur aus Kalifornien bekannt; könnte vielleicht als Unterfamilie zu 105 gestellt werden

176

Ordnung Columbiformes
(Familien 107–109)

107 Flughühner
Familie Pteroclidae, Oberes Eozän oder Unteres Oligozän →
Gattungen: 2 lebend
Arten: 19 bekannt; 16 lebend, 5 fossil
Ursprung: zweifellos äthiopisch; früheste Fossilien *Pterocles validus* und *P. larvatus*, Frankreich

108 Tauben
Familie Columbidae, Unteres Miozän →
Gattungen: 48 lebend, 2 nach 1680 ausgestorben, 4 fossil
Arten: 299 bekannt; 285 lebend, 6 nach 1680 ausgestorben, 1 vor der Dronte ausgestorben, 37 fossil
Ursprung: wahrscheinlich australasiatisch; frühestes Fossil *Gerandia*, Frankreich

109 Dronten
Familie Raphidae, Holozän
Gattungen: 2 nach 1680 ausgestorben
Arten: 3 nach 1680 ausgestorben, 2 fossil
Ursprung: zweifellos mascarenisch; wahrscheinlich von Tauben (108), vielleicht von Rallen (75) abstammend

Ordnung Psittaciformes
(Familie 110)

110 Papageien
Familie Psittacidae, Unteres Miozän →
Gattungen: 69 lebend, 3 nach 1680 ausgestorben, 2 fossil
Arten: 340 bekannt; 317 lebend, 15 nach 1680 ausgestorben, 3 vor der Dronte ausgestorben, 26 fossil
Ursprung: wahrscheinlich australasiatisch, obwohl frühestes Fossil *Archaeopsittacus*, Frankreich

Ordnung Musophagiformes
(Familie 111)

111 Turakos
Familie Musophagidae, nicht fossil bekannt
Gattungen: 5 lebend
Arten: 18 lebend
Ursprung: zweifellos äthiopisch

Ordnung Cuculiformes
(Familie 112)

112 Kuckucke
Familie Cuculidae, Oberes Eozän oder Unteres Oligozän →
Arten: 131 bekannt; 125 lebend, 1 nach 1680 ausgestorben, 12 fossil
Ursprung: wahrscheinlich Alte Welt; frühestes Fossil *Dynamopterus*, Frankreich

Ordnung Strigiformes
(Familien 113–115)

113 Schleiereulen
Familie Tytonidae, Unteres Miozän →
Gattungen: 2 lebend, 1 fossil
Arten: 18 bekannt; 11 lebend, 8 fossil
Ursprung: wahrscheinlich paläarktisch; früheste Fossilien 2 Arten der heutigen Gattung *Tyto*, Frankreich

114 Eozänkäuze
Familie † Protostrigidae, Unteres Eozän – Mittleres Eozän
Gattung: 1 fossil
Arten: 5 fossil
Ursprung: wahrscheinlich nordamerikanisch; frühestes Fossil *Protostrix mimica*, Wyoming

115 Echte Eulen
Familie Strigidae, Oberes Eozän oder Unteres Oligozän →
Gattungen: 22 lebend, 3 fossil
Arten: 148 bekannt; 120 lebend, 3 nach 1680 ausgestorben, 56 fossil
Ursprung: wahrscheinlich paläarktisch; früheste Fossilien 4 Gattungen (einschließlich der heutigen *Bubo* und *Asio*), Frankreich

Ordnung Caprimulgiformes
(Familien 116–120)

116 Fettschwalm
Familie Steatornithidae, nicht fossil bekannt
Gattung und Art: 1 lebend
Ursprung: zweifellos südamerikanisch

117 Höhlenschwalme
Familie Aegothelidae, Holozän →
Gattungen: 1 lebend, 1 fossil
Arten: 6 bekannt; 4 lebend, 1 nach 1680 ausgestorben, 1 fossil
Ursprung: wahrscheinlich australasiatisch; einziges Fossil *Megaegotheles*, Neuseeland

118 Schwalme
Familie Podargidae, nicht fossil bekannt
Gattungen: 2 lebend
Arten: 12 lebend
Ursprung: wahrscheinlich orientalisch

119 Nachtschwalben
Familie Caprimulgidae, Unteres Pleistozän →
Gattungen: 18 lebend
Arten: 69 bekannt; 69 lebend, 8 fossil
Ursprung: wahrscheinlich Neue Welt; obwohl frühestes Fossil Ziegenmelker, *Caprimulgus europaeus*, Rumänien

120 Tagschläfer
Familie Nyctibiidae, Oberes Pleistozän →
Gattung: 1 lebend
Arten: 5 bekannt; 5 lebend, 1 fossil
Ursprung: zweifellos Südamerika; einziges Fossil, Brasilien

Ordnung Apodiformes
(Familien 121–124)

121 Aegialornis
Familie † Aegialornithidae, Oberes Eozän oder Unteres Oligozän
Gattung: 1 fossil
Arten: 2 fossil
Ursprung: wahrscheinlich Alte Welt; einzige Fossilien, Frankreich

122 Segler
Familie Apodidae, Oberes Eozän oder Unteres Oligozän →
Gattungen: 8 lebend, 1 fossil
Arten: 69 bekannt; 65 lebend, 11 fossil
Ursprung: vielleicht Alte Welt; frühestes Fossil *Cypselavus gallicus*, Frankreich

123 Baumsegler
Familie Hemiprocnidae, nicht fossil bekannt
Gattung: 1 lebend
Arten: 3 lebend
Ursprung: wahrscheinlich orientalisch

124 Kolibris
Familie Trochilidae, Oberes Pleistozän →
Gattungen: 123 lebend
Arten: 320 bekannt; 320 lebend, 1 fossil
Ursprung: wahrscheinlich südamerikanisch; einziges Fossil, Brasilien

Ordnung Coliiformes
(Familie 125)

125 Mausvögel
Familie Coliidae, Unteres Miozän →
Gattung: 1 lebend, 2 fossil
Arten: 9 bekannt; 6 lebend, 3 fossil
Ursprung: Zweifellos äthiopisch; früheste Fossilien *Limnatornis*, Frankreich

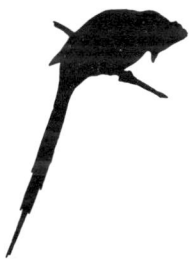

Ordnung Trogoniformes
(Familie 126)

126 Trogons
Familie Trogonidae, Oberes Eozän oder Unteres Oligozän →
Gattungen: 8 lebend, 2 fossil
Arten: 39 bekannt; 35 lebend, 6 fossil
Ursprung: vielleicht Neue Welt; obwohl früheste Fossilien *Archaeotrogon*, Frankreich

Ordnung Coraciiformes
(Familien 127–136)

127 Eisvögel
Familie Alcedinidae, Oberes Eozän →
Gattungen: 12 lebend, 1 fossil
Arten: 89 bekannt; 86 lebend, 1 nach 1680 ausgestorben, 7 fossil
Ursprung: zweifellos Alte Welt; früheste Fossilien *Protornis*, Schweiz

177

128 Todis
Familie Todidae, nicht fossil bekannt
Gattung: 1 lebend
Arten: 5 lebend
Ursprung: wahrscheinlich nordamerikanisch

129 Sägeracken
Familie Momotidae, Oberes Pleistozän →
Gattungen: 6 lebend
Arten: 8 bekannt; 8 lebend, 1 fossil
Ursprung: wahrscheinlich nordamerikanisch;
frühestes Fossil heutige Art, Brasilien

130 Bienenfresser
Familie Meropidae, Pleistozän →
Gattungen: 6 lebend
Arten: 25 bekannt; 25 lebend, 1 fossil
Ursprung: zweifellos äthiopisch; einziges Fossil Bienenfresser, *Merops apiaster,* Don-Tal, UdSSR

131 Racken
Familie Coraciidae, Oberes Eozän oder Unteres Oligozän →
Gattungen: 2 lebend, 1 fossil
Arten: 12 bekannt; 11 lebend, 3 fossil
Ursprung: zweifellos Alte Welt; frühestes Fossil *Geranopterus,* Frankreich

132 Erdracken
Familie Brachypteraciidae, nicht fossil bekannt
Gattungen: 3 lebend
Arten: 5 lebend
Ursprung: zweifellos madagassisch

Familie 132

133 Kurol
Familie Leptosomatidae, nicht fossil bekannt
Gattung und Art: 1 lebend
Ursprung: zweifellos madagassisch

134 Wiedehopf
Familie Upupidae, Mittleres Pleistozän →
Gattung und Art: 1 lebend und fossil
Ursprung: zweifellos äthiopisch; frühestes Fossil, Palästina

135 Baumhopfe
Familie Phoeniculidae, Mittleres Miozän →
Gattungen: 2 lebend, 1 fossil
Arten: 7 bekannt; 6 lebend, 1 fossil
Ursprung: wahrscheinlich äthiopisch; einziges Fossil, Deutschland

136 Nashornvögel
Familie Bucerotidae, Mittleres Eozän →
Gattungen: 12 lebend, 2 fossil
Arten: 46 bekannt; 44 lebend, 3 fossil
Ursprung: wahrscheinlich äthiopisch; frühestes Fossil *Geisleroceros,* Deutschland

Ordnung Piciformes
(Familien 137–142)

137 Glanzvögel
Familie Galbulidae, nicht fossil bekannt
Gattungen: 5 lebend
Arten: 15 lebend
Ursprung: zweifellos südamerikanisch

138 Faulvögel
Familie Bucconidae, Mittleres Eozän →
Gattungen: 10 lebend, 1 fossil
Arten: 31 bekannt; 30 lebend, 3 fossil
Ursprung: einziges frühes Fossil *Uintornis,* Wyoming

139 Bartvögel
Familie Capitonidae, Oberes Pleistozän →
Gattungen: 13 lebend
Arten: 72 bekannt; 72 lebend, 1 fossil
Ursprung: wahrscheinlich Alte Welt, obwohl einziges Fossil, Brasilien

140 Honiganzeiger
Familie Indicatoridae, nicht fossil bekannt
Gattungen: 4 lebend
Arten: 14 lebend
Ursprung: zweifellos äthiopisch

141 Tukane
Familie Ramphastidae, Oberes Pleistozän →
Gattungen: 5 lebend
Arten: 37 bekannt; 37 lebend, 2 fossil
Ursprung: zweifellos südamerikanisch; einzige Fossilien, Brasilien

142 Spechte
Familie Picidae, Unteres Miozän →
Gattungen: 36 lebend, 3 fossil
Arten: 214 bekannt; 209 lebend, 31 fossil
Ursprung: vielleicht Neue Welt, obwohl frühestes Fossil *Palaeopicus,* Frankreich

Ordnung Passeriformes
(Familien 143–199)

143 Breitrachen
Familie Eurylaimidae, Unteres Miozän →
Gattungen: 8 lebend, 1 fossil
Arten: 14 lebend, 1 fossil
Ursprung: wahrscheinlich orientalisch, aber einziges frühes Fossil, Deutschland

144 Töpfervögel
Familie Furnariidae, 2 Unterfamilien, von manchen Fachleuten zu Familienrang erhoben

144 a Baumsteiger
Unterfamilie Dendrocolaptinae, Oberes Pleistozän →
Gattungen: 13 lebend
Arten: 47 bekannt; 47 lebend, 2 fossil
Ursprung: zweifellos südamerikanisch; einzige Fossilien, Brasilien

144 b Töpfervögel
Unterfamilie Furnariinae, Oberes Pleistozän →
Gattungen: 58 lebend
Arten: 215 bekannt; 215 lebend, 2 fossil
Ursprung: zweifellos südamerikanisch; einzige Fossilien, Brasilien

145 Ameisenvögel
Familie Formicariidae, Oberes Pleistozän →
Gattungen: 53 lebend
Arten: 224 bekannt; 224 lebend, 1 fossil
Ursprung: zweifellos südamerikanisch; einziges Fossil, Brasilien

146 Mückenfresser
Familie Conopophagidae, nicht fossil bekannt
Gattungen: 2 lebend
Arten: 11 lebend
Ursprung: zweifellos südamerikanisch

147 Rallenschlüpfer
Familie Rhinocryptidae, Unteres oder Mittleres Eozän →
Gattungen: 12 lebend, 1 fossil
Arten: 30 bekannt; 29 lebend, 1 fossil
Ursprung: wahrscheinlich südamerikanisch; einziges Fossil *Neanis,* Wyoming, nur vorläufig dieser Familie zugeordnet

148 Pittas
Familie Pittidae, nicht fossil bekannt
Gattung: 1 lebend
Arten: 25 lebend
Ursprung: wahrscheinlich orientalisch

149 Lappenpittas
Familie Philepittidae, nicht fossil bekannt
Gattungen: 2 lebend
Arten: 4 lebend
Ursprung: zweifellos madagassisch

150 Neuseeland-Schlüpfer
Familie Acanthisittidae, nicht fossil bekannt
Gattungen: 2 lebend
Arten: 4 bekannt; 3 lebend, 1 nach 1680 ausgestorben
Ursprung: zweifellos neuseeländisch

151 Tyrannen
Familie Tyrannidae, Oberes Pleistozän →
Gattungen: 116 lebend
Arten: 364 bekannt; 364 lebend, 9 fossil
Ursprung: wahrscheinlich südamerikanisch; einzige Fossilien Brasilien, Kalifornien, Virginia, Florida und Westindien

152 Pipras
Familie Pipridae, nicht fossil bekannt
Gattungen: 2 lebend
Arten: 61 lebend
Ursprung: zweifellos südamerikanisch

153 Schmuckvögel
Familie Cotingidae, nicht fossil bekannt
Gattungen: 33 lebend
Arten: 91 lebend
Ursprung: zweifellos südamerikanisch

154 Pflanzenmäher
Familie Phytotomidae, nicht fossil bekannt
Gattung: 1 lebend
Arten: 3 lebend
Ursprung: zweifellos südamerikanisch

179

155 Leierschwänze
Familie Menuridae, nicht fossil bekannt
Gattung: 1 lebend
Arten: 2 lebend
Ursprung: zweifellos australisch

156 Dickichtschlüpfer
Familie Atrichornithidae, nicht fossil bekannt
Gattung: 1 lebend
Arten: 2 lebend
Ursprung: zweifellos australisch

157 Lerchen
Familie Alaudidae, Unteres Pliozän →
Gattungen: 15 lebend
Arten: 78 bekannt; 75 lebend, 11 fossil
Ursprung: vielleicht äthiopisch; früheste Fossilien *Alauda gypsorum* und *A. major*, Italien

158 Palaeospiza
Familie † Palaeospizidae, Mittleres oder Oberes Oligozän
Gattung und Art: 1 fossil
Nur Colorado

159 Schwalben
Familie Hirundinidae, Unteres Pleistozän →
Gattungen: 20 lebend
Arten: 81 bekannt; 79 lebend, 10 fossil
Ursprung: wahrscheinlich orientalisch; frühestes Fossil *Hirundo aprica*, Kansas

180

160 Stelzen
Familie Motacillidae, Unteres Miozän →
Gattungen: 5 lebend
Arten: 56 bekannt; 53 lebend, 10 fossil
Ursprung: wahrscheinlich äthiopisch, obwohl früheste Fossilien *Motacilla humata* und *M. major*, Frankreich

161 Stachelbürzler
Familie Campephagidae, nicht fossil bekannt
Gattungen: 9 lebend
Arten: 70 lebend
Ursprung: wahrscheinlich australasiatisch, vielleicht orientalisch

162 Bülbüls
Familie Pycnonotidae, Mittleres Pleistozän →
Gattungen: 15 lebend
Arten: 119 bekannt; 119 lebend, 1 fossil
Ursprung: wahrscheinlich äthiopisch; einziges Fossil Graubülbül, *Pycnonotus barbatus*, Palästina

163 Elfenblauvögel
Familie Irenidae, nicht fossil bekannt
Gattungen: 3 lebend
Arten: 14 lebend
Ursprung: zweifellos orientalisch

164 Würger
Familie Laniidae, Unteres Miozän →
Gattungen: 12 lebend
Arten: 75 bekannt; 74 lebend, 7 fossil
Ursprung: wahrscheinlich paläarktisch; frühestes Fossil heutige Gattung *Lanius*, Frankreich

165 Vangawürger
Familie Vangidae, nicht fossil bekannt
Gattungen: 9 lebend
Arten: 13 lebend
Ursprung: zweifellos madagassisch

166 Seidenschwänze und Verwandte
Familie Bombycillidae, Oberes Pleistozän →
Gattungen: 5 lebend
Arten: 8 bekannt; 8 lebend, 2 fossil
Ursprung: wahrscheinlich Nordamerika; frühestes Fossil Seidenschwanz, *Bombycilla garrulus*, Monaco

167 Palmschmätzer
Familie Dulidae, nicht fossil bekannt
Gattung und Art: 1 lebend
Ursprung: zweifellos westindisch

168 Wasseramseln
Familie Cinclidae, Oberes Pleistozän →
Gattung: 1 lebend
Arten: 4 bekannt; 4 lebend, 1 fossil
Ursprung: wahrscheinlich nordamerikanisch; frühestes Fossil Wasseramsel, *Cinclus cinclus*, Österreich

169 Palaeoscinis
Familie † Palaeoscinidae, Mittleres Miozän
Gattung und Art: 1 fossil
Nur Kalifornien; manche ordnen sie nicht hier
ein, sondern nahe Familien 162 und 163

170 Zaunkönige
Familie Troglodytidae, Mittleres Pleistozän →
Gattungen: 14 lebend
Arten: 60 bekannt; 59 lebend, 5 fossil
Ursprung: wahrscheinlich nordamerikanisch;
frühestes Fossil *Cistothorus brevis,* Florida

171 Spottdrosseln
Familie Mimidae, Oberes Pleistozän (Mittleres
Pliozän?) →
Gattungen: 13 lebend
Arten: 31 bekannt; 31 lebend, 8 fossil
Ursprung: wahrscheinlich nordamerikanisch;
Fossilien Brasilien, Kalifornien und Puerto
Rico; unbenanntes mexikanisches Material
vom Mittleren Pliozän gehört vielleicht zu die-
ser Familie

172 Braunellen
Familie Prunellidae, Pleistozän →
Gattung: 1 lebend
Arten: 12 bekannt; 12 lebend, 2 fossil
Ursprung: zweifellos paläarktisch; Fossilien
Italien, Monaco, England, Wales

173 Fliegenschnäpper
*Familie Muscicapidae; diese ist so groß, daß wir
sie in folgende Unterfamilien einteilen (die von
manchen Fachleuten als volle Familien angesehen werden):*

173a Drosseln
Unterfamilie Turdinae, Oberes Pleistozän →
Gattungen: 41 lebend, 1 fossil
Arten: 304 bekannt; 300 lebend, 3 nach 1680
ausgestorben, 23 fossil
Ursprung: wahrscheinlich Alte Welt; frühestes
Fossil Blaumerle, *Monticola solitarius,* Frank-
reich

173b Timalien
Unterfam. Timaliinae, Mittleres Pleistozän →
Gattungen: 57 lebend
Arten: 258 bekannt; 258 lebend, 2 fossil
Ursprung: Alte Welt, vielleicht paläarktisch;
frühestes Fossil Palästina-Langschwanzdroß-
ling, *Turdoides squamiceps,* Palästina

173c Bartmeise und Papageischnabel-
timalien
Unterfamilie Panurinae, nicht fossil bekannt
Gattungen: 3 lebend
Arten: 19 lebend
Ursprung: wahrscheinlich paläarktisch

173d Mückenfänger
Unterfamilie Polioptilinae, nicht fossil bekannt
Gattung: 1 lebend
Arten: 11 lebend
Ursprung: zweifellos nordamerikanisch

173e Grasmücken und Schnäblergras-
mücken
Unterfamilie Sylviinae, Unteres Miozän →
Gattungen: 61 lebend

Arten: 323 bekannt; 320 lebend, 2 nach 1680
ausgestorben, 10 fossil
Ursprung: Alte Welt (nur 7 in Neuer Welt);
frühestes Fossil *Sylvia* spec., Frankreich.
Schließt die Goldhähnchen ein, die manchmal
als Unterfamilie abgetrennt werden

173f Südseegrasmücken
Unterfamilie Malurinae, nicht fossil bekannt
Gattungen: 25 lebend
Arten: 83 lebend
Ursprung: zweifellos australasiatisch

173g Fliegenschnäpper und Fächer-
schwanzschnäpper
Unterfamilie Muscicapinae, Mittleres Pleistozän →
Gattungen: 35 lebend
Arten: 286 bekannt; 286 lebend, 2 fossil
Ursprung: Alte Welt, aber Gebiet ungewiß;
frühestes Fossil Grauschnäpper, *Muscicapa
striata,* Palästina

173h Monarchen
Unterfamilie Monarchinae, nicht fossil be-
kannt
Gattungen: 9 lebend
Arten: 63 lebend
Ursprung: zweifellos australasiatisch

173i Dickkopfschnäpper
Unterfamilie Pachycephalinae, Holozän →
Gattungen: 13 lebend
Arten: 49 bekannt; 49 lebend, 1 fossil
Ursprung: zweifellos australasiatisch; einziges
Fossil Piopio, *Turnagra capensis,* Neuseeland

Familie 173i

173j Felshüpfer
Unterfamilie Picathartinae, nicht fossil bekannt
Gattung: 1 lebend
Arten: 2 lebend
Ursprung: zweifellos äthiopisch

174 Meisen
Familie Paridae, Oberes Eozän →
Gattungen: 9 lebend, 1 fossil
Arten: 63 bekannt; 62 lebend, 9 fossil
Ursprung: wahrscheinlich paläarktisch; frühestes Fossil *Palaegithalus,* Frankreich

175 Kleiber
Familie Sittidae, Unteres Pliozän →
Gattungen: 6 lebend
Arten: 32 bekannt; 31 lebend, 5 fossil
Ursprung: wahrscheinlich paläarktisch; frühestes Fossil *Sitta senogalliensis,* Italien. 6 Baumrutscher-Arten, *Climacteris,* nicht fossil bekannt, wurden von einem Fachmann als Familie Climacteridae abgetrennt.

176 Baumläufer
Familie Certhiidae, Unteres Pleistozän →
Gattungen: 2 lebend
Arten: 6 bekannt; 6 lebend, 1 fossil
Ursprung: zweifellos Alte Welt, vielleicht Paläarktis; frühestes Fossil Waldbaumläufer, *Certhia familiaris,* zuerst aus Rumänien

177 Mistelfresser
Familie Dicaeidae, nicht fossil bekannt
Gattungen: 7 lebend
Arten: 53 lebend, 1 nach 1680 ausgestorben
Ursprung: wahrscheinlich orientalisch

178 Nektarvögel
Familie Nectariniidae, nicht fossil bekannt
Gattungen: 4 lebend
Arten: 105 lebend
Ursprung: wahrscheinlich äthiopisch

179 Brillenvögel
Familie Zosteropidae, nicht fossil bekannt
Gattungen: 10 lebend
Arten: 79 bekannt; 78 lebend, 1 nach 1680 ausgestorben
Ursprung: wahrscheinlich orientalisch

180 Honigfresser
Familie Meliphagidae, Holozän →
Gattungen: 65 lebend, 1 nach 1680 ausgestorben
Arten: 162 bekannt; 158 lebend, 4 nach 1680 ausgestorben, 1 fossil
Ursprung: zweifellos australasiatisch; einziges Fossil Tui, *Prosthemadera novaeseelandiae,* Neuseeland

181 Ammernartige
Familie Emberizidae; diese ist so groß, daß wir sie wie folgt in Unterfamilien und Gattungsgruppen aufteilen:

181a Ammern
Unterfamilie Emberizinae
(1) Ammern
Gattungsgruppe Emberizini, Unteres Pliozän →

Gattungen: 56 lebend, 1 fossil
Arten: 201 bekannt; 197 lebend, 1 nach 1680 ausgestorben, 26 fossil
Ursprung: wahrscheinlich nordamerikanisch; früheste Fossilien *Palaeostruthus,* Kansas und Florida
(2) Galapagos-Finken
Gattungsgruppe Geospizini, nicht fossil bekannt
Gattungen: 4 lebend
Arten: 14 lebend
Ursprung: zweifellos Galapagos-Inseln, wahrscheinlich von mittel- oder südamerikanischen Ammern-Vorfahren

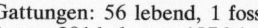

181b Kardinäle
Unterfamilie Cardinalinae, Oberes Pleistozän →
Gattungen: 31 lebend
Arten: 110 bekannt; 110 lebend, 5 fossil
Ursprung: zweifellos amerikanisch, vielleicht südamerikanisch; Fossilien Brasilien, Florida, Kalifornien und Puerto Rico

181c Plüschkopftangare
Unterfamilie Catamblyrhynchinae, nicht fossil bekannt
Gattung und Art: 1 lebend
Ursprung: zweifellos südamerikanisch

181d Tangaren
Unterfamilie Tanagrinae, Holozän →
Gattungen: 61 lebend
Arten: 191 bekannt; 191 lebend, 2 fossil
Ursprung: zweifellos amerikanisch, vielleicht südamerikanisch; einzige Fossilien, Puerto Rico

181e Schwalbentangare
Unterfamilie Tersininae, Oberes Pleistozän →
Gattung und Art: 1 lebend und fossil
Ursprung: zweifellos südamerikanisch; einziges Fossil, Brasilien

181f Zuckervögel

Unterfamilie Coerebinae
(1) Pitpits
Gattungsgruppe Dacnini, nicht fossil bekannt
Gattungen: 9 lebend
Arten: 26 lebend
Ursprung: zweifellos südamerikanisch; könnte zur Unterfamilie 181d gehören

(2) Bananaquits
Gattungsgruppe Coerebini, Holozän →
Gattungen: 3 lebend
Arten: 10 bekannt; 10 lebend, 1 subfossil
Ursprung: zweifellos südamerikanisch; Fossil, Puerto Rico; könnte zu Familie 182 gehören

182 Waldsänger

Familie Parulidae, Mittleres Pleistozän →
Gattungen: 18 lebend
Arten: 113 bekannt; 113 lebend, 4 fossil oder subfossil
Ursprung: wahrscheinlich nordamerikanisch; frühestes Fossil Nord-Erdwaldsänger, *Geothlypis trichas,* Florida

183 Kleidervögel

Familie Drepanididae, nicht fossil bekannt
Gattungen: 7 lebend, 2 nach 1680 ausgestorben
Arten: 22 bekannt; 14 lebend, 8 nach 1680 ausgestorben
Ursprung: zweifellos hawaiisch, von emberizidem oder eher fringillidem Vorfahren aus Amerika abzuleiten

184 Vireos

Familie Vireonidae, Oberes Pleistozän →
Gattungen: 8 lebend
Arten: 42 bekannt; 42 lebend, 2 fossil
Ursprung: wahrscheinlich nordamerikanisch; obwohl einzige Fossilien, Brasilien und Puerto Rico

185 Stärling

Familie Icteridae, Mittleres Pleistozän →
Gattungen: 35 lebend, 3 fossil
Arten: 93 bekannt; 88 lebend, 19 fossil
Ursprung: zweifellos neuweltlich, vielleicht südamerikanisch; frühestes Fossil, Florida

186 Finken

Familie Fringillidae, Unteres Pleistozän →
Gattungen: 29 lebend, 1 nach 1680 ausgestorben
Arten: 124 bekannt; 123 lebend, 1 nach 1680 ausgestorben, 19 fossil
Ursprung: wahrscheinlich altweltlich, vielleicht paläarktisch; frühste Fossilien Buchfink, *Fringilla cœlebs,* und Kernbeißer, *Coccothraustes coccothraustes,* Rumänien. Knochen aus dem spanischen Ober-Miozän sind in die Gattung *Fringilla* gestellt worden.

187 Prachtfinken

Familie Estrildidae, nicht fossil bekannt
Gattungen: 17 lebend
Arten: 107 lebend
Ursprung: zweifellos altweltlich, vielleicht äthiopisch

188 Witwen

Familie Viduidae, nicht fossil bekannt
Gattungen: 2 lebend
Arten: 8 lebend
Ursprung: zweifellos äthiopisch

189 Webervögel

Familie Ploceidae, Unteres Miozän →
Gattungen: 17 lebend, 1 nach 1680 ausgestorben

Arten: 136 bekannt; 132 lebend, 2 nach 1680 ausgestorben, 8 fossil
Ursprung: zweifellos altweltlich, wohl äthiopisch; frühestes Fossil Sperling, *Passer* spec., Frankreich

190 Stare

Familie Sturnidae, Oberes Eozän →
Gattungen: 24 lebend, 1 nach 1680 ausgestorben, 1 fossil
Arten: 114 bekannt, 107 lebend, 4 nach 1680 ausgestorben, 9 fossil
Ursprung: zweifellos altweltlich, vielleicht äthiopisch; früheste Fossilien *Laurillardia,* Frankreich

191 Pirole

Familie Oriolidae, Pleistozän →
Gattungen: 2 lebend
Arten: 28 bekannt, 2 fossil
Ursprung: zweifellos altweltlich, vielleicht australasiatisch; früheste Fossilien Pirol, *Oriolus oriolus,* Europa und Palästina

192 Drongos

Familie Dicruridae, Pleistozän →
Gattungen: 2 lebend
Arten: 19 bekannt, 1 fossil
Ursprung: zweifellos altweltlich, vielleicht orientalisch; mag den Fliegenschnäppern, Familie 173, nahestehen; einziges Fossil *Dicrurus* spec., China

193 Neuseeland-Lappenvögel

Familie Callaeidae, Holozän →
Gattungen: 2 lebend, 1 nach 1680 ausgestorben
Arten: 3 bekannt; 2 lebend, 1 nach 1680 ausgestorben, 3 fossil
Ursprung: zweifellos neuseeländisch, nur auf Neuseeland gefunden

194 Australische Schlammnestkrähen

Familie Grallinidae, nicht fossil bekannt
Gattungen: 3 lebend
Arten: 4 lebend
Ursprung: wahrscheinlich australisch

195 Schwalbenstare

Familie Artamidae, nicht fossil bekannt
Gattung: 1 lebend
Arten: 10 lebend
Ursprung: wahrscheinlich australasiatisch, vielleicht orientalisch

196 Flötenwürger

Familie Cracticidae, nicht fossil bekannt
Gattungen: 3 lebend
Arten: 10 lebend
Ursprung: zweifellos australisch

197 Laubenvögel

Familie Ptilonorhynchidae, nicht fossil bekannt
Gattungen: 8 lebend
Arten: 17 lebend
Ursprung: zweifellos Neuguinea oder tropisches Australien

198 Paradiesvögel

Familie Paradisaeidae, nicht fossil bekannt
Gattungen: 20 lebend
Arten: 40 lebend
Ursprung: zweifellos Neuguinea

199 Rabenvögel

Familie Corvidae, Mittleres Miozän →
Gattungen: 20 lebend, 4 fossil
Arten: 113 bekannt; 102 lebend, 37 fossil
Ursprung: wahrscheinlich Paläarktis; frühestes Fossil *Miocorvus*, Frankreich

Verzeichnis der auf Seite 27 abgebildeten Federn. Zahlen in Klammern entsprechen den S. 168–184 angeführten Familien- und Unterfamilien-Nummern.

1. Quetzal (126)
2. Ruderflügel (119)
3. Sonnenralle (78)
4. Buntfalk (56)
5. Strauß (9)
6. Pfau (62)
7. Leierschwanz (155)
8. Grünhelmvogel (111)
9. Wimpelträger (198)
10. Guayana-Klippenvogel (153)
11. Quetzal (126)
12. Stockente (49)
13. Schwarzgelbtrupial (185)
14. Jassana (88)
15. Geierperlhuhn (63)
16. Grundrötel (181a)
17. Truthahn (64)
18. Jagdfasan (62)
19. Seidenschwanz (166)
20. Amerika-Schlangenhalsvogel (32)
21. Ararauna (110)
22. Goldmaskenamazone (110)
23. Türkisbrauensägeracke (129)
24. Rosalöffler (41)
25. Kurzschnabelflamingo (46)
26. und 27. Harlekinwachtel (62)
28. Kupferspecht (142)
29. Ostblauhäher (199)
30. Emu (11)
31. Kragenhuhn (61)
32. Königsparadiesvogel (198)

Literaturhinweise

BAUER, K.M. – BEZZEL,E. – BLOTZHEIM v. G. (Herausgeber): *Handbuch der Vögel Mitteleuropas.* Bisher 4 Bände. Akademische Verlagsgesellschaft, Frankfurt, 1966ff.

BERNDT, R. – MEISE, W. (Herausgeber): *Naturgeschichte der Vögel.* 3 Bände. Franckh'sche Verlagshandlung, Stuttgart, 1959–1966.

BEZZEL, E.: *Verhaltensforschung.* Kindler Verlag, München, 1967.

GILLIARD, E. TH. – STEINBACHER, G.: *Knaurs Tierreich in Farben: Vögel.* Droemer – Knaur, München und Zürich, 1959.

GRZIMEK, B. (Herausgeber): *Grzimeks Tierleben VII–IX, (Vögel 1–3).* Kindler Verlag, München, 1968–1970.

HEINROTH, O. und M.: *Die Vögel Mitteleuropas.* 4 Bände. Bermühler, Berlin, 1924–1931. Neudruck Frankfurt, 1967.

KÖNIG, C.: *Vögel.* 3 Bände. Belser Verlag, Stuttgart, 1966–1970.

KUHN, O.: *Vorzeitliche Vögel.* Ziemsen, Wittenberg, 1971.

LUTHER, D.: *Die ausgestorbenen Vögel der Welt.* Ziemsen, Wittenberg, 1970.

MAKATSCH, W.: *Die Vögel der Seen und Teiche, Die Vögel in Feld und Flur, Die Vögel in Haus, Hof und Garten, Die Vögel in Garten und Heide und Die Vögel an Strand und Watt.* Verlag Neumann-Neudamm, Radebeul und Melsungen, 1952–1962.

MAKATSCH, W.: *Wir bestimmen die Vögel Europas.* Verlag Neumann-Neudamm, Radebeul und Melsungen, 1964.

NIETHAMMER, G.: *Handbuch der deutschen Vogelkunde.* 3. Bände. Akademische Verlagsanstalt, Leipzig, 1937–1942.

RAND, A.: *Die Vögel.* BLV Verlagsgesellschaft, München, 1971.

SALOMONSEN, F.: *Vogelzug.* BLV Verlagsgesellschaft München, 1969.

STRESEMANN, E.: *Aves.* In: *Handbuch der Zoologie.* Bd VII., Teil 2. De Gruyter, Berlin und Leipzig, 1927–1934.

THIELCKE, G.: *Vogelstimmen.* Springer, Berlin-Heidelberg-New York, 1970.

VOIGT, A.: *Exkursionsbuch zum Studium der Vogelstimmen.* (Bearbeitung Bezzel, E.). Quelle & Meyer, Heidelberg, 1961

VOOUS, K. H.: *Die Vogelwelt Europas u. ihre Verbreitung.* Parey Verlag, Hamburg, 1962.

Register
der Vogelnamen

Das folgende Register führt nur die deutschen Namen und eine Reihe lateinischer Namen für Vögel in alphabetischer Folge an. Zum Auffinden eines deutschen Namens ist es zweckmäßig, vom Grundwort auszugehen, den Wespenbussard also unter Bussard zu suchen; die wenigen Ausnahmen von dieser Zerlegung zusammengesetzter Vogelnamen betreffen vor allem die mit »-huhn« oder »-vogel« gebildeten Namen. Unter dem Stichwort Adler bedeutet Stein »Steinadler« und Willett- (mit Strich) »Willett-Adler«.

Das Register ist gleichzeitig ein systematisches Nachschlagewerk. Es führt hinter dem deutschen den wissenschaftlichen (lateinischen) Namen in *Kursivdruck* an, bei fossilen Formen mit einem †. Dieses Verfahren ist notwendig, um durch eindeutige Benennung Verwechslungen vorzubeugen, die sich aus der alleinigen Verwendung der deutschen Namen ergeben können.

Ziffern in Klammern hinter dem deutschen oder dem wissenschaftlichen Namen bezeichnen die Nummer der Familie oder Unterfamilie in der systematischen Aufstellung der Vögel (S. 168–184), so daß die Stellung jedes erwähnten Vogels im System der Vögel leicht nachzuschlagen ist. Wo die Ziffer fehlt, stimmt sie mit der vorhergehenden überein. Dann folgen Seitenzahlen, die fett gedruckt sind, wenn eine oder mehrere Abbildungen auf der betreffenden Seite zu finden sind. Gattungsnamen, die mehrmals unter einem deutschen Stichwort vorkommen, sind abgekürzt, z. B. für Diomedea bei allen außer dem ersten Albatros.

Austin L. Rand

Die Vögel

Ornithologie populär

Ein umfassendes Handbuch für den Liebhaber-Ornithologen und Feldbeobachter. Hier findet er alles, was er über sein Gebiet wissen will, in moderner, prägnanter und wissenschaftlich präziser Darstellung. Kein trockener Gelehrten-Ton, sondern eine spannende Naturgeschichte der Vögel.

240 Seiten, 24 Fotos, 28 Zeichnungen

Finn Salomonsen

Vogelzug

Eine Arbeit über das Phänomen des Vogelzuges in deutscher Sprache. Das Buch enthält Karten über die Zugwege der Vögel und über Ringwiederfunde, Wetterkarten, Radaraufnahmen, Zugdiagramme ziehender Vögel, Fotos von Zugvögeln u. a. Die Darstellung basiert vor allem auf europäischen Verhältnissen.

Aus dem Inhalt: Tierwanderungen – Die Erforschung des Vogelzuges – Standvögel und Zugvögel – Richtung und Ausdehnung der Zugwege – Der nähere Verlauf des Zuges – Invasionsvögel – Mauserzug – Die Physiologie des Zugvogels – Die Bedeutung des Vogelzuges für die Evolution.

200 Seiten, 82 Abbildungen

Walter Scheithauer

Kolibris

Fliegende Edelsteine

Schillernde Kostbarkeiten einer geheimnisvollen, exotischen Welt fliegen, schweben, wirbeln vor dem staunenden Auge in einer Farbenpracht und Lebendigkeit, daß man meint, einen buntbewegten Film ablaufen zu sehen. Ein Triumph der Farbfotografie! Diese Schilderung der Kolibris – der winzigsten und merkwürdigsten Vögel der Erde, in ihrer ganzen Schönheit, ihrer atemberaubenden Flugtechnik, Geschwindigkeit und rätselhaften Eigenart – öffnet uns den Blick auf ein flimmerndes Kaleidoskop, wie man es sich farbiger und bezaubernder nicht vorstellen kann.

175 Seiten, 76 Farbfotos

Und für den jugendlichen Ornithologen aus der Reihe blv juniorwissen:

Peter Faber

Vogelhaltung

Liebe zu Gefiederten ist zwar Voraussetzung; sie allein genügt aber nicht zu erfolgreicher Vogelhaltung. Wer seine gefiederten Freunde sachgemäß pflegen will, findet hier in vielen erprobten Tips und Anregungen alles, was man dazu wissen muß.

Außerdem werden die beliebtesten Stubenvögel – vom Wellensittich und Kanarienvogel bis zum Kolibri – in Text und Bild vorgestellt.

44 Seiten, 86 Abbildungen, davon 38 Farbfotos

BLV Verlagsgesellschaft mbH München